LEÇONS
D'ARITHMÉTIQUE

PAR

P. L. CIRODDE

ancien professeur de mathématiques au lycée Napoléon

OUVRAGE AUTORISÉ
PAR LE CONSEIL DE L'INSTRUCTION PUBLIQUE

Onzième Édition
modifiée conformément aux nouveaux programmes d'enseignement

PAR MM.
ALFRED ET ERNEST CIRODDE
anciens élèves de l'École polytechnique, ingénieurs des Ponts et Chaussées

---

PARIS
LIBRAIRIE DE L. HACHETTE ET Cie
RUE PIERRE-SARRAZIN, N° 14
(Près de l'École de Médecine)

1853

V

LEÇONS
D'ARITHMÉTIQUE

OUVRAGES DU MÊME AUTEUR

QUI SE VENDENT A LA MÊME LIBRAIRIE.

ABRÉGÉ D'ARITHMÉTIQUE à l'usage des écoles primaires. Nouvelle édition. 1 vol. in-18. Prix, cartonné : 75 c.
Ouvrage autorisé par le Conseil de l'instruction publique.

LEÇONS DE GÉOMÉTRIE, suivies de notions élémentaires de GÉOMÉTRIE DESCRIPTIVE. 2ᵉ édition. 1 vol. in-8, avec 16 planches gravées. Prix, broché : 7 fr. 50 c.
Ouvrage autorisé par le Conseil de l'instruction publique.

ÉLÉMENTS DE TRIGONOMÉTRIE rectiligne et sphérique. 1 vol. in-8, avec une planche gravée. Prix, broché : 2 fr.
Ouvrage autorisé par le Conseil de l'instruction publique.

LEÇONS DE GÉOMÉTRIE ANALYTIQUE, précédées des éléments de la TRIGONOMÉTRIE RECTILIGNE ET SPHÉRIQUE. 2ᵉ édition, 1 vol. in-8, avec 10 planches gravées. Prix, broché : 7 fr. 50 c.
Ouvrage autorisé par le Conseil de l'instruction publique.

LEÇONS D'ALGÈBRE. 2ᵉ édition modifiée conformément aux nouveaux programmes d'enseignement, par MM. Alfred et Ernest Cirodde. 1 vol. in-8. Prix, br. : 7 fr. 50 c.
Ouvrage autorisé par le Conseil de l'instruction publique.

Imprimerie de Ch. Lahure (ancienne maison Crapelet)
rue de Vaugirard, 9, près de l'Odéon.

AVERTISSEMENT.

Les modifications apportées par les nouveaux programmes à l'enseignement de l'arithmétique ont rendu nécessaire la révision de cet ouvrage. Plusieurs parties ont dû être complétées ou présentées dans un ordre nouveau; d'autres, qui ne figuraient pas dans les anciens programmes, comme l'usage de la règle à calcul, sont devenues obligatoires, et ont dû y être introduites.

En opérant ces changements dans la *onzième* édition des *Leçons d'Arithmétique*, nous nous sommes efforcés de conserver la rigueur et la clarté qui ont valu à cet ouvrage l'accueil favorable consacré par la rapidité avec laquelle se sont succédé les dix premières éditions.

Alfred et Ernest CIRODDE.

EXPLICATION

DES SIGNES EMPLOYÉS DANS CET OUVRAGE.

$+$ signifie *plus*.... ainsi $8 + 2$ s'énonce *huit* PLUS *deux*.
$-$ ...... *moins*...... $8 - 2$ .... *huit* MOINS *deux*.
$\times$ ou . *multiplié par.* $\begin{cases} 8 \times 2 \\ 8 \ . \ 2 \end{cases}$ s'énoncent *huit* MULTIPLIÉ *par deux*.
$-$ ou : *divisé par* ... $\begin{cases} \frac{8}{2} \\ 8 \ : \ 2 \end{cases}$ .... *huit* DIVISÉ *par deux**.
$=$ ..... *égale*........ $6 + 2 = 8$ s'énonce *six* PLUS *deux* ÉGALE *huit*.
$<$ ..... *plus petit que.* $6 < 8$ .... *six* PLUS PETIT QUE *huit*.
$>$ ..... *plus grand que.* $8 > 6$ .... *huit* PLUS GRAND QUE *six*.

On a marqué d'une étoile (*) les articles les plus difficiles ou qui sont d'une importance moins immédiate, et que l'on fera bien d'omettre à une première lecture.

Enfin les numéros placés entre parenthèses indiquent qu'il faut *toujours* se reporter aux articles correspondants : par exemple, dans la ligne 16 de la page 18, le signe (26) marque un renvoi au principe établi au n° 26, et rappelle ainsi au lecteur que *l'on multiplie un nombre par cent mille en écrivant cinq zéros à sa droite.*

---

*Remarquez que $-$ signifie *moins* ou *divisé par*, selon que les nombres qu'il sépare sont de chaque côté de ce signe, ou qu'ils sont l'un au-dessus et l'autre au-dessous de ce signe.

LEÇONS
D'ARITHMÉTIQUE.

CHAPITRE PREMIER.

NUMÉRATION.

§ I. NOTIONS PRÉLIMINAIRES.

1. On appelle QUANTITÉ *tout ce qui est susceptible d'augmentation et de diminution :* ainsi il n'est aucun objet qui, considéré sous ce point de vue, ne puisse être rangé parmi les quantités.

2. Nous ne pouvons nous former une idée de la grandeur d'une quantité qu'*en la mesurant*, c'est-à-dire *en la comparant à une autre quantité de même espèce*. Que l'on me présente, en effet, une pièce d'étoffe roulée sur elle-même, il est certain que je n'ai nulle idée de sa longueur; mais si je prends une longueur quelconque, un mètre par exemple, et que je la porte sur l'étoffe autant de fois qu'elle pourra y être contenue, j'acquerrai une idée exacte de la longueur de cette étoffe.

3. Cette quantité arbitraire à laquelle je puis comparer toutes les quantités de la même espèce se nomme *unité :* on dit donc que *l'unité est une quantité que l'on prend arbitrairement pour servir de commune mesure dans la comparaison des quantités de même espèce.*

4. *On appelle* NOMBRE *la collection de plusieurs unités, c'est-à-dire de plusieurs quantités de même espèce et égales entre elles.*

5. L'ARITHMÉTIQUE *est la partie élémentaire de la science des nombres : elle a pour but de donner des moyens faciles pour représenter les nombres, ainsi que pour les composer et les décomposer.*

6. Lorsqu'en énonçant un nombre on désigne l'espèce des unités qu'il renferme, on l'appelle *nombre concret.* On dit que le nombre est *abstrait* dans le cas contraire : ainsi, vingt hommes, cinquante mètres, etc., sont des nombres concrets, et douze est un nombre abstrait; car lorsque j'entends prononcer ce mot *douze* par exemple, il réveille en moi l'idée de *douze* choses égales et de même espèce ; mais j'ignore quelles sont ces choses : ce nombre est donc abstrait.

7. *La* NUMÉRATION *est l'art de former les nombres et de les représenter, soit par des noms, soit par des caractères :* elle se compose donc de trois parties, dont nous allons nous occuper successivement.

§ II. FORMATION DES NOMBRES.

8. On voit par la définition même qu'on a donnée des nombres (**4**), qu'*ils se forment par l'addition successive de l'unité avec elle-même;* qu'ainsi, en ajoutant une unité à une unité de la même espèce, on obtient un nombre ; qu'en ajoutant à ce nombre une nouvelle unité, on aura un nouveau nombre, et ainsi de suite. On peut donc dire qu'*il y a une infinité de nom-*

bres; car, quelque grand que soit un nombre, on peut encore y ajouter une unité, et obtenir ainsi un nouveau nombre.

9. On sent par là qu'il eût été impossible de désigner les nombres par des noms particuliers et indépendants les uns des autres. On a dû *chercher le moyen d'exprimer tous les nombres dont on peut avoir besoin, par la combinaison régulière d'un petit nombre de mots.* Nous allons exposer la marche que l'on a sans doute suivie pour résoudre ce problème, qui est l'objet de la *numération parlée.*

§ III. NUMÉRATION PARLÉE.

10. Les premiers hommes ont commencé par compter sur leurs doigts, et ils ont naturellement donné des noms particuliers aux nombres ainsi formés. Ces noms sont : *un, deux, trois, quatre, cinq, six, sept, huit, neuf, dix.* Arrivés au dernier de leurs doigts, ils formèrent un total de dix unités, auxquels ils donnèrent le nom de *dizaine,* et ils recommencèrent à compter sur leurs doigts par dizaines comme ils avaient compté par unités, c'est-à-dire qu'ils ont fait précéder le mot dizaine des noms des dix premiers nombres. Ainsi ils ont dit :

Une dizaine, deux dizaines, trois dizaines, quatre dizaines, cinq dizaines, six dizaines, sept dizaines, huit dizaines, neuf dizaines, dix dizaines; mots auxquels on a substitué les noms plus simples :

Dix, vingt, trente, quarante, cinquante, soixante, septante, octante, nonante, cent [*].

---

[*] Nous avons remplacé les mots *soixante-dix*, *quatre-vingts*, *quatre-vingt-dix*, respectivement, par les mots plus simples, *septante*, *octante*, *nonante*, qui d'ailleurs sont usités dans le midi de la France; il aurait même été bon de substituer les mots *unante* et *duante* aux mots *dix* et *vingt*, pour rendre la nomenclature des dizaines tout à fait régulière.

Or, entre deux collections consécutives de dizaines il y a neuf nombres intermédiaires, que l'on obtient en ajoutant successivement les neuf premiers nombres à la première de ces collections. Si donc à chacun des noms des neuf premières collections de dizaines on ajoute successivement ceux des neuf premiers nombres, on obtiendra les noms de tous les nombres compris entre dix et cent. Ces noms sont :

Dix-un, dix-deux, dix-trois,................, dix-neuf;
Vingt-un, vingt-deux, vingt-trois,.........., vingt-neuf;
....
....
....
Nonante-un, nonante-deux, nonante-trois,..., nonante-neuf.

Aux mots *dix-un, dix-deux, dix-trois, dix-quatre, dix-cinq, dix-six*, on a substitué les mots *onze, douze, treize, quatorze, quinze, seize.*

Cela posé, les dizaines, étant elles-mêmes comptées sur les doigts, n'ont pas dû aller au delà de dix ; de sorte que, par analogie, on a formé un total de dix dizaines qu'on a appelé *centaine;* et de même qu'on avait dit :

Une dizaine, deux dizaines,................, dix dizaines,

on a dit :

Une centaine, deux centaines,..........., dix centaines,

ou plus simplement :

Un cent, deux cents,........................, mille.

Mais entre deux collections consécutives de centaines, il y a nonante-neuf nombres intermédiaires qui se forment en ajoutant successivement les nonante-neuf premiers nombres à la première de ces collections. Si donc à chacun des noms des neuf premières collections de centaines on ajoute ceux des nonante-neuf premiers nombres, on obtiendra les noms

NUMÉRATION.

de tous les nombres compris entre cent et mille. Ces noms sont :

Cent un, cent deux, ..., *cent nonante-neuf ;*
Deux cent un, deux cent deux, ..., *deux cent nonante-neuf ;*
....
....
....
Neuf cent un, neuf cent deux, ..., *neuf cent nonante-neuf.*

Arrivé à *mille,* on a regardé ce nombre comme une nouvelle unité, et *on a formé mille collections de mille,* dont on a composé les noms en ajoutant le mot mille à la suite des noms des mille premiers nombres, ce qui a donné :

Un mille, deux mille, ..., *neuf cent nonante-neuf mille, mille mille* ou *million.*

Or, entre deux collections consécutives de mille, il y a neuf cent nonante-neuf nombres intermédiaires, qui se forment en ajoutant les neuf cent nonante-neuf premiers nombres successivement à la première de ces collections. On composera donc les noms de tous les nombres compris entre un mille et un million, en plaçant les noms des neuf cent nonante-neuf premiers nombres à la suite de chacun de ceux des neuf cent nonante-neuf premières collections de mille. On aura ainsi :

Mille un, mille deux, ..., *mille neuf cent nonante-neuf ;*
Deux mille un, deux mille deux, ..., *deux mille neuf cent nonante-neuf ;*
....
....
....
Neuf cent nonante-neuf mille un, neuf cent nonante-neuf mille deux, ..., *neuf cent nonante-neuf mille neuf cent nonante-neuf.*

Maintenant, de même qu'on a composé les noms de tous les nombres compris entre un mille et un million en comptant par unités, dizaines, centaines de mille, on formera ceux des nombres compris entre un million et la collection de mille millions, que l'on appelle *billion*, en comptant par unités, dizaines et centaines de million. La collection de mille billions a reçu le nom de *trillion;* celle de mille trillions a formé le *quatrillion*, et ainsi de suite.

On voit donc que, *par la seule combinaison des noms des neuf premiers nombres avec ceux des diverses unités*, UNITÉ, DIZAINE, CENTAINE, MILLE, MILLION, BILLION, *etc.*, *il sera facile de former les noms de tous les nombres que l'on pourra avoir à considérer.*

§ IV. NUMÉRATION ÉCRITE.

11. La difficulté d'embrasser d'un seul coup d'œil l'expression d'un nombre un peu considérable, et, par suite, celle plus grande encore de combiner plusieurs nombres ensemble, a fait sentir la nécessité de *représenter les nombres plus simplement que par l'écriture en toutes lettres*. Il était naturel de chercher, dans la marche que l'on avait suivie pour exprimer les nombres avec un petit nombre de mots, le moyen de les représenter avec quelques caractères. On a donc observé que l'on avait formé les noms des nombres en combinant les noms des neuf premiers avec ceux des unités des différents ordres : *unité, dizaine, centaine, mille, million, etc.* Cette remarque a fait naître l'idée de représenter les neuf premiers nombres respectivement par les caractères ou *chiffres :*

$$1, \ 2, \ 3, \ 4, \ 5, \ 6, \ 7, \ 8, \ 9.$$

Mais comme on compte par dizaines, centaines, mille, etc., comme par unités, il fallait employer aussi ces neuf chiffres pour représenter les diverses collections de dizaines, de centaines, de mille, etc. Comment alors distinguer si un chiffre représente telle ou telle collection d'unités?

On aurait pu y parvenir en affectant chaque chiffre d'un signe particulier, selon qu'il aurait dû désigner des *unités, dizaines, centaines, mille, etc.;* mais on sent que le grand nombre de signes qu'il faudrait alors employer, si le nombre à écrire était considérable, deviendrait embarrassant. On a éludé cette difficulté en remarquant que chaque unité est décuple de la précédente, ce qui a fait naître l'heureuse idée d'attribuer à chaque chiffre deux valeurs : l'une que l'on appelle VALEUR ABSOLUE, *en vertu de laquelle un chiffre représente une certaine collection d'unités d'un ordre quelconque;* l'autre que l'on nomme VALEUR DE POSITION, *qui consiste en ce qu'un chiffre placé à la gauche d'un autre représente des unités dix fois plus grandes que celles indiquées par cet autre.*

Si donc on *convient* que le chiffre placé au premier rang, en allant de droite à gauche, représente des unités simples, celui qui sera au second rang représentera des dizaines ; au troisième, des centaines, et ainsi de suite : de sorte que *le rang d'un chiffre indiquera l'ordre des unités qu'il exprime.* Veut-on, par exemple, écrire le nombre *neuf cent quarante-sept unités;* comme il se compose de neuf centaines, quatre dizaines et sept unités, on devra employer les chiffres 9, 4, 7, de telle manière que le 7 soit au premier rang, le 4 au second, et le 9 au troisième, en allant vers la gauche : ainsi l'expression du nombre proposé sera 947. Mais si quelques ordres d'unités manquaient dans le nombre que l'on veut écrire, comment placer ces chiffres aux rangs qui conviennent aux unités qu'ils doivent représenter? On a inventé, pour cela, un dixième caractère, 0, nommé *zéro*, qui n'a aucune valeur par lui-même, et qui sert uniquement à remplacer les unités qui ne se trouvent pas dans le nombre proposé. Ainsi l'expression du nombre *neuf cent sept unités* sera 907.

On est maintenant en état d'écrire en chiffres tous les nombres possibles, car il sera toujours facile de concevoir le nombre proposé comme décomposé en ses diverses collections d'unités : chacune d'elles pourra être exprimée par un chiffre particulier, puisqu'elle ne contient jamais plus de *neuf* unités ; et il ne s'agira plus que de placer aux premier, deuxième, troisième, quatrième, etc., rangs les chiffres qui doivent représenter respectivement des unités, dizaines, centaines, mille, etc., ce qui ne saurait offrir de difficulté.

Donc, *avec les dix caractères*, 0, 1, 2, 3, 4, 5, 6, 7, 8, 9, *et ce principe fondamental, qu'un chiffre placé à la gauche d'un autre exprime des unités dix fois plus grandes que celles indiquées par cet autre, on pourra représenter tous les nombres possibles.*

12. Il résulte du système de numération parlée que nous avons adopté (**10**), que tout nombre se partage en diverses *classes d'unités principales ou* TERNAIRES : *unités, mille, millions, billions, etc.*, dont chacune se compose *d'unités, de dizaines et de centaines*; que, de plus, ces diverses collections d'unités s'écrivent les unes à la suite des autres, de manière que celles de l'ordre le plus élevé occupent le premier rang à gauche ; que celles de l'ordre immédiatement inférieur viennent après, et ainsi de suite.

Donc, *pour écrire en chiffres un nombre énoncé, on écrira les uns à la suite des autres, en allant de gauche à droite, les chiffres qui doivent représenter respectivement les centaines, dizaines et unités de chaque ordre ternaire, en ayant soin de remplacer par des zéros celles de ces collections qui pourraient manquer. Lorsqu'on sera parvenu aux unités simples, le nombre énoncé sera écrit.*

Exemple : L'expression en chiffres du nombre *quarante billions trente mille sept unités* est 40000030007.

13. Réciproquement, *pour traduire en langage ordinaire un nombre écrit en chiffres, partagez ce nombre en tranches de trois chiffres, en allant de droite à gauche, sauf à n'en laisser qu'un ou deux dans la dernière : de cette manière, les tranches qu'on aura formées correspondront respectivement aux différents ordres d'unités ternaires. Commençant ensuite par la gauche, vous énoncerez chaque tranche comme si elle était seule, en ajoutant après ses unités le nom de l'unité ternaire à laquelle elle correspond.*

Soit, par exemple, proposé de traduire en langage ordinaire le nombre

35807000040536004.

Nous le partagerons en tranches de trois chiffres, comme on le voit ci-dessous :

35 807 000 040 536 004.

Il y a six tranches : ainsi la dernière est de l'ordre des *quatrillions*. Nous dirons donc : *trente-cinq quatrillions huit cent sept trillions quarante millions cinq cent trente-six mille quatre unités*.

Remarquez que les deux règles précédentes exigent seulement que l'on sache écrire ou énoncer un nombre de *trois* chiffres.

CHAPITRE II.

CALCUL DES NOMBRES ENTIERS.

§ I. ADDITION.

14. L'ADDITION *est une opération qui a pour but de réunir plusieurs nombres en un seul, que l'on appelle* SOMME *ou* TOTAL.

15. La somme de deux nombres devant contenir toutes leurs unités, il est évident que, pour les additionner, il faut ajouter successivement à l'un d'eux toutes les unités qui sont contenues dans l'autre. Veut-on, par exemple, ajouter *quatre* à *cinq*, on dira, en comptant sur ses doigts, jusqu'à ce que l'on soit arrivé au quatrième : cinq plus un, six ; plus un, sept ; plus un, huit ; plus un, neuf ; de sorte que *cinq* et *quatre* font neuf. Il serait facile d'étendre ce procédé à l'addition de tant de nombres que l'on voudrait. Mais on sent que si les nombres à additionner étaient un peu considérables, l'opération deviendrait impraticable par sa longueur. On a donc dû chercher une méthode plus simple. Voici la règle générale que l'on suit :

16. *Pour additionner plusieurs nombres, écrivez ces nombres les uns au-dessous des autres, de manière que les unités de même ordre soient dans une même colonne ; soulignez le dernier nombre, pour le séparer du résultat, que vous écrirez au-dessous ; additionnez successivement, en commençant par la droite, les nombres contenus dans chaque colonne ; si la somme ne surpasse pas neuf, on l'écrira telle qu'on l'aura trouvée ; si elle contient des dizaines, vous écrirez seulement ses unités, et vous retiendrez ses dizaines, pour les ajouter à la colonne suivante, sur laquelle il faudra opérer comme sur la précédente ; et ainsi*

CALCUL DES NOMBRES ENTIERS. 11

de suite jusqu'à la dernière colonne, au-dessous de laquelle vous écrirez la somme trouvée.

Il est clair qu'en opérant ainsi, on aura effectué l'addition des nombres proposés : car le résultat contiendra toutes leurs unités simples, toutes leurs dizaines, toutes leurs centaines, etc., et par conséquent toutes leurs unités.

De plus, l'addition des nombres contenus dans chaque colonne ne présentera pas de difficulté, puisqu'on n'aura jamais qu'à ajouter un nombre d'un seul chiffre à un autre nombre, ce qui est facile (15), et même les résultats de ces additions partielles se gravent bientôt dans la mémoire.

Exemple. Additionner les nombres 725, 9152, 2189, 73 et 6. On disposera l'opération comme ci-dessous :

$$
\begin{array}{r}
725 \\
9152 \\
2189 \\
73 \\
6 \\
\hline
\end{array}
$$

Somme...... 12145

puis on additionnera les nombres contenus dans la première colonne, en disant : 5 et 2, 7; et 9, 16; et 3, 19, et 6, 25. On n'écrit que les 5 unités, et l'on retient les deux dizaines, pour les additionner avec les nombres de la deuxième colonne, ce qui donnera 24; et ainsi de suite jusqu'à la dernière colonne à gauche, dont la somme, augmentée de la dizaine qui a reflué de la colonne précédente, forme le nombre 12, que l'on écrit à gauche des chiffres déjà trouvés. La somme demandée est ainsi 12145.

17. *On appelle* PREUVE *d'une opération une seconde opération que l'on fait pour s'assurer de l'exactitude de la première :* d'où il résulte que, quoique la preuve d'une opération satisfasse aux conditions qui lui sont imposées, on ne doit cependant pas en conclure rigoureusement que cette opération soit exacte, puisque la preuve étant une opération, a elle-même besoin d'une preuve, laquelle en nécessite une aussi, et ainsi de suite à l'infini. Mais le concours des circonstances nécessaires pour qu'une preuve soit fausse est si difficile à rencontrer, que la probabilité que donne une preuve équivaut presque à une certitude.

18. Pour faire la preuve d'une addition, il suffit de recommencer le calcul dans un ordre différent de celui qu'on a suivi d'abord : *si, par exemple, on a fait l'addition des différentes colonnes en allant de haut en bas, on la refera en comptant de bas en haut; et si le résultat de cette seconde opération est identique avec celui de la première, on en conclura que cette première opération avait été bien faite.*

§ II. SOUSTRACTION.

19. *La* SOUSTRACTION *est une opération qui a pour but de décomposer un nombre donné en deux parties, dont l'une est connue. Le résultat se nomme* RESTE, EXCÈS *ou* DIFFÉRENCE.

Il est évident, d'après cela, que, pour soustraire un nombre d'un autre, il suffit d'ôter successivement du plus grand toutes les unités du plus petit. Veut-on, par exemple, retrancher *quatre* de *neuf;* on dira, en comptant sur ses doigts, jusqu'à ce que l'on soit arrivé au quatrième : neuf moins un, huit; moins un, sept; moins un, six; moins un, cinq. Ainsi, en soustrayant *quatre* de *neuf*, on trouve *cinq* pour *reste*. On dit aussi que ce nombre *cinq* exprime l'*excès* de *neuf* sur *quatre*, ou la *différence* de *quatre* à *neuf*.

20. Si le nombre à soustraire était considérable, l'opération effectuée de la manière précédente deviendrait presque impossible. Or, il est évident que si des unités, dizaines, centaines, etc., du plus grand nombre, on soustrait respectivement les unités, dizaines, centaines, etc., du plus petit, on aura soustrait du plus grand nombre toutes les parties du plus petit, et par conséquent ce plus petit lui-même. L'opération d'ailleurs ne présentera pas de difficulté, puisqu'on n'aura ainsi à soustraire que des nombres d'un seul chiffre (19). Mais il peut arriver que quelques-uns des chiffres du nombre à soustraire surpassent ceux qui expriment des unités de même ordre dans le nombre dont on soustrait.

Si, par exemple, on voulait soustraire 29 de 67, on serait conduit à soustraire 9 de 7, ce qui ne se peut pas. On rendra évidemment la soustraction possible en ajoutant *dix unités* à 7, ce qui fera 17, mais on aura ainsi augmenté le nombre dont on soustrait, et par conséquent le reste, de dix unités : il faudra donc diminuer ce reste d'autant. On y parviendra en ajoutant dix unités au nombre à soustraire (ce qui revient à ajouter une unité au chiffre 2) : car ayant retranché une dizaine de plus, il restera une dizaine de moins. Ainsi, après avoir augmenté le reste d'une dizaine, on l'aura diminué d'une dizaine; donc il n'aura pas changé de valeur. On dira donc : 9 ôté de 17, il reste 8, et je retiens 1; et 2 font 3, ôté de 6, il reste 3; le reste est donc 38.

21. Concluons de ce qui précède la règle générale suivante : *Pour soustraire un nombre d'un autre, écrivez le plus petit sous le plus grand, de manière que les unités de même ordre se correspondent; soulignez le plus petit nombre, pour le séparer du reste, que vous écrirez au-dessous; soustrayez successivement, en commençant par la droite, chaque chiffre du nombre inférieur de celui qui lui correspond dans le nombre supérieur; si l'une de ces soustractions partielles ne peut pas s'effectuer, augmentez de dix unités le chiffre dont vous voulez soustraire, mais retenez une unité pour l'ajouter au chiffre à gauche de celui que vous avez dû soustraire.*

Exemple. Soustraire 4028 de 32106. On dispose l'opération ainsi qu'il suit :

$$\begin{array}{r} 32106 \\ 4028 \\ \hline \end{array}$$

Reste...... 28078

puis, appliquant la règle, on dit : 8 de 6, cela ne se peut pas, j'ajoute 10, ce qui fait 16; 8 de 16, il reste 8, que j'écris, et je retiens 1; et 2 font 3, de 0, cela ne se peut pas; j'ajoute 10; 3 de 10, il reste 7, que j'écris, et je retiens 1; de 1, il reste 0; 4 de 2, cela ne se peut pas; j'ajoute 10, ce qui fait 12; 4 de 12, il reste 8, et je retiens 1; de 3, il reste 2. Le reste demandé est ainsi 28078.

22. *Pour faire la preuve de la soustraction, additionnez le reste avec le nombre à soustraire, et vous devez retrouver le plus grand nombre :* car, d'après la définition de la soustraction, le plus grand nombre doit être la somme du plus petit et du reste.

§ III. MULTIPLICATION.

23. *La* MULTIPLICATION *est une opération qui a pour but de composer un nombre nommé* PRODUIT *avec un nombre nommé* MULTIPLICANDE, *comme un autre nombre appelé* MULTIPLICATEUR *est composé avec l'unité :* de sorte que si le multiplicateur contient 2, 3, 4,... fois l'unité, le produit devra contenir 2, 3, 4.... fois le multiplicande.

Il suit de là que, *pour obtenir le produit de deux nombres, il faut répéter le multiplicande autant de fois qu'il y a d'unités dans le multiplicateur, et faire la somme :* ainsi

$$5 \times 3 = 5 + 5 + 5 = 15.$$

24. Remarquons, 1° que *le multiplicateur est un nombre abstrait*, puisqu'il indique combien de fois le produit contient le multiplicande (**6**); 2° que *le produit est de même espèce que le multiplicande* : car l'un est une partie de l'autre, et un tout et ses parties sont nécessairement de même espèce.

25. En réfléchissant sur la nature du procédé que nous avons indiqué pour multiplier deux nombres entre eux (**23**), on sent que si le multiplicateur était composé de plusieurs chiffres, l'opération deviendrait impraticable. On a donc cherché une méthode plus abrégée, à laquelle on a donné le nom de *multiplication*.

26. Avant d'exposer cette méthode, nous ferons observer que, *pour multiplier un nombre quelconque par l'unité suivie de plusieurs zéros, il suffit d'écrire à la droite de ce nombre autant de zéros qu'il s'en trouve à la suite de l'unité* : car, si l'on écrit, par exemple, deux zéros à la droite d'un nombre, il est clair que chacun de ses chiffres aura reculé de deux rangs vers la gauche, et représentera ainsi des unités cent fois plus grandes (**11**) ; donc toutes les parties du nombre proposé étant devenues cent fois plus grandes, ce nombre est lui-même devenu cent fois plus grand, c'est-à-dire qu'il a été multiplié par cent. Ainsi $286 \times 100 = 28600$.

27. On démontrerait de la même manière que *si un nombre est terminé par des zéros, on le rendra 10, 100, 1000, etc., fois plus petit en supprimant sur sa droite un, deux, trois, etc., zéros.* Ainsi le nombre 2750 est 100 fois plus petit que 275000.

28. Il peut se présenter trois cas dans la multiplication : ou *le multiplicande et le multiplicateur sont des nombres exprimés par un seul chiffre;* ou *le premier est un nombre composé de plusieurs chiffres et le second un nombre représenté par un seul;* ou *le multiplicateur est un nombre qui contient plusieurs chiffres.* Nous examinerons successivement ces trois cas.

La multiplication de deux nombres exprimés par un seul chiffre s'effectue d'après la règle du n° **25**. Mais comme la multiplication de deux nombres quelconques dépend, comme nous le verrons bientôt (**31, 33**), de celle de deux nombres représentés par un seul chiffre, on a construit une table qui renferme les produits des neuf premiers nombres multipliés deux à deux, produits qu'il est très-important de graver dans sa mémoire.

TABLE DE MULTIPLICATION.

1	2	3	4	5	6	7	8	9
2	4	6	8	10	12	14	16	18
3	6	9	12	15	18	21	24	27
4	8	12	16	20	24	28	32	36
5	10	15	20	25	30	35	40	45
6	12	18	24	30	36	42	48	54
7	14	21	28	35	42	49	56	63
8	16	24	32	40	48	56	64	72
9	18	27	36	45	54	63	72	81

Voici la méthode que l'on suit pour former cette table, qui porte vulgairement et à tort le nom de *Table de Pythagore*.

29. On écrit les neuf premiers nombres sur une ligne horizontale, de sorte que cette ligne contient les produits des neuf premiers nombres multipliés par 1. On ajoute chacun de ces nombres à lui-même, et l'on écrit les sommes sur une seconde ligne horizontale, qui contient ainsi deux fois chacun des neuf premiers nombres, c'est-à-dire leurs produits par 2. On ajoute chacun des nombres de cette seconde ligne avec ceux qui leur correspondent dans la première, et on écrit les résultats sur une troisième ligne, qui est par conséquent composée des produits de chacun des neuf premiers nombres par 3 ; car la première ligne contenant une fois les neuf premiers nombres, et la seconde les contenant deux fois, la somme de ces deux lignes les contiendra évidemment trois fois. En continuant ainsi d'ajouter les nombres de la dernière ligne obtenue avec ceux de la première, on est arrivé à la neuvième ligne, qui renferme les produits de chacun des neuf premiers nombres multipliés par 9.

30. *Pour trouver, au moyen de cette table, le produit de deux nombres représentés chacun par un seul chiffre, cherchez le nombre qui se trouve à la fois dans les deux lignes verticale et horizontale portant respectivement en tête le multiplicande et le multiplicateur.* Ainsi le produit de 5 par 3 est le nombre 15, qui se trouve à la fois dans la *cinquième* ligne verticale et dans la *troisième* ligne horizontale.

31. Pour multiplier un nombre composé de plusieurs chiffres par un nombre d'un seul chiffre, il suffit de répéter successivement les unités, dizaines, centaines, etc., du multiplicande autant de fois qu'il y a d'unités dans le multiplicateur : car, ayant ainsi répété toutes les parties du multiplicande chacune autant de fois qu'il y a d'unités dans le multiplicateur, il est clair qu'on aura répété le multiplicande ce même nombre de fois. Mais comme ces différents produits partiels pourront surpasser 9, on n'écrira que leurs unités, et l'on retiendra leurs dizaines, pour les ajouter au produit partiel suivant. Donc, *pour multiplier un nombre composé de plusieurs chiffres par un nombre d'un seul chiffre, il faut multiplier successivement les unités, dizaines, centaines, etc., du multiplicande par le multiplicateur, n'écrire que les unités de chaque produit partiel, et retenir les dizaines, pour les ajouter au produit suivant, à l'exception de celles du dernier produit, que l'on écrira tel qu'on l'aura trouvé.*

D'après cela, pour multiplier 327 par 3, on dira : 3 fois 7 font 21, j'écris 1 et je retiens 2 ; 3 fois 2 font 6, et 2 de retenue, 8, j'écris 8 ; 3 fois 3 font 9, j'écris 9. Ainsi le produit est 981. On dispose l'opération comme ci-dessous :

$$\begin{array}{r} 327 \\ 3 \\ \hline 981 \end{array}$$

32. Passons enfin au cas où le multiplicateur est un nombre composé de plusieurs chiffres, et supposons que l'on veuille multiplier par exemple 327 par 405.

Multiplier 327 par 405, c'est composer un nombre qui contienne 405 fois le multiplicande 327 : si donc on répète ce multiplicande successivement 5 fois et 400 fois, il est clair qu'en additionnant ces deux produits partiels on aura le produit demandé. Il sera facile de répéter 5 fois le multiplicande 327 : car il suffira pour cela d'appliquer la règle du n° 31. En effectuant cette multiplication, on trouvera 1635 pour produit.

Pour répéter 400 fois le nombre 327, il n'y aura qu'à le répéter d'abord 4 fois, ce qui donnera 1308, puis à répéter 100 fois ce produit : car il est évident que le nombre ainsi obtenu contiendra 100 fois 4 fois, c'est-à-dire 400 fois le multiplicande 327. Or, pour répéter 100 fois le produit 1308 de 327×4, il suffira d'écrire deux zéros à sa droite (**26**), mais alors son premier chiffre exprimera des centaines : de sorte que l'on pourra se dispenser d'écrire ces deux zéros, pourvu que l'on place le produit 1308 de 327×4 sous celui 1635 de 327×5, de manière que son premier chiffre à droite se trouve au-dessous des centaines de celui-ci (**16**). En effectuant ensuite l'addition des deux produits partiels, on aura le produit total demandé. On dispose les calculs de la manière suivante :

$$\begin{array}{r} 327 \\ 405 \\ \hline 1635 \\ 1308 \\ \hline 132435 \end{array}$$

Remarquons que nous avons multiplié successivement le multiplicande par le premier et par le second chiffres significatifs du multiplicateur ; que le premier chiffre de chaque produit partiel a été écrit sous le chiffre correspondant du multiplicateur, et qu'enfin on a additionné ces produits. Concluons donc la règle générale suivante :

33. *Pour multiplier un nombre quelconque par un nombre composé de plusieurs chiffres, multipliez successivement, d'après les règles des n°s 30 et 31, le multiplicande par chaque chiffre* SIGNIFICATIF *du multiplicateur, en ayant soin d'écrire les produits partiels les uns au-dessous des autres, de manière que le premier chiffre de chacun soit placé sous le chiffre du multiplicateur qui a donné ce produit ; soulignez le dernier produit partiel, et additionnez tous les produits.*

34. *Si le multiplicande et le multiplicateur sont terminés par des zéros, on en fera abstraction dans la formation des produits partiels ; mais il faudra écrire à la droite du produit total autant de zéros qu'il y en a à la droite des deux* FACTEURS (le *multiplicande* et le *multiplicateur* concourant ensemble à la formation du *produit*, en sont appelés les *facteurs*). Supposons, en effet, qu'il y ait trois zéros à la droite du multiplicande, et deux à celle du multiplicateur. Si nous faisons abstraction des trois zéros qui terminent le multiplicande, nous le rendrons mille fois plus petit (**27**), et le produit deviendra aussi mille fois plus petit, car il contiendra toujours le même nombre de parties, mais ce seront des parties mille fois plus petites. Si nous supprimons de même les deux zéros qui sont à la droite du multiplicateur, nous rendrons ce multiplicateur cent fois plus petit ; le produit deviendra donc aussi cent fois plus petit, car il contiendra cent fois moins des mêmes parties. Or, c'est après avoir rendu le produit mille fois plus petit que nous le rendons encore cent fois plus petit qu'il ne l'était déjà : donc nous l'aurons rendu cent fois mille fois ou cent mille fois plus petit ; donc, pour restituer au produit sa valeur, il faudra le rendre cent mille fois plus grand, ce qui se fera en ajoutant cinq zéros à sa droite (**26**), précisément autant qu'il y en avait à la droite des deux facteurs (voy. n° **38**).

35. *Le produit de deux nombres se compose au plus d'autant de chiffres qu'il y en a dans ces deux nombres, et il en contient au moins autant qu'il y a de chiffres moins un dans ces mêmes nombres.*

1° Le produit de deux nombres composés chacun d'un certain nombre de chiffres est évidemment le plus grand possible quand ses deux facteurs ne renferment que des 9; mais alors même il est moindre que le produit du multiplicande par l'unité suivie d'autant de zéros qu'il y a de chiffres dans le multiplicateur; et comme alors le produit contient précisément autant de chiffres qu'il y en a dans les deux nombres proposés (**26**), la première partie de notre théorème est démontrée.

2° Il est évident que notre produit sera le plus petit possible quand chacun de ses facteurs sera formé de l'unité suivie d'autant de zéros, moins un, qu'il doit contenir de chiffres; mais alors il sera exprimé par l'unité suivie d'autant de zéros qu'il s'en trouve dans chaque facteur; donc il renfermera un chiffre de moins qu'il n'y en a dans les deux nombres proposés, ce qui démontre la seconde partie de notre théorème.

36. *Le produit de deux nombres ne change pas lorsqu'on intervertit l'ordre de ses facteurs*; je dis par exemple que

$$5 \times 3 = 3 \times 5.$$

En effet, multiplier 5 par 3, c'est répéter cinq unités trois fois : si donc nous écrivons cinq unités sur une ligne horizontale, et que nous répétions cette ligne trois fois, ce qui formera le tableau suivant :

$$\begin{array}{ccccc} 1 & 1 & 1 & 1 & 1 \\ 1 & 1 & 1 & 1 & 1 \\ 1 & 1 & 1 & 1 & 1 \end{array}$$

nous aurons écrit autant d'unités qu'en contient le produit de 5 par 3. Mais, si l'on considère ces unités comme rangées par lignes verticales, on verra que chaque ligne contient 3 unités, et qu'il y a cinq de ces lignes : donc notre tableau renfermera cinq fois trois unités, c'est-à-dire autant d'unités que le produit 3×5. Or, de quelque manière que l'on compte les unités de ce tableau, on doit en trouver toujours le même nombre : donc, puisque d'une part on a trouvé autant d'unités que dans le produit 5×3, et d'autre part autant que dans le produit

CALCUL DES NOMBRES ENTIERS. 21

3×5, il faut en conclure que ces deux produits sont égaux, et qu'ainsi $5 \times 3 = 3 \times 5$.

La démonstration que nous venons de donner est générale : car on peut toujours concevoir autant d'unités dans chaque ligne horizontale qu'il y en a dans le multiplicande, et autant de ces lignes que le multiplicateur renferme d'unités. Donc *on peut, dans toute multiplication de deux facteurs, intervertir l'ordre de ces facteurs sans altérer la valeur du produit.*

37. *Le produit de plusieurs nombres ne change pas, dans quelque ordre qu'on effectue les multiplications*[*].

Nous allons d'abord prouver que *l'on peut intervertir l'ordre des deux derniers facteurs sans altérer la valeur du produit.* Soit, en effet, le produit

$$2.6.4.3.5 :$$

effectuons le produit 48 des facteurs 2, 6, 4, qui précèdent les deux derniers, et nous aurons, en conséquence, à multiplier 48 par 3, puis le produit par 5. Or, multiplier 48 par 3, c'est répéter ce nombre 3 fois : donc

$$48.3 = 48 + 48 + 48.$$

Pour multiplier ce produit par 5, il n'y a qu'à multiplier chacune de ses parties par 5 : donc

$$48.3.5 = 48.5 + 48.5 + 48.5 ;$$

mais, répéter trois fois le produit 48.5, c'est le multiplier par 3; donc

$$48.3.5 = 48.5.3 ;$$

---

[*] Pour obtenir le produit de plusieurs nombres, on multiplie d'abord le premier par le deuxième, puis leur produit par le troisième, puis le nouveau produit par le quatrième, et ainsi de suite jusqu'au dernier facteur.

ou bien, en mettant à la place de 48 la quantité équivalente 2.6.4, on aura

$$2.6.4.3.5 = 2.6.4.5.3,$$

ce qu'il fallait démontrer*.

Je dis maintenant que, *dans un produit de plusieurs facteurs, on peut intervertir l'ordre de deux facteurs consécutifs quelconques, sans altérer la valeur du produit.*

Soit, en effet, le produit

$$2.6.4.3.5.8.9,$$

et supposons que l'on veuille intervertir l'ordre des facteurs 3 et 5. Nous considérerons d'abord le produit 2.6.4.3.5, qui finit par le dernier de ceux que nous voulons changer de place, et nous pourrons intervertir l'ordre de ses deux derniers facteurs, ce qui donnera

$$2.6.4.3.5 = 2.6.4.5.3.$$

Or il est clair que, si l'on multiplie deux quantités égales par une même quantité, les produits seront égaux : donc, en multipliant les deux produits précédents par 8 et ensuite par 9, on aura

$$2.6.4.3.5.8.9 = 2.6.4.5.3.8.9,$$

ce qu'il fallait démontrer.

Il suit de ce dernier principe qu'en permutant un facteur successivement avec son voisin, on pourra l'amener à telle place que l'on voudra, et par conséquent intervertir, comme on le jugera convenable, l'ordre de tous les facteurs, sans altérer pour cela la valeur du produit.

---

* Si l'on applique le principe que nous venons d'établir à un produit de trois facteurs dont le premier serait l'unité, on en conclura immédiatement celui du n° 56 : car on aura, par exemple, $1.5.3 = 1.3.5$, c'est-à-dire $5.3 = 3.5$.

38. *Pour multiplier un nombre par le produit de plusieurs facteurs, il suffit de le multiplier successivement par chacun des facteurs de ce produit.*

Ainsi je dis que, pour multiplier 7 par 24, produit des nombres 2, 3 et 4, il suffit de multiplier 7 successivement par ces nombres 2, 3 et 4. En effet le produit $7.24 = 24.7$ (**36**) : mais dans ce second produit on peut remplacer 24 par 2.3.4, puisque, avant de multiplier par 7, il aura fallu effectuer le produit 2.3.4; donc 7.24, qui est égal à 24.7, l'est aussi à 2.3.4.7. Or dans ce dernier produit on pourra faire passer le facteur 7 à la première place (**37**), et l'on aura ainsi

$$7.24 = 7.2.3.4,$$

ce qu'il fallait démontrer.

Il sera facile de déduire de ce principe une seconde démonstration de celui du n° **34**. Supposons, en effet, qu'on ait 800 à multiplier par 70; comme le multiplicande est égal à 8.100 et le multiplicateur à 7.10, on aura, d'après ce qui précède,

$$800 \times 70 = 8.100.7.10 = 8.7.100.10 = 8.7.1000\,(\mathbf{38}) = 56000.$$

39. Il suit de là et du n° **37** que, *pour multiplier un produit par un certain nombre, il suffit de multiplier l'un de ses facteurs par ce nombre, en conservant les autres facteurs.* Supposons que l'on veuille multiplier par 5 le produit 24 des facteurs 4 et 6 : je dis qu'on pourra multiplier par 5 le multiplicande 4 ou le multiplicateur 6, en conservant l'autre facteur. En effet, on a évidemment

$$24.5 = 4.6.5 = 4.30\ (\mathbf{38}),$$

ou

$$24.5 = 4.6.5 = 4.5.6\ (\mathbf{37}) = 20.6.$$

40. On appelle MULTIPLES *d'un nombre les divers* PRODUITS *de ce nombre multiplié par 2, ou par 3, ou par 4, etc.* Ainsi 20, produit de 4 par 5, est un multiple de 4.

41. On appelle PUISSANCE *d'un nombre le produit de plusieurs* *facteurs égaux à ce nombre*. Quand un nombre entre 2, 3, 4, etc., fois comme facteur dans un produit, on dit qu'il est élevé à la deuxième, troisième, quatrième, etc., puissance.

On indique cette opération en écrivant au-dessus du nombre dont il s'agit, et un peu à droite, un chiffre nommé *exposant*, qui indique combien de fois ce nombre est facteur. Ainsi

$2^2 = 2.2 = 4$ est la deuxième puissance de 2 ;
$2^3 = 2.2.2 = 8$ est la troisième puissance de 2 ;
$2^4 = 2.2.2.2 = 16$ est la quatrième puissance de 2 ;
etc.

42. Il suit du n° **34** que *l'on formera une puissance quelconque de* 10 *en écrivant à la droite de l'unité autant de zéros qu'il est marqué par l'exposant de cette puissance.*

Ainsi la cinquième puissance de 10 est l'unité suivie de cinq zéros, c'est-à-dire **100000**.

43. *Pour faire la preuve de la multiplication, multipliez le multiplicateur par le multiplicande, et si vous retrouvez le même produit, vous pourrez en conclure que votre opération avait été bien faite* (**36**).

§ IV. DIVISION.

44. *La* DIVISION *est une opération qui a pour but, lorsque l'on connaît un produit nommé* DIVIDENDE, *et l'un de ses facteurs appelé* DIVISEUR, *de trouver l'autre facteur nommé* QUOTIENT [*].

45. Il suit de cette définition et du n° **24**, 1° que, si le diviseur est un nombre concret de même nature que le dividende, on devra le regarder comme remplissant les fonctions de mul-

---

[*] Cette opération se nomme *division*, *parce qu'elle sert à diviser ou à partager un nombre donné en plusieurs parties égales*. Si l'on voulait par exemple partager 48 en 12 parties égales, il faudrait chercher un nombre qui, répété 12 fois, produisît 48 : on regarderait donc 48 comme un produit ayant pour facteurs 12 et l'une des parties cherchées.

tiplicande, et alors le quotient remplira celles de multiplicateur : donc, *quand le dividende et le diviseur sont deux nombres concrets de même nature, le quotient est un nombre abstrait ;* 2° que si, au contraire, le dividende étant concret, le diviseur est abstrait, on devra regarder celui-ci comme un multiplicateur ; par conséquent, le quotient sera le multiplicande : donc *le quotient est un nombre concret de même nature que le dividende, si le diviseur est abstrait.*

46. Le dividende étant le produit du diviseur multiplié par le quotient, on voit que *le quotient exprime combien de fois le dividende contient le diviseur* (**25**), et c'est de là que lui vient son nom.

C'est aussi pour cela que l'on définit quelquefois la division : *une opération qui a pour but de trouver combien de fois un nombre en contient un autre.*

Or, si l'on retranche le diviseur du dividende autant de fois que la chose sera possible, le nombre des soustractions indiquera combien de fois le dividende contient le diviseur, et sera par conséquent la valeur du quotient : d'après cela, si l'on veut diviser le nombre 48 successivement par 12 et par 13, on fera les calculs suivants :

	48............	48
	12............	13
	—	—
1re *Soustraction.*	36............	35
	12............	13
	—	—
2e *Soustraction.*	24............	22
	12............	13
	—	—
3e *Soustraction.*	12............	09
	12	
	—	
4e *Soustraction.*	00	

Dans la première opération nous avons fait quatre soustractions : donc le quotient de 48 divisé par 12 est 4. Dans la seconde nous n'avons pu effectuer que trois soustractions : donc le quotient est 3 ; mais la division donne pour reste 9 ; d'où l'on voit que le dividende 48 est ainsi égal à trois fois le diviseur 13, plus le *reste* 9. Donc, *quand la division laisse un reste, lequel est nécessairement moindre que le diviseur, le dividende est égal au produit du diviseur multiplié par le quotient, plus ce reste.*

47. *Lorsque le diviseur est un nombre exprimé par un seul chiffre, et que le dividende est moindre que dix fois le diviseur, on peut trouver le quotient au moyen de la table de multiplication.* Il suffit pour cela de descendre dans la colonne verticale qui porte en tête le diviseur, jusqu'à ce que l'on arrive au plus grand multiple de ce diviseur qui soit contenu dans le dividende. Le numéro d'ordre de la ligne horizontale où se trouvera ce plus grand multiple sera le quotient cherché. Ainsi le quotient de 39 divisé par 7 est 5 : car, en descendant dans la septième ligne verticale, on trouve que le plus grand multiple de 7 qui soit contenu dans 39 est 35, et 35 appartient à la cinquième ligne horizontale.

48. Si le dividende devait contenir un grand nombre de fois le diviseur, on voit que l'opération effectuée d'après le procédé indiqué au n° **46** pourrait devenir très-longue : il faut donc chercher à découvrir une méthode plus abrégée. Soit proposé par exemple de diviser 79461 par 327 ; effectuer cette division, c'est chercher par quel nombre il faut multiplier 327 pour obtenir au produit 79461 : en comparant le diviseur au dividende, on reconnaît que le quotient contiendra,

1° des unités simples, car.. $327 \times 1 = 327 < 79461$;
2° des dizaines, car....... $327 \times 10 = 3270 < 79461$;
3° des centaines, car...... $327 \times 100 = 32700 < 79461$;
4° qu'il ne contiendra pas d'unités d'un ordre plus élevé que les centaines, car pour qu'il pût renfermer seulement un mille, il faudrait que le dividende ne fût pas plus petit que $327 \times 1000 = 327000$, et c'est ce qui a lieu ici. Le quotient contiendra donc en général des centaines, des dizaines et des

unités, et par conséquent *le dividende se composera des produits partiels du diviseur multiplié par les centaines, dizaines et unités du quotient.*

Cela posé, cherchons à déterminer le nombre des centaines du quotient. Si nous pouvions détacher du dividende le produit du diviseur multiplié par les centaines du quotient, en divisant ce produit par le diviseur nous trouverions les centaines du quotient. Or tout nombre de centaines est terminé par deux zéros : donc le produit du diviseur par les centaines du quotient sera aussi terminé par deux zéros (54); donc il sera un nombre exact de centaines, donc il ne pourra se trouver que dans les 794 centaines du dividende. Mais 794 peut contenir en outre quelques centaines qui auraient reflué de la multiplication du diviseur par les dizaines et unités du quotient, plus du reste s'il y en a un; donc, en divisant 794 par 327, on n'obtiendra pas un nombre moindre que celui des centaines du quotient; on ne pourra pas non plus en trouver un plus grand, sans quoi ce nombre surpasserait le quotient total*, ce qui est absurde : car il est clair qu'en divisant une partie du dividende par le diviseur on ne doit pas trouver un nombre plus grand qu'en divisant le dividende tout entier par ce même diviseur** : donc, *en divisant les 794 centaines du dividende par le diviseur 327, on obtiendra exactement le nombre des centaines du quotient*; il s'agit donc d'effectuer cette division, c'est-à-dire de *trouver par quel nombre il faut multiplier* 327 *pour obtenir au produit* 794.

Le produit des 3 centaines du diviseur par le quotient est un

---

* Si par exemple le chiffre des centaines du quotient étant 2, la division de 794 centaines par 327 donnait 3 centaines, il est évident que ce nombre surpasserait le quotient qui, dans notre hypothèse, ne peut pas être plus grand que 299.

** On peut encore démontrer ce principe de la manière suivante :

Pour qu'en divisant 794 par 327, on pût trouver une centaine de plus que le quotient n'en renferme, il faudrait que 794 centaines continssent, outre le produit du diviseur par les centaines du quotient, au moins 327 centaines qui auraient reflué de la multiplication du diviseur par les dizaines nombre exact de centaines : donc il ne pourra se trouver que dans les 7 centaines du dividende 794, lesquelles pourront contenir encore quelques centaines qui auraient reflué de la multiplication des dizaines et unités du diviseur par le quotient, plus du reste s'il y en a un ; donc, en divisant les 7 centaines du dividende par les 4 centaines du diviseur, on sera certain de ne pas trouver un nombre moindre que le quotient cherché, mais on pourra en trouver un plus grand, car le reste peut contenir 3 centaines.

Pour vérifier si le nombre trouvé n'est pas trop grand, on multipliera le diviseur par ce nombre, et l'on retranchera le produit du dividende 794 ; si la soustraction est possible, le chiffre que l'on a trouvé est exact, sinon il est trop grand, de sorte qu'il faudra le diminuer successivement de 1, de 2, etc., unités jusqu'à ce que la soustraction puisse s'effectuer. Divisons donc 7 centaines par 3 centaines : en 7 combien de fois 3 ? 2 fois. Je multiplie le diviseur 327 par le quotient 2 ; et comme le produit 654 peut se retrancher de 794, j'en conclus que 2 est bien le chiffre des centaines du quotient total. Il s'agit maintenant d'en trouver les dizaines.

Le dividende étant la somme des produits partiels du diviseur par les centaines, dizaines et unités du quotient, si l'on en soustrait le produit du diviseur par les centaines du quotient, le reste sera composé des produits partiels du diviseur par les dizaines et unités du quotient : ce sera donc un nouveau dividende sur lequel on pourra faire les mêmes raisonnements

---

et les unités du quotient, plus du reste s'il y en a un (46) ; car pour que le quotient augmente de cent unités, il faut que le dividende augmente de cent fois le diviseur. Le cas le plus défavorable serait celui où les dizaines et unités du quotient formeraient le plus grand nombre possible, c'est-à-dire 99 ; mais en multipliant le diviseur 327 par 99, on le répète 99 fois, et en y ajoutant le reste, qui vaut au plus 326, on voit qu'il s'en faudra au moins d'une unité que l'on ne trouve cent fois 327, c'est-à-dire 327 centaines ; donc il ne peut pas avoir reflué 327 centaines de la multiplication du diviseur par les dizaines et unités du quotient, plus du reste s'il y en a un ; donc, en divisant 794 par 327, on ne peut pas trouver un nombre plus grand que celui des centaines du quotient.

que sur le premier, et même avec cet avantage que l'on sait déjà que les plus hautes unités du quotient correspondant sont de l'ordre des dizaines. Ces raisonnements conduiront à la détermination des dizaines ; et ensuite, de même que l'on aura passé du calcul des centaines à celui des dizaines, on pourra passer du calcul des dizaines à celui des unités, et obtenir ainsi le quotient demandé.

Retranchons donc du dividende 79461 les 654 centaines qui proviennent de la multiplication du diviseur 327 par les 2 centaines du quotient, et nous aurons pour reste 14061 : or, de même que nous avons obtenu les centaines du quotient en divisant les centaines du premier dividende par le diviseur, nous trouverons ses dizaines en divisant les dizaines du deuxième dividende par le diviseur. Il s'agit donc de diviser 1406 par 327 ; mais pour diviser 794 par 327, nous avons divisé 7 centaines par 3 centaines : donc nous diviserons 1406 par 327 en divisant 14 centaines par 3 centaines. En 14 combien de fois 3 ? il y est 4 fois. Je multiplie le diviseur 327 par le quotient 4 ; et comme le produit 1308 peut se retrancher de 1406, j'en conclus que 4 est bien le chiffre des dizaines du quotient total ; il n'y a plus qu'à chercher les unités. Or, pour trouver les dizaines, nous avons retranché du premier dividende le produit du diviseur par les centaines, et divisé ensuite les dizaines du reste par le diviseur ; donc, pour calculer les unités du quotient, nous retrancherons du deuxième dividende 14061 le produit 1308 dizaines du diviseur 327 multiplié par les 4 dizaines du quotient, et nous diviserons le reste 981 par 327. Nous dirons donc : en 9 combien de fois 3 ? il y est 3 fois. Comme le produit de 327 par 3 est 981, on voit que 3 est bien le chiffre des unités, et que le quotient demandé est par conséquent 243.

Remarquons que l'on peut avoir le premier dividende partiel 794, en séparant sur la gauche du dividende 79461 autant de chiffres qu'il en faut pour obtenir un nombre plus grand que le diviseur 327 ; que pour former le deuxième dividende partiel 1406, il aurait suffi de retrancher du premier le produit du diviseur par le premier chiffre du quotient, et d'abaisser à la droite du reste 140 le premier des chiffres suivants du dividende ; que l'on aurait obtenu de même le troisième dividende partiel 981 en retranchant du deuxième le produit du diviseur par le deuxième chiffre du quotient, et en abaissant à la droite du reste 98 le second des chiffres suivants du dividende. En conséquence on dispose les calculs comme ci-dessous :

```
79461 | 327
  654 | 243
 1406
 1308
  ───
  981
  981
  ───
  000
```

49. En généralisant ce que nous venons de dire, on en conclura la règle suivante : *Pour diviser un nombre par un autre, écrivez le diviseur à la droite du dividende, séparez-les par un trait vertical, soulignez le diviseur, et vous placerez le quotient au-dessous. Cela fait, prenez sur la gauche du dividende assez de chiffres pour que le nombre qu'ils expriment, considéré comme représentant des unités simples, puisse contenir le diviseur; vous aurez ainsi un premier dividende partiel, que vous diviserez par le diviseur, ce qui vous donnera le chiffre des plus hautes unités du quotient. Soustrayez du premier dividende partiel le produit du diviseur par le premier chiffre du quotient, et abaissez sur la droite du reste le premier des chiffres séparés dans le dividende : vous aurez ainsi un second dividende partiel que vous diviserez par le diviseur, ce qui vous donnera le second chiffre du quotient; vous l'écrirez à la droite du premier, et vous agirez sur le second dividende partiel et sur le second chiffre du quotient, comme vous avez fait sur le premier dividende partiel et sur le premier chiffre du quotient, et vous continuerez cette série d'opérations jusqu'à ce que vous ayez abaissé le dernier chiffre du dividende, en ayant soin à chaque opération d'é-*

crire le quotient que vous obtenez à la droite du précédent. Si l'un des dividendes partiels était moindre que le diviseur, ce serait un signe que le quotient n'a point d'unités de l'ordre correspondant; on écrirait donc un zéro au quotient, et l'on abaisserait à la droite de ce dividende partiel le chiffre suivant du dividende total, ce qui donnerait un nouveau dividende partiel que l'on diviserait par le diviseur.

Pour diviser un dividende partiel par le diviseur, il faut diviser par le chiffre des plus hautes unités du diviseur le nombre des unités du même ordre que contient ce dividende partiel. On vérifiera que le quotient ainsi trouvé n'est pas trop grand, en examinant si le produit du diviseur par ce quotient peut se retrancher du dividende partiel.

50. La division d'un dividende partiel par le diviseur ne s'effectuant que par tâtonnements, on sent que la crainte d'écrire au quotient un chiffre trop grand peut conduire à en mettre un trop petit. On reconnaîtra qu'il en sera ainsi lorsque le reste, obtenu en retranchant du dividende partiel le produit du diviseur par le chiffre dont il s'agit, contiendra le diviseur. On augmentera donc ce chiffre d'*une*, *deux*, *trois*, etc., *unités*, jusqu'à ce que l'on parvienne à un reste moindre que le diviseur.

Il y a toutefois une précaution qui diminuera le nombre des tâtonnements : c'est de regarder le premier chiffre à gauche du diviseur comme augmenté d'une unité lorsque le second surpassera 5 (on appelle cela *forcer l'unité* sur ce chiffre), et d'augmenter aussi d'autant le nombre des unités de même ordre que renferme le dividende partiel. Ainsi, si l'on avait à diviser 27249 par 3628, au lieu de dire : en 27 combien de fois 3? on dirait en 28 combien de fois 4? Le chiffre 7 ainsi obtenu est effectivement le quotient de la division de 27249 par 3628. On conçoit en effet que, le diviseur 3628 étant plus près de 4 mille que de 3 mille, on a plus de chances de trouver le quotient cherché en prenant pour diviseur 4 mille plutôt que 3 mille. Mais aussi on court le risque d'écrire au quotient un chiffre trop faible : car le quotient devient plus petit quand le diviseur augmente. C'est pour diminuer cette chance d'erreur qu'on augmente d'une unité le nombre des mille du dividende partiel.

51. On peut enfin effectuer la division d'un dividende partiel par le diviseur sans tâtonnements, par un procédé que l'on emploie avec avantage quand le quotient total doit contenir un grand nombre de chiffres. On forme le tableau des neuf premiers multiples du diviseur, et l'on y cherche quel est le plus grand de ces multiples qui soit contenu dans le dividende partiel. Le numéro d'ordre de ce multiple est le chiffre cherché du quotient. Ainsi, dans l'exemple du n° 48, nous verrons que le premier chiffre du quotient est 2 : car, en consultant le tableau des multiples du diviseur,

1er multiple....... 327
2e 654
3e 981
4e 1308
5e 1635
6e 1962
7e 2289
8e 2616
9e 2943

on reconnaît que le plus grand multiple de ce diviseur qui soit contenu dans le premier dividende partiel 794 est le deuxième.

52. *Pour diviser un produit par un certain nombre, il suffit de diviser l'un de ses facteurs par ce nombre, en conservant les autres facteurs;* car, en multipliant par ce nombre le nouveau produit qu'on aura obtenu par la division d'un des facteurs, on retrouvera le produit primitif (39). Veut-on par exemple diviser par 15 le produit de 135 par 47; on commencera par diviser le facteur 135 par 15, ce qui donnera 9, puis on multipliera 9 par 47. Ce produit 9.47 est le quotient demandé, car en le multipliant par 15 on retrouvera le dividende 135.47.

Pour diviser un nombre par un produit de plusieurs facteurs, il suffit de le diviser successivement par chacun des facteurs de ce produit; ainsi pour diviser 360 par 8.9, on divisera ce nombre par 8, ce qui donnera 45, et on divisera ensuite 45 par 9, de sorte que le quotient 5 de cette seconde division sera celui que l'on doit trouver en divisant 360 par 8.9. En effet, multipliant ce deuxième quotient $\frac{45}{9} = 5$ par 9, on retrouvera le premier $45 = \frac{360}{8}$, et multipliant celui-ci par 8, on obtiendra 360. Donc 360 est le produit de 5 par 8.9 (**38**); donc 5 est le quotient de la division de 360 par 8.9.

53. *Si le dividende et le diviseur sont terminés par des zéros, on en supprimera sur la droite de tous les deux autant qu'il y en a à la suite de celui qui en contient le moins; puis effectuant la division des nombres résultants, comme à l'ordinaire, on obtiendra le quotient demandé.*

En effet, supposons, pour fixer les idées, qu'on ait supprimé trois zéros sur la droite du dividende et du diviseur. Par la suppression des trois zéros dans le dividende, on a divisé ce dividende (**27**), et par conséquent le quotient, par mille : car le dividende, qui est le produit du diviseur par le quotient, ne peut être divisé par mille, si l'un de ses facteurs ne change pas, qu'autant que son autre facteur est lui-même divisé par mille (**52**). En supprimant trois zéros dans le diviseur, on l'a divisé par mille, et par conséquent le quotient a été multiplié par mille : car, si un produit ne change pas, et que l'un de ses facteurs soit divisé par un certain nombre, il faut nécessairement que l'autre facteur soit multiplié par ce nombre (**39 et 52**). Mais c'est après avoir multiplié le quotient par mille qu'on l'a divisé par mille; donc il n'a pas changé de valeur.

54. On peut encore abréger le calcul de la division, en effectuant à la fois les multiplications du diviseur par les différents chiffres du quotient et les soustractions correspondantes. À cet effet, on soustrait successivement les produits partiels résultant de la multiplication de chaque chiffre du diviseur par le chiffre du quotient sur lequel on opère, du nombre d'unités de même ordre que contient le dividende partiel, et l'on augmente le produit suivant d'autant d'unités qu'il a fallu ajouter de dizaines au chiffre du dividende pour rendre la soustraction possible (**21**).

Exemple. Quand nous avons voulu vérifier, dans l'exemple du n° **48**, si le second chiffre 4 du quotient n'était pas trop grand, nous avons multiplié le diviseur 327 par ce nombre, écrit le produit 1308 au-dessous du dividende partiel 1406, et nous avons effectué ensuite la soustraction. Au lieu d'opérer ainsi, nous dirons : 4 fois 7 font 28 ; ôté de 6, cela ne se peut pas ; j'ajoute 3 dizaines pour rendre la soustraction possible, ce qui fait 36 ; 28 ôté de 36, il reste 8 ; et je retiens 3, afin d'en augmenter le produit des dizaines du diviseur par le quotient 4, et de restituer ainsi au reste sa véritable valeur. 4 fois 2 font 8, et 3 font 11 ; ôté de 0, cela ne se peut pas ; j'ajoute 2 dizaines, ce qui fait 20 ; 11 ôté de 20, il reste 9, et je retiens 2. 4 fois 3 font 12, et 2 font 14 ; ôté de 14, il reste 0. L'excès du dividende partiel 1406 sur le produit du diviseur par le chiffre 4 du quotient est donc 98, comme nous l'avions effectivement trouvé.

Lorsque le diviseur est exprimé par un seul chiffre, on abrége l'opération ainsi qu'il suit, Supposons que l'on veuille diviser 76189 par 9, on dispose les calculs comme ci-dessous :

```
                        76189 | 9
    Quotient........    8465  |
    Reste..........        4  |
```

puis on dit : le neuvième de 76 est 8, que j'écris au-dessous de 6 ; et il reste 4 unités qui valent 40, et 1 font 41 ; le neuvième de 41 est 4, que j'écris à la droite de 8 ; et il reste 5 unités qui valent 50, et 8 font 58 ; le neuvième de 58 est 6, que j'écris à la droite de 4 ; et il reste 4 unités qui valent 40, et 9 font 49 ; le neuvième de 49 est 5, que j'écris à la droite de 6 : et il reste 4. Ainsi le quotient cherché est 8465, et le reste est 4.

55. *Lorsqu'on multiplie le dividende et le diviseur par un même nombre, et qu'on divise les produits l'un par l'autre, le quotient ne change pas, mais le reste est multiplié par ce nombre.*

CALCUL DES NOMBRES ENTIERS. 35

En effet, le dividende étant égal au produit du diviseur multiplié par le quotient, plus le reste, si l'on veut multiplier le dividende par un certain nombre, il n'y aura qu'à multiplier ses deux parties par ce nombre ; la première l'aura été par le fait seul de la multiplication du diviseur (**59**) : donc le quotient n'aura pas changé, et le reste sera multiplié par ce nombre.

56. *Pour faire la preuve de la division, on multiplie le diviseur par le quotient, on y ajoute le reste, et si la somme est égale au dividende, on en conclura que l'opération a été bien faite* (**46**).

§ V. APPLICATIONS.

PROBLÈME. I. *Un mètre d'étoffe coûte* 19 *francs : quel sera le prix de* 42 *mètres de cette étoffe** ?

Il est évident que 42 mètres coûteront 42 fois plus qu'un mètre, et qu'ainsi le prix de ces 42 mètres sera 42 fois 19^f, c'est-à-dire 19$^f \times 42 = 798^f$.

II. 20 *ouvriers ont mis* 30 *jours pour faire un certain ouvrage : combien faudrait-il d'ouvriers pour faire le même ouvrage en* 1 *jour* ?

Pour faire l'ouvrage en 1 jour il faut évidemment 30 fois plus d'ouvriers que pour le faire en 30 jours, et par conséquent 30 fois 20 ouvriers, c'est-à-dire 20$^{ouv} \times 30 = 600$.

III. *Un ouvrage a été fait en* 15 *jours par* 16 *ouvriers qui travaillaient* 10 *heures par jour : combien un seul ouvrier aurait-il mis d'heures* ?

Travailler pendant 15 jours et 10 heures par jour, c'est travailler pendant 15 fois 10 heures, c'est-à-dire pendant 10$^h \times$ 15 = 150^h. Or, si 16 ouvriers ont mis 150 heures pour faire un certain ouvrage, il est clair qu'un seul emploiera 16 fois 150 heures, ou 150$^h \times 16 = 2400^h$.

---

* Pour indiquer un nombre d'unités concrètes, nous écrirons au-dessus de ce nombre, et un peu à droite, la lettre initiale du nom de cette unité : ainsi 19^f représentera 19 francs.

IV. On sait que le jour se compose de 24 heures, l'heure de 60 minutes, et la minute de 60 secondes : on propose de *trouver combien il y a de secondes dans l'*ANNÉE TROPIQUE (on appelle ainsi l'intervalle de temps qui s'écoule entre deux passages consécutifs du soleil par le même point de son orbite) *qui est à fort peu près de* 365 *jours* 5 *heures* 48 *minutes* 51 *secondes**.

On verra facilement que 365 jours 5 heures valent 8765^h ; que 365 jours 5 heures 48 minutes valent 525948', et qu'enfin l'année contient 31556931".

V. 42 *mètres d'étoffe ont coûté* 798^f : *quel est le prix du mètre ?*

Il est clair qu'un mètre coûtera la quarante-deuxième partie du prix de 42 mètres, c'est-à-dire une somme qui, multipliée par 42, reproduira 798^f. Ainsi le prix du mètre est le quotient de la division de 798^f par 42, ou 19^f.

VI. *On a employé une troupe de* 600 *ouvriers pour faire un certain ouvrage en* 1 *jour : combien faudrait-il d'ouvriers pour l'exécuter en* 30 *jours ?*

Pour faire l'ouvrage en 30 jours, il faut 30 fois moins d'ouvriers que pour le faire en un jour ; il faudra donc la trentième partie de 600 ouvriers, c'est-à-dire $\frac{600}{30}° = 20°$.

VII. 42 *mètres d'étoffe ont coûté* 798^f : *quel sera le prix de* 25 *mètres de cette étoffe ?*

Cherchez le prix du mètre, et vous retomberez sur le problème 1.

Réponse : 475 francs.

VIII. 20 *ouvriers ont fait un certain ouvrage en* 30 *jours : combien aurait-il fallu d'ouvriers pour l'exécuter en* 12 *jours ?*

Cherchez combien il faudrait d'ouvriers pour faire l'ouvrage en 1 jour, et vous serez ramené au problème VI.

Réponse : 50 ouvriers.

---

* Pour indiquer un certain nombre de minutes ou de secondes, on est convenu d'écrire au-dessus de ce nombre, et un peu à droite, *un ou deux accents :* ainsi, 48' 51" signifiera 48 minutes 51 secondes.

IX. *45 mètres d'étoffe ont coûté 15ᶠ : combien aura-t-on de mètres de cette étoffe pour 25ᶠ?*

Cherchez combien on aurait de mètres d'étoffe pour 1ᶠ.

X. *25 ouvriers ont fait un certain ouvrage en 9 jours : combien 15 ouvriers auraient-ils mis de jours à le faire?*

Cherchez combien un ouvrier mettrait de jours.

XI. *14 ouvriers ont fait 1008 mètres d'un certain ouvrage : combien 11 ouvriers en feraient-ils?*

Cherchez combien un ouvrier ferait de mètres.

XII. *Un ouvrier a fait 58 mètres d'ouvrage en 348 jours : combien aurait-il mis de jours pour en faire 160?*

Cherchez en combien de jours cet ouvrier ferait 1 mètre.

XIII. *Une troupe d'ouvriers a fait 180 mètres d'un ouvrage dont la difficulté était représentée par 15 : combien auraient-ils fait dans le même temps de mètres d'un ouvrage dont la difficulté serait représentée par 36?*

Réponse : 75 mètres.

XIV. *Un ouvrier dont l'activité est représentée par 28, a mis 45 jours pour faire un certain ouvrage : combien de jours mettrait un ouvrier dont l'activité serait représentée par 35?*

Réponse : 36 jours.

XV. *Une garnison composée de 1800 hommes n'avait plus que pour 14 jours de vivres, quand elle fait une sortie dans laquelle elle perd 400 hommes : combien pourra-t-elle tenir de jours en supposant qu'elle ne fasse pas de nouvelles pertes?*

Réponse : 18 jours.

XVI. *Un salon a 72 décimètres de long sur 57 de large; on voudrait le parqueter en employant des planches de 2 décimètres de largeur sur 18 de longueur : combien faudra-t-il de ces planches?*

Réponse : 114.

XVII. *Deux courriers partent en même temps de Dijon et de Paris, pour aller à la rencontre l'un de l'autre; le premier fait 20 kilomètres par heure, le second 12; la distance des points de départ est de 320 kilomètres : combien leur faudra-t-il d'heures pour se rencontrer?*

Paris et Dijon étant éloignés de 320 kilomètres, les deux courriers doivent par conséquent se rapprocher de cette distance; mais, puisqu'ils marchent à la rencontre l'un de l'autre, et qu'ils parcourent respectivement 20 kilomètres et 12 kilomètres par heure, ils se rapprochent de 32 kilomètres en une heure, et par conséquent de 320 kilomètres en 10 heures. En effet, l'un aura parcouru $20^{kil}.10 = 200$ kilomètres, l'autre $12^{kil}.10 = 120$ kilomètres, et $200^{kil} + 120^{kil} = 320$ kilomètres.

XVIII. Résoudre le même problème, en supposant que les deux courriers marchent dans le même sens.

XIX. *Partager* 184 *en deux parties dont la différence soit* 16.

Si la plus petite partie était connue, en y ajoutant la différence 16 on aurait la plus grande : donc le nombre 184 se compose du double de la plus petite partie, plus 16; donc, en retranchant 16 on aura ce double; donc la plus petite partie vaut $\frac{184-16}{2} = \frac{168}{2} = 84$, et par conséquent la plus grande est égale à $184 - 84 = 100$.

XX. *Partager* 216^f *entre quatre personnes, de manière que la deuxième ait le double de la première, que la troisième ait le triple de la deuxième, et que la quatrième ait autant que les trois autres.*

Puisque la troisième a le triple de la deuxième, elle recevra 3 fois 2 fois ou six fois la part de la première; alors la part de la quatrième, qui doit être la somme des trois autres, se composera de 1 fois la part de la première, plus 2 fois cette part, plus encore 6 fois cette part, c'est-à-dire de 9 fois cette même part. La somme à partager vaut donc 1 fois $+$ 2 fois $+$ 6 fois $+$ 9 fois, c'est-à-dire 18 fois la part de la première; donc cette part est la dix-huitième partie de 216; donc elle vaut 12^f. Alors la deuxième recevra $12^f.2 = 24^f$; la troisième, $24^f.3 = 72^f$; et la quatrième, $12^f + 24^f + 72^f = 108^f$: et, en effet, ces quatre parts réunies font 216^f.

XXI. *Un joueur, interrogé sur les gains qu'il a faits aux quatre parties qu'il a jouées, répond : A la deuxième partie mon gain a été le triple de celui que j'ai fait à la première, moins*

12^f; à la troisième j'ai gagné autant qu'aux deux premières, plus 6^f : à la quatrième j'ai gagné deux fois plus qu'à la deuxième, et encore trois fois plus qu'à la troisième, moins 126^f; et mon gain total est 126^f.

Le gain de la troisième partie se compose de celui de la première, de 3 fois ce gain moins 12^f, plus 6^f, c'est-à-dire de 4 fois le gain fait à la première partie moins 6^f. A la quatrième, notre joueur a reçu, d'une part, 6 fois le bénéfice qu'il avait fait à la première, moins 24; et d'une autre part, 12 fois ce même gain, moins 18^f, moins 126^f : donc le gain qu'il a fait à la quatrième partie égale 18 fois celui de la première, moins 168^f; par conséquent, le gain total 126^f se compose de 1 fois, plus 3 fois, plus 4 fois, plus 18 fois le gain de la première partie, moins 12^f, moins 6^f, moins 168^f, c'est-à-dire de 26 fois ce gain, moins 186^f; si donc on ajoute 186^f à 126^f, la somme 312^f vaudra 26 fois le gain que notre joueur a fait à la première partie; donc ce gain égale $\frac{312^f}{26} = 12^f$; donc il a gagné à la seconde partie $12^f.3 - 12^f = 24^f$; à la troisième, $12^f + 24^f + 6^f = 42^f$; enfin, à la quatrième, $24^f.2 + 42^f.3 - 126^f = 48^f$: en effet, la somme de ces bénéfices partiels compose le gain total 126^f.

CHAPITRE III.

PROPRIÉTÉS DES NOMBRES.

§ I. DIVISIBILITÉ DES NOMBRES.

57. *On dit qu'un nombre en divise un autre, ou est un diviseur de cet autre, lorsque leur division ne laisse pas de reste.*
Ainsi 4 est un diviseur de 12.

58. *Lorsqu'un nombre en divise plusieurs, il divise leur somme.*

En effet, chacun des nombres proposés vaut un certain nombre de fois le diviseur dont il s'agit ; donc leur somme vaudra un certain nombre de fois ce même diviseur ; donc il en sera un diviseur exact. Par exemple 6, qui divise les nombres 18, 42, 90, divise leur somme 150.

59. *Tout nombre qui en divise un autre divise ses multiples.*

Ce principe est une conséquence du précédent : car un multiple d'un nombre n'est autre chose que la somme de plusieurs nombres égaux à celui-là (**40**).

Exemple. 6 divise 18 et par suite $18 \times 13 = 234$.

60. *Lorsqu'un nombre en divise deux autres, il divise leur différence.*

En effet, chacun des nombres proposés vaut un certain nombre de fois le diviseur dont il s'agit : donc leur différence vaut un certain nombre de fois ce diviseur ; donc il en est un diviseur exact.

61. *Un nombre est divisible par 2 quand il est terminé par un zéro ou par un des chiffres* PAIRS, *2, 4, 6, 8*[*].

---

[*] On appelle *nombre pair* un nombre exactement divisible par 2, parce

1° Si le nombre est terminé par un 0, il est un multiple de 10 (**26**); mais 10, qui égale 2×5, est divisible par 2 : donc le nombre proposé l'est aussi (**59**).

2° Si le nombre est terminé par un chiffre pair, on pourra le concevoir décomposé en dizaines et en unités. La partie des dizaines est, comme nous venons de le voir, divisible par 2; la partie des unités l'est aussi par hypothèse : donc les deux parties du nombre proposé étant divisibles par 2, ce nombre l'est aussi (**58**).

62. On démontrerait de la même manière qu'*un nombre est divisible par* 5 *quand il est terminé par un* 0 *ou par un* 5.

63. *Un nombre est divisible par* 4 *quand le nombre représenté par ses deux derniers chiffres à droite est divisible par* 4.

En effet, concevons le nombre proposé décomposé en centaines et en unités : la partie des unités est par hypothèse divisible par 4; la partie des centaines l'est aussi, car tout nombre de centaines est un multiple de 100. Mais $100 = 10.10$: or dans 10 il y a un facteur 2, donc dans 100 il y aura deux facteurs 2, donc 100 est divisible par $2.2 = 4$, et par conséquent tout nombre de centaines l'est aussi : donc les deux parties du nombre proposé étant divisibles par 4, le nombre lui-même le sera aussi.

On verrait de la même manière qu'un nombre sera divisible par $8 = 2^3$, par $16 = 2^4$, etc., quand le nombre exprimé par ses 3, 4, etc., derniers chiffres, sera divisible par 8, 16, etc.

64. *Un nombre est divisible par* 9, *quand la somme de ses chiffres, considérés comme représentant des unités simples, est elle-même divisible par* 9.

Nous allons d'abord démontrer qu'*une unité d'un ordre quel-*

---

qu'il peut être partagé en deux portions *pareilles* ou égales ; par opposition, on nomme *nombre impair* un nombre qui n'est pas exactement divisible par 2. Si donc on divise un nombre impair par 2, on aura pour reste *une unité* : de sorte qu'*un nombre impair est égal à un nombre pair augmenté ou diminué d'une unité*.

conque est *un multiple de* 9 *augmenté d'une unité simple.* Si nous multiplions en effet par 9 un nombre exprimé par tant de chiffres 1 que l'on voudra, il est clair que le produit ne sera composé que de chiffres 9, et qu'ainsi, en y ajoutant une unité, le résultat sera exprimé par l'unité suivie d'autant de zéros qu'il y avait de chiffres 1 dans le multiplicande : donc une unité d'un ordre quelconque est un multiple de *neuf* augmenté d'*une* unité, et par conséquent 2, 3, 4,... unités de cet ordre vaudront un multiple de 9 augmenté de 2, 3, 4,... unités simples.

On voit d'après cela que, si l'on conçoit le nombre proposé décomposé en ses diverses collections d'unités, chacune d'elles sera égale à un multiple de 9 augmenté de son chiffre significatif considéré comme représentant des unités simples : donc ce nombre est égal à un multiple de 9 augmenté de la somme de ses chiffres significatifs. Si donc cette somme est divisible par 9, le nombre le sera aussi (58).

Remarquez que cette démonstration prouve que *le reste de la division d'un nombre quelconque par* 9 *est celui même que l'on obtient en divisant par* 9 *la somme de ses chiffres additionnés comme s'ils représentaient des unités simples.*

65. On démontrerait de la même manière qu'*un nombre est divisible par* 3, *quand la somme de ses chiffres significatifs, considérés comme représentant des unités simples, est elle-même divisible par* 3. Seulement pour prouver qu'*une unité d'un ordre quelconque est un multiple de* 3 *augmenté d'une unité simple,* il faudra multiplier par 3 un nombre exprimé par tant de chiffres 3 que l'on voudra, et ajouter une unité au produit.

66. *Un nombre est divisible par* 6 *lorsqu'il est pair, et que la somme de ses chiffres, considérés comme représentant des unités simples, est divisible par* 3.

Puisque la somme des chiffres du nombre proposé est un multiple de 3, ce nombre sera divisible par 3 (65). Or je dis que le quotient de cette division sera divisible par 2. En effet, si ce quotient était un nombre impair, en le multipliant par 3 on trouverait un nombre impair, car le produit de deux nombres impairs est nécessairement impair* : ainsi, en multipliant le diviseur par le quotient, on ne retrouverait pas le dividende, puisque nous avons supposé que ce dividende était un nombre pair. Le quotient de la division du nombre proposé par 3 est donc divisible par 2 : donc le nombre proposé sera égal au quotient de cette seconde division multiplié par 2, puis par 3, c'est-à-dire multiplié par 6 (38) ; donc il est divisible par 6.

* **67**. *Un nombre est divisible par* 11 *quand la différence entre la somme de ses chiffres de rang impair et la somme de ses chiffres de rang pair est elle-même divisible par* 11.

Pour le démontrer, nous allons chercher quel est le reste que donne une unité d'un ordre quelconque divisée par 11, ce qui se fera en divisant par 11 le nombre représenté par l'unité suivie d'un nombre indéfini de zéros; car, suivant que l'on aura employé un, deux, trois, etc., de ces zéros, le reste correspondant sera évidemment celui que donne une dizaine, une centaine, un mille, etc., divisé par 11; d'ailleurs une unité divisée par 11 donne 1 pour reste :

```
100000.... | 11
     100   | 09
      10   |
```

On voit qu'en divisant 10 unités par 11, on a 0 pour quotient et 10 pour reste ; qu'en divisant 100 unités par 11, on a 9 pour quotient et 1 pour reste ; et comme, en abaissant un 0 à la droite de ce reste, on retombe sur le premier dividende partiel 10, il s'ensuit que les mêmes quotients et les mêmes restes se repro-

---

* En effet, un nombre impair est égal à un nombre pair augmenté d'une unité : donc le produit de deux nombres impairs est égal au produit du multiplicande par un nombre pair, plus le multiplicande, c'est-à-dire est égal à un nombre pair augmenté d'une unité ; donc ce produit est impair.

duiront périodiquement et à l'infini. Puis donc qu'une unité divisée par 11 donne pour reste 1, qu'une dizaine donne pour reste 10, on voit que *toute unité d'ordre impair est un multiple de* 11 *augmenté d'une unité simple, et que toute unité d'ordre pair est un multiple de* 11 *diminué d'une unité simple*. Donc, si l'on conçoit un nombre quelconque décomposé dans ses diverses collections d'unités, chacune d'elles sera un multiple de 11 augmenté ou diminué de son chiffre significatif, considéré comme représentant des unités simples, suivant qu'elle sera d'ordre impair ou d'ordre pair ; donc ce nombre est égal à un multiple de 11 augmenté de la somme de ses chiffres de rang impair et diminué de la somme de ceux qui sont de rang pair ; donc il sera un multiple de 11, si la différence de ces deux sommes est elle-même un multiple de 11 ; donc *un nombre sera divisible par* 11 *quand la différence entre la somme de ses chiffres de rang impair et la somme de ses chiffres de rang pair sera elle-même divisible par* 11.

Le nombre 987654321 est-il divisible par 11, et s'il ne l'est pas, quel sera le reste de la division ?

La somme des chiffres de rang impair est

$$1+3+5+7+9=25;$$

celle des chiffres de rang pair est

$$2+4+6+8=20;$$

donc le nombre proposé est un multiple de 11 *plus* 25 *moins* 20 ; donc le reste de la division est 5.

On peut simplifier ces calculs, en ayant soin de retrancher 11 de la somme des chiffres que l'on additionne chaque fois que l'on obtient une somme partielle plus grande que 11 ; car il est clair que l'on aura ainsi diminué la somme des chiffres de rang impair et celle des chiffres de rang pair, chacune d'un multiple de 11, et qu'en conséquence leur différence aura été altérée seulement d'un pareil multiple.

Ainsi dans l'exemple ci-dessus nous dirons : 1 et 3, 4 ; et 5, 9 ; et 7, 16 ; *moins* 11, 5 ; et 9, 14 ; *moins* 11, 3. En opérant de même sur les chiffres de rang pair, on dira : 2 et 4, 6 ; et 6, 12 ; *moins* 11, 1 ; et 8, 9. Ainsi le nombre proposé se compose d'un multiple de 11, *plus* 3 *moins* 9, c'est-à-dire d'un multiple de 11 *moins* 6 ; ou, ce qui revient au même, d'un multiple de 11 *plus* 11 *moins* 6, c'est-à-dire d'un multiple de 11 plus 5 ; donc le reste de la division est 5.

* **68.** Cherchons maintenant les caractères de divisibilité d'un nombre quelconque par un nombre donné.

Pour fixer les idées, nous supposerons que le diviseur donné soit 7.

Il est évident que si, sans effectuer la division du nombre proposé par 7, nous pouvions cependant trouver le reste de cette division, nous verrions, à l'inspection de ce reste, si le nombre proposé est ou n'est pas divisible par 7. Tâchons donc de découvrir ce reste.

On sent que si l'on divise 2, 3, 4,... unités d'un ordre quelconque par un certain diviseur, le reste* que l'on obtiendra sera 2, 3, 4,... fois plus grand que si l'on divisait une unité du même ordre par le même diviseur. Par conséquent, si nous pouvons déterminer le reste que donne une unité d'un ordre quelconque divisée par 7, nous aurons facilement les restes respectifs qu'on trouvera en divisant par 7 les diverses collections d'unités du nombre proposé, et la somme de ces restes sera celui même de la division de ce nombre par 7.

Cherchons donc quel est le reste que donne une unité d'un ordre quelconque divisée par 7. Pour cela il n'y a qu'à diviser par 7 le nombre représenté par l'unité suivie d'un nombre indéfini de zéros, ce qui donne le calcul suivant :

---

* Dans toute cette théorie, nous entendrons par *reste* d'une division l'excès du dividende sur un multiple quelconque du diviseur.

PROPRIÉTÉS DES NOMBRES.

```
1000000000... | 7
        30    | 142857
        20
        60
        40
        50
        10
```

En examinant le tableau ci-dessus, on reconnaît : 1° que *une unité, une dizaine, une centaine* sont des *multiples de 7 augmentés* respectivement *d'une, trois, deux unités simples ;* 2° que un mille, une dizaine de mille, une centaine de mille donnent pour restes *six, quatre, cinq unités*, et qu'ainsi *un mille, une dizaine de mille, une centaine de mille sont des multiples de 7 diminués respectivement de une, trois, deux unités simples*. Comme les restes obtenus dans la division ci-dessus se reproduisent périodiquement à l'infini, la loi que nous venons de reconnaître pour les *unités, dizaines* et *centaines* des deux premiers ordres d'unités ternaires se soutiendra pour celles des ordres suivants ; par conséquent, si l'on partage le nombre proposé en tranches de trois chiffres, en allant de droite à gauche, ou verra que l'une quelconque de ces tranches sera un multiple de 7 augmenté ou diminué, selon qu'elle sera de rang impair ou de rang pair, de *une* fois ses *unités, trois* fois ses *dizaines* et *deux* fois ses *centaines*. Si donc on multiplie les unités, dizaines, centaines de chaque tranche respectivement par 1, 3, 2, le nombre proposé sera égal à un multiple de 7 augmenté de la somme des produits qui proviennent ainsi des tranches de rang impair, et diminué de la somme de ceux qui résultent des tranches de rang pair ; ou, ce qui revient au même, augmenté ou diminué de la différence de ces deux sommes, selon que la première sera plus grande ou plus petite que la seconde. Donc, suivant que cette différence sera ou ne sera pas divisible par 7, le nombre lui-même sera ou ne sera pas divisible par 7.

Exemples. 1° Quel est le reste que l'on obtiendra en divisant

PROPRIÉTÉS DES NOMBRES. 47

42876953246235 par 7? L'application de la règle précédente conduit aux calculs suivants :

$$\text{Tranches de rang impair.} \begin{cases} 5.1 = 5 \\ 3.3 = 9 \\ 2.2 = 4 \\ 3.1 = 3 \\ 5.3 = 15 \\ 9.2 = 18 \\ 2.1 = 2 \\ 4.3 = 12 \\ \hline 68 \end{cases} \quad \text{Tranches de rang pair.} \begin{cases} 6.1 = 6 \\ 4.3 = 12 \\ 2.2 = 4 \\ 6.1 = 6 \\ 7.3 = 21 \\ 8.2 = 16 \\ \hline 65 \end{cases}$$

Ainsi le nombre proposé est égal à un multiple de 7 augmenté de 68 unités et diminué de 65 unités, c'est-à-dire à un multiple de 7 augmenté de $(68 - 65) = 3$ unités; donc le reste de la division est 3.

2° Quel est le reste de la division de 278245789321 par 7?

$$\text{Tranches de rang impair.} \begin{cases} 1.1 = 1 \\ 2.3 = 6 \\ 3.2 = 6 \\ 5.1 = 5 \\ 4.3 = 12 \\ 2.2 = 4 \\ \hline 34 \end{cases} \quad \text{Tranches de rang pair.} \begin{cases} 9.1 = 9 \\ 8.3 = 24 \\ 7.2 = 14 \\ 8.1 = 8 \\ 7.3 = 21 \\ 2.2 = 4 \\ \hline 80 \end{cases}$$

Ainsi le nombre proposé est égal à un multiple de 7 augmenté de 34 unités et diminué de 80, c'est-à-dire à un multiple de 7 diminué de $(80 - 34) = 46$ unités.

Mais en appliquant la méthode au nombre 46, on trouve qu'il est égal à un multiple de 7 augmenté de 18 unités; que 18 est de même un multiple de 7 plus 11; et qu'enfin 11 est un multiple de 7, plus 4. Ainsi 46 se compose d'un multiple de 7, plus 4 : donc le nombre proposé est égal à un multiple de 7 diminué de 4 unités, ou bien à un multiple de 7 *plus 7 moins* 4, c'est-à-dire à un multiple de 7 *plus* 3 : donc le reste de la division sera 3.

* 69. Si l'on se reporte au tableau de la division de 10000....., par 7 (page 46), on reconnaît que *une unité, un mille, un million, un billion, etc.*, donnent respectivement pour reste 1, 6, 1, 6, etc., unités; qu'ainsi *toute unité ternaire de rang impair est un multiple de 7 augmenté d'une unité simple, et toute unité ternaire de rang pair est un multiple de 7 diminué d'une unité simple.* Par conséquent, si l'on conçoit le nombre proposé partagé en tranches de trois chiffres en allant de droite à gauche, chacune d'elles sera un multiple de 7, augmenté ou diminué de sa valeur absolue, selon qu'elle sera de rang impair ou de rang pair : donc ce nombre est un multiple de 7, augmenté de la somme de ses tranches de rang impair, et diminué de la somme de ses tranches de rang pair; donc il sera divisible par 7, si la différence de ces deux sommes l'est aussi; donc, *pour qu'un nombre soit divisible par 7, il faut et il suffit que, si on le partage en tranches de trois chiffres en allant de droite à gauche, la différence entre la somme de ses tranches de rang impair et la somme de ses tranches de rang pair soit elle-même divisible par 7.*

Cette seconde règle, beaucoup plus simple que la première, n'est applicable cependant qu'à des nombres composés de plus de trois chiffres, de sorte qu'il faudra les appliquer successivement toutes les deux.

Reprenons les deux exemples traités dans le numéro précédent. Le premier conduit aux calculs suivants :

Tranches de rang impair. $\left\{\begin{array}{r} 235 \\ 953 \\ 42 \\ \hline 1230 \end{array}\right.$ Tranches de rang pair. $\left\{\begin{array}{r} 246 \\ 876 \\ \hline 1122 \end{array}\right.$

Ainsi le nombre proposé est un multiple de 7 augmenté de (1230 — 1122) = 108, ou, ce qui revient au même, du reste de la division de 108 par 7, lequel est 3 d'après la première méthode : donc le reste demandé est 3.

Calcul du second exemple.

| Tranches de rang impair. | { 321
245
566 | Tranches de rang pair. | { 789
278
1067 |

Ici le nombre proposé est un multiple de 7 augmenté de 566 et diminué de 1067, c'est-à-dire diminué de $(1067-566)=501$, ou du reste de la division de 501 par 7, lequel est 4 : donc le reste demandé est $7-4=3$.

* **70.** Les méthodes que nous venons de développer peuvent s'appliquer avec succès à tout autre diviseur que 7. En répétant sur cet autre diviseur tous les raisonnements qui précèdent, on parviendra toujours à des caractères de divisibilité qui seront plus ou moins simples. Ainsi, par exemple, on trouvera que *pour qu'un nombre soit divisible par* 37, *il faut et il suffit que, si on le partage en tranches composées alternativement de deux et d'un chiffre, en allant de droite à gauche, la différence entre la somme des tranches de deux chiffres et le produit par* 11 *de la somme de celles d'un chiffre, soit divisible par* 37.

71. La facilité avec laquelle on trouve le reste de la division d'un nombre par 9 fournit une méthode très-simple pour faire la preuve de la multiplication. Cette méthode, connue sous le nom de *preuve par* 9, est fondée sur le principe suivant :

Le reste que l'on trouve en divisant par 9 *le produit de deux nombres est égal à celui que l'on obtient en divisant par* 9 *le produit des deux restes que donne la division des nombres proposés par ce même diviseur* 9*.

---

* Remarquons que cette propriété n'est pas particulière au nombre 9,

En effet, chacun des deux nombres proposés peut être considéré comme un multiple de 9 augmenté du reste de la division de ce nombre par 9 : si donc on multiplie ces deux nombres entre eux, ce qui se fera en multipliant chaque partie du multiplicande successivement par chacune de celles du multiplicateur, le produit que l'on trouvera sera composé de quatre parties, dont trois seront des multiples de 9, et dont la quatrième sera le produit des restes que l'on aura trouvés en divisant les nombres proposés par 9. Donc le reste de la division du produit de ces nombres par 9 sera le même que celui que l'on obtiendra en divisant par 9 le produit de ces restes. Il est d'ailleurs évident que, si ce dernier produit était moindre que 9, il serait lui-même le reste dont il s'agit.

Soient par exemple les nombres 43 et 35. En les divisant par 9, on trouve que $43 = 9.4 + 7$, et que $35 = 9.3 + 8$: donc leur produit se compose de la somme

$$9.4.9.3 + 7.9.3 + 9.4.8 + 7.8,$$

dont les trois premières parties sont évidemment des multiples de 9; mais la quatrième, divisée par 9, donne pour quotient 6 et pour reste 2; de sorte qu'elle vaut $9.6 + 2$: donc le produit

$$43.35 = 9.4.9.3 + 7.9.3 + 9.4.8 + 9.6 + 2;$$

donc le reste de la division de ce produit par 9 est 2.

Cela posé, *pour faire la preuve de la multiplication, additionnez successivement les chiffres du multiplicande, considérés comme représentant des unités simples, et diminuez chaque somme partielle de 9 quand la chose sera possible : vous obtiendrez ainsi le reste que donnerait la division de ce multiplicande par 9* (**64**). *Opérez de la même manière sur le multiplicateur;*

---

mais que tout autre nombre en jouit également : aussi fait-on quelquefois la preuve par 11, à cause de la facilité avec laquelle on peut calculer le reste de la division d'un nombre par 11 (**67**).

PROPRIÉTÉS DES NOMBRES. 51

multipliez entre eux les deux restes ainsi obtenus, et cherchez semblablement le reste de la division de leur produit par 9. *Si la multiplication a été bien faite, le reste que vous trouverez ainsi devra être le même que celui que vous obtiendrez en opérant sur le produit comme vous l'avez fait sur ses facteurs.*

Veut-on vérifier le produit 40612376 des nombres 8764 et 4634; en opérant sur le multiplicande conformément à cette règle, nous dirons : 8 et 7, 15 ; moins 9, 6 ; et 6, 12 ; moins 9, 3 ; et 4, 7. On trouvera de même que la division du multiplicateur par 9 donnera 8 pour reste; on multipliera 7 par 8, le produit est 56, dont la somme des chiffres surpasse 9 de 2. Il faudra donc qu'en divisant le produit 40612376 par 9, on trouve aussi 2 pour reste; et c'est en effet ce qui a lieu. On en conclut que la multiplication a été bien faite.

Remarquons cependant que cette preuve pourrait réussir, bien que la multiplication qu'elle doit vérifier fût fautive. Il suffirait pour cela que l'on eût commis quelque part deux erreurs, l'une en *plus*, l'autre en *moins*, du même nombre d'unités ; ou bien que l'on eût mis un 9 au lieu d'un 0, et réciproquement, etc.

72. *Pour faire la preuve par* 9 *de la division, retranchez le reste du dividende ; et le nombre résultant étant le produit du diviseur par le quotient, vous pourrez le vérifier par la méthode précédente.*

Exemple. La division de 40615624 par 8764 a donné pour quotient 4634, et pour reste 3248. Pour la vérifier je retranche 3248 de 40615624, ce qui donne pour reste 40612376, nombre qui est ainsi le produit de 8764 par 4634. J'applique donc à la vérification de ce produit la règle du n° **71**. Les facteurs divisés par 9 donnent respectivement pour reste 7 et 8, dont le produit est 56. La somme de ses chiffres surpasse 9 de 2 unités : ainsi il faut que le reste de la division de 40612376 par 9 soit 2, et c'est effectivement ce qui arrive ; donc la division a été bien faite.

§ II. NOMBRES PREMIERS.

73. *On appelle* NOMBRE PREMIER *un nombre qui n'est divisible que par lui-même et par l'unité :* tel est le nombre 7.

Il suit de cette définition qu'on sera sûr qu'un nombre est premier, lorsqu'on aura essayé de le diviser par tous les nombres plus petits que sa moitié, sans pouvoir y parvenir (**213**).

74. Proposons-nous de *découvrir quels sont, dans la suite naturelle des nombres, ceux qui sont premiers.*

De toutes les méthodes données pour résoudre ce problème, la suivante, due à *Ératosthène*, est la plus expéditive. Ce géomètre grec observa que les nombres pairs, à l'exception de 2, ne pouvant être des nombres premiers, il ne fallait chercher ceux-ci que parmi les nombres impairs ; en conséquence il écrivit les uns à la suite des autres, et dans leur ordre naturel, tous les nombres impairs jusqu'à la limite qu'il s'était fixée*, et remarqua que, si, à partir de 3 exclusivement, on comptait de trois en trois, tous les nombres sur lesquels on tomberait ainsi seraient seuls divisibles par 3.

En effet, chaque nombre impair diffère du précédent de deux unités : donc il diffère de celui qui le précède de trois rangs, de six unités : donc le nombre qui vient trois rangs après un nombre divisible par 3 est lui-même divisible par 3 (**58**) ; donc aussi le nombre qui vient trois rangs après un nombre qui n'est pas divisible par 3, ne l'est pas non plus, car il se compose d'une partie qui est divisible par 3, et d'une autre qui ne l'est pas ; donc, si, à partir du nombre 3, on compte de trois en trois, les nombres sur lesquels on tombera seront divisibles par 3, et il

---

* *La suite des nombres premiers est illimitée ;* car supposons, s'il est possible, que n soit le plus grand de ces nombres : formons le produit $2.3.5.7... n$, de tous les nombres premiers ; le nombre $1 + 2.3.5.7... n$ est premier, sans quoi il serait divisible par un nombre premier, et il est clair que le reste de sa division par l'un de ces nombres est l'unité.

n'y en aura pas d'autres qui jouiront de cette propriété. Une raison semblable conduisit Ératosthène à pointer tous les nombres sur lesquels il tomba en comptant de cinq en cinq, à partir de 5; de sept en sept, à partir de 7; de onze en onze, à partir de 11, etc. : de cette manière, il parvint à exclure tous les nombres divisibles respectivement par 3, 5, 7, 11, etc.; de sorte qu'il ne resta plus que les nombres premiers. Cette méthode porte le nom de *crible d'Ératosthène* (voy. **213**).

75. *On appelle* PLUS GRAND COMMUN DIVISEUR *de plusieurs nombres le plus grand de tous les nombres qui les divisent exactement.*

Proposons-nous d'abord de trouver le plus grand commun diviseur de deux nombres, et supposons, pour fixer les idées, que ces nombres soient 56 et 21. Le plus grand commun diviseur de 56 et de 21 ne peut pas être plus grand que 21, puisqu'il doit le diviser : donc 21 serait le plus grand commun diviseur demandé, s'il divisait 56. Divisons donc 56 par 21 : le quotient est 2, et le reste 14; ainsi, 21 n'est pas le plus grand commun diviseur demandé. Mais je dis que ce plus grand commun diviseur est le même que celui des nombres 21 et 14. Nous le démontrerons évidemment en prouvant que tous les diviseurs communs à 56 et à 21 sont aussi les diviseurs communs à 21 et à 14, et réciproquement.

Or, tout diviseur commun à 56 et à 21 divise 21, et partant son multiple 2 fois 21 (**59**); mais il divise aussi 56 : donc il divise leur différence 14 (**60**); donc il divise à la fois 21 et 14.

Actuellement tout diviseur commun à 21 et à 14 divise 21, et partant son multiple 2 fois 21; mais il divise aussi 14 : donc il divise leur somme 56 (**58**); donc il divise à la fois 56 et 21.

Donc tous les diviseurs communs à 56 et à 21 sont aussi des diviseurs communs à 21 et à 14, et réciproquement; donc le plus grand commun diviseur de 56 et de 21 est celui même de 21 et de 14; donc *le plus grand commun diviseur de deux nombres est le même que celui qui existe entre le plus petit de ces nombres et le reste de leur division.*

La question est donc ramenée à trouver le plus grand commun diviseur de 21 et de 14. En raisonnant sur ces deux nombres comme on l'a fait sur 56 et 21, on sera conduit à diviser 21 par 14; on trouvera 1 pour quotient et 7 pour reste, ce qui montre que 14 n'est pas le plus grand commun diviseur demandé. Mais, en vertu du principe que nous venons de démontrer, ce plus grand commun diviseur est le même que celui des nombres 14 et 7 : nous diviserons donc 14 par 7 ; et, comme 7 divise exactement 14, nous en conclurons que 7 est le plus grand commun diviseur demandé.

76. Donc, *pour trouver le plus grand commun diviseur de deux nombres, divisez le plus grand par le plus petit. Si la division s'effectue exactement, le plus petit des deux nombres est le plus grand commun diviseur demandé. Si cela n'a pas lieu, vous diviserez le plus petit nombre par le reste; et si la seconde division réussit, ce premier reste sera le plus grand commun diviseur; dans le cas contraire, on divisera le reste de la première division par celui de la seconde, celui-ci par le reste de la troisième, et ainsi de suite, jusqu'à ce qu'on parvienne à un quotient exact : le dernier diviseur sera le plus grand commun diviseur demandé.*

Si, dans le courant des opérations, on trouve pour reste un nombre premier, il faudra encore diviser le reste précédent par celui-ci. Si l'opération s'effectue exactement, le nombre premier sera le plus grand commun diviseur demandé. Si elle ne réussit pas, il est inutile de pousser plus loin le calcul, car on est certain de trouver l'unité pour plus grand commun diviseur. En effet, puisqu'en vertu du principe établi au n° 75, le plus grand commun diviseur doit diviser tous les restes, il doit diviser notre nombre premier; mais un nombre premier n'est divisible que par lui-même ou par l'unité : donc le plus grand commun diviseur ne peut être que ce nombre premier ou l'unité; donc si le nombre premier n'est pas le plus grand commun diviseur, ce sera l'unité qui sera ce plus grand commun diviseur. On dispose les calculs de la manière suivante :

	2	1	2
56	21	14	7
42	14	14	
14	7	0	

Le nombre des divisions ne pourra pas surpasser la moitié du plus petit nombre; car les deux derniers diviseurs sont les seuls restes consécutifs qui puissent différer d'une unité seulement, puisque la division de deux pareils nombres donne évidemment pour reste l'unité ; de sorte que deux autres restes consécutifs quelconques diffèrent au moins de 2 unités, et qu'ainsi il ne peut pas y avoir plus de restes différents que 2 n'est contenu de fois dans le plus petit nombre.

77. *On appelle nombres premiers entre eux des nombres qui n'ont que l'unité pour diviseur commun.*

Il suit de là que, si l'on applique la méthode du plus grand commun diviseur à deux nombres premiers entre eux, on trouvera l'unité pour plus grand commun diviseur, sans quoi ces deux nombres ne seraient pas premiers entre eux.

* **78.** *Tout nombre qui en divise deux autres divise leur plus grand commun diviseur.*

En effet, tout nombre qui divise le dividende et le diviseur d'une division doit diviser le reste de cette division, car il divisera le dividende et le produit du diviseur par le quotient (59) ; donc il doit diviser leur différence (60), c'est-à-dire le reste de la division.

Cela posé, si l'on applique à deux nombres la méthode du plus grand commun diviseur, on voit que tout nombre qui divisera les deux nombres proposés divisera le reste de la première division. Mais ce reste devient diviseur dans la seconde : donc le nombre dont il s'agit divisera le dividende et le diviseur de la seconde division, et par conséquent le reste de cette division, et ainsi de suite ; donc il divisera tous les restes successifs, et par conséquent le plus grand commun diviseur, qui est le dernier de ces restes.

*79. Ce principe va nous donner le moyen de trouver le plus grand commun diviseur de plusieurs nombres. Soient, en effet, les nombres 60, 48, 30 et 15. Je cherche le plus grand commun diviseur des deux premiers, il est 12; le plus grand commun diviseur de 12 et de 30, il est 6; le plus grand commun diviseur entre 6 et 15, il est 3. Je dis que 3 est le plus grand commun diviseur demandé. En effet, le plus grand commun diviseur des nombres 60, 48, 30 et 15 divise 60 et 48, et par conséquent leur plus grand commun diviseur 12 (**78**). Or il divise aussi 30 : donc il doit diviser 6, plus grand commun diviseur de 12 et de 30. Mais il divise aussi 15 : donc il doit diviser 3, plus grand commun diviseur des nombres 6 et 15; donc il n'est pas plus grand que 3. Donc, si je puis prouver que 3 divise à la fois les nombres proposés, j'en conclurai que 3 est leur plus grand commun diviseur.

Or, 3 divise les nombres 6 et 15, car il leur est plus grand commun diviseur : donc il divise 12 et 30, multiples de 6; donc il divise 60 et 48, multiples de 12; donc il divise à la fois les quatre nombres 15, 30, 48 et 60 : donc il est leur plus grand commun diviseur.

Donc, *pour trouver le plus grand commun diviseur de plusieurs nombres, on cherchera le plus grand commun diviseur des deux plus petits*, car le plus grand commun diviseur demandé ne saurait les surpasser; *puis le plus grand commun diviseur de ce plus grand commun diviseur et du plus petit des nombres restants; puis le plus grand commun diviseur de ce second plus grand commun diviseur et du plus petit des nombres restants, et ainsi de suite : le dernier plus grand commun diviseur trouvé sera celui même des nombres proposés.*

*80. *Tout nombre qui divise un produit de deux facteurs, et qui est premier avec l'un d'eux, divise nécessairement l'autre facteur.*

PROPRIÉTÉS DES NOMBRES.

Soit a un nombre supposé premier avec l'un des deux facteurs b et c d'un produit, le facteur b par exemple : je dis que, si a divise le produit $b.c$, il divisera nécessairement le facteur c.

En effet, a et b étant deux nombres premiers entre eux, leur plus grand commun diviseur est l'unité (**77**). Or, si l'on multiplie ces deux nombres chacun par c, et que l'on cherche le plus grand commun diviseur des produits $a.c$ et $b.c$, les restes que l'on trouvera, dans cette seconde série d'opérations, seront respectivement égaux à ceux de la première multipliés par c. En effet, lorsqu'on multiplie le dividende et le diviseur d'une division par un même nombre, le reste est multiplié par ce nombre (**55**); donc, puisque nous avons multiplié le dividende et le diviseur de la première division par c, le premier reste aura aussi été multiplié par c. Mais ce premier reste devient diviseur de la seconde division : donc, puisque le dividende et le diviseur de cette seconde division ont été multipliés par c, le second reste le sera aussi, et ainsi de suite. Donc, puisque le dernier reste de la première série d'opérations est l'unité, le dernier reste de la seconde sera c. Donc c est le plus grand commun diviseur des deux produits $a.c$ et $b.c$. Or a divise le premier de ces produits, car il en est un des facteurs ; il divise aussi le second par hypothèse : donc il divise leur plus grand commun diviseur c (**78**); ce qu'il fallait démontrer.

*81. *Tout nombre premier qui divise un produit de plusieurs facteurs divise nécessairement l'un d'eux.*

Je dis que si p est un nombre premier qui divise le produit $a.b.c.d$, il divisera nécessairement l'un des facteurs de ce produit.

En effet, si p divise d, le principe est démontré ; s'il ne le divise pas, ces deux nombres sont premiers entre eux, car ils ne peuvent avoir d'autre commun diviseur que p ou l'unité. Mais on peut regarder le produit $a.b.c.d$ comme résultant de la multiplication du produit $a.b.c$ par d. Donc, puisque p est premier avec le facteur d, il faut nécessairement qu'il divise l'autre facteur $a.b.c$ (**80**). Si p divise c, le principe est démontré ;

58   PROPRIÉTÉS DES NOMBRES.

s'il ne le divise pas, ces deux nombres sont premiers entre eux : par conséquent, comme on peut regarder le produit $a.b.c$ comme résultant de la multiplication du produit $a.b$ par c, il ne pourra diviser ce produit qu'autant qu'il divisera l'autre facteur $a.b$. Si p divise b, le principe est démontré; s'il ne le divise pas, ces deux nombres sont premiers entre eux, et par conséquent, pour que p divise le produit $a.b$, il faudra qu'il divise le facteur a : donc p divise nécessairement l'un des facteurs du produit $a.b.c.d$.

*82. Il suit de là que *lorsqu'un nombre premier divise une puissance d'un nombre, il doit diviser ce nombre :* car une puissance d'un nombre n'est autre chose que le produit de plusieurs facteurs égaux à ce nombre (41), et nous venons de prouver que lorsqu'un nombre premier divise un produit de plusieurs facteurs, il divise nécessairement l'un d'eux.

*83. *Lorsque deux nombres sont premiers entre eux, leurs puissances sont premières entre elles.*

Soient, en effet, a et b deux nombres premiers entre eux, je dis que leurs puissances a^m et b^n sont aussi premières entre elles. En effet, si ces deux puissances avaient un *facteur premier* commun, ce facteur premier devrait diviser a et b (82), ce qui est contraire à l'hypothèse : donc a^m et b^n ne peuvent pas avoir de facteur premier commun, et n'ont par conséquent aucun facteur commun : donc ces deux quantités sont premières entre elles.

*84. *Lorsqu'un nombre est divisible par plusieurs nombres premiers entre eux deux à deux, il l'est aussi par leur produit.*

Soit n un nombre divisible par les nombres a, b, c, d, que je suppose premiers entre eux deux à deux : je dis qu'il est divisible par leur produit.

En effet, puisque n est divisible par a, si nous appelons q le quotient de la division, nous aurons $n = a.q$. Or b divise n; mais il est premier avec le facteur a : donc il doit diviser l'autre facteur q (80). Si l'on appelle q' le quotient de cette division, on aura $q = b.q'$ et par conséquent $n = a.b.q'$ (38), ce qui prouve déjà que n *est divisible par le produit des deux premiers nombres* a *et* b. Or c divise n : donc, puisqu'il est premier avec le facteur a, il doit diviser l'autre facteur q (nous avons vu que $n = a.q$). Mais c est aussi premier avec le facteur b : donc il doit diviser l'autre facteur q' (nous avons vu que $q = b.q'$); donc en appelant q'' le quotient de cette division, nous aurons $q' = cq''$; et par conséquent n, qui est égal à $a.b.q'$, le sera aussi à $a.b.c.q''$, ce qui prouve que n *est divisible par le produit des trois premiers nombres* a, b, c, et ainsi de suite.

*85. Il suit encore du n° 81 qu'*un nombre ne peut être décomposé que dans un seul système de facteurs premiers.*

Supposons, en effet, que l'on puisse avoir en même temps $n = A.B.C$, et $n = a.b.c$; A, B, C, a, b, c étant des nombres premiers. Puisque le nombre premier c divise n, il doit diviser l'un de ses facteurs A, B, C; mais, comme ils sont premiers, il faut qu'il soit égal à l'un d'eux. Supposons $c = C$, les deux produits $A.B.C$ et $a.b.c$ étant égaux, si on les divise respectivement par C et c, les quotients $A.B$ et $a.b$ devront être égaux. Or, b divise le second : donc il divise aussi le premier, et par conséquent l'un de ses facteurs A et B, ce qui ne peut être, à moins qu'il ne soit égal à l'un d'eux, à B par exemple; d'où il suit que a est aussi égal à A, puisque $A.B = a.b$, ce qui démontre le principe énoncé.

Remarquons que *cette démonstration n'exige pas que les facteurs premiers du nombre proposé soient tous inégaux;* de sorte que si, dans l'une des expressions du nombre n, un facteur entre plusieurs fois, il entrera aussi le même nombre de fois dans l'autre.

*86. *Pour qu'un nombre en divise un autre, il faut qu'il ne contienne pas d'autres facteurs premiers que cet autre, et qu'il ne contienne pas les facteurs premiers de ce nombre plus de fois que celui-ci ne les contient lui-même;* sans quoi on pourrait décomposer un même nombre de deux manières différentes en facteurs premiers.

87. *Pour qu'un nombre soit divisible par un autre, il faut qu'il contienne tous les facteurs premiers de cet autre, et qu'il contienne chacun d'eux au moins autant de fois que celui-ci les contient* (85).

88. *Décomposer un nombre donné en ses facteurs premiers.*
Le procédé le plus naturel pour résoudre cette question est d'essayer la division du nombre proposé, successivement par les nombres premiers 2, 3, 5, 7, 11, etc. Ainsi on essayera d'abord de diviser le nombre proposé par 2 : si la division réussit, on essayera de diviser par 2 le quotient qu'on aura trouvé ; si cette seconde opération réussit, on essayera de diviser ce second quotient par 2, et ainsi de suite jusqu'à ce qu'on arrive à un quotient qui ne soit plus divisible par 2. On essayera alors de le diviser par 3, et autant de fois de suite par 3 que la chose sera possible ; on parviendra ainsi à un quotient qui ne sera plus divisible par 3 : on essayera de le diviser par 5, et autant de fois de suite par 5 qu'on le pourra ; et l'on continuera ainsi jusqu'à ce qu'on arrive à un quotient qui soit un nombre premier, ce qui aura nécessairement lieu, sans quoi la décomposition du nombre proposé en facteurs n'aurait pas de fin ; et ce nombre étant ainsi le produit d'une infinité de facteurs, tous plus grands que l'unité, serait par conséquent infini. On divisera le dernier quotient par lui-même, ce qui donnera pour résultat l'unité, et alors l'opération sera terminée.

Soit par exemple le nombre 4725.

Ce nombre, étant impair, n'est pas divisible par 2, mais il l'est par 3, et le quotient de cette division est 1575, qui est encore divisible par 3. En effectuant cette division, on trouve pour quotient 525, nombre divisible par 3 ; le quotient de cette troisième division est 175, nombre qui n'est plus divisible par 3, mais qui l'est par 5. Le quotient de 175 par 5 est 35, nombre qui est encore divisible par 5, et donne pour quotient le nombre premier 7. Il résulte de là que $4725 = 3.1575$; que $1575 = 3.525$, donc $4725 = 3^2.525$; que $525 = 3.175$, donc $4725 = 3^3.175$; que $175 = 5.35$, donc $4725 = 3^3.5.35$; enfin que, 35 étant le produit de 5 par 7, on aura $4725 = 3^3.5^2.7$. Ainsi, 4725 est le produit de 3 facteurs 3, de 2 facteurs 5 et du facteur 7.

Quoiqu'on n'ait essayé la division du nombre proposé par aucun facteur plus grand que le dernier de ceux que l'on a trouvés, on ne peut point craindre de n'avoir pas mis en évidence tous les facteurs premiers de ce nombre; car nous avons vu qu'un nombre ne peut être décomposé qu'en un seul système de facteurs premiers (85).

*89. Proposons-nous actuellement de *former tous les diviseurs d'un nombre*.

Nous décomposerons d'abord ce nombre en ses facteurs premiers (88); et si l'on suppose, pour fixer les idées, qu'il ait été divisé p fois de suite par a, q fois de suite par b, r fois de suite par c, son expression sera de la forme $n = a^p.b^q.c^r$.

Cela posé, observons que, d'après cela, le nombre n sera divisible par toutes les puissances de a, de b, de c, depuis la première jusqu'à la $p^{\text{ième}}$ pour a, jusqu'à la $q^{\text{ième}}$ pour b, jusqu'à la $r^{\text{ième}}$ pour c : de plus, comme ces différentes puissances de a, de b et de c sont premières entre elles deux à deux (83), le nombre n sera divisible par leurs produits deux à deux et trois à trois (84). D'ailleurs le nombre n n'aura pas d'autres diviseurs, en vertu du principe du n° 86. En conséquence, pour former tous les diviseurs du nombre n, on écrira sur trois lignes horizontales respectivement

$$1 \text{ et les puissances de } a \text{ jusqu'à la } p^{\text{ième}},$$
$$1 \ldots\ldots\ldots\ldots\ldots \text{ de } b \ldots\ldots\ldots q^{\text{ième}},$$
$$1 \ldots\ldots\ldots\ldots\ldots \text{ de } c \ldots\ldots\ldots r^{\text{ième}},$$

et l'on formera le produit des nombres contenus dans ces trois lignes, ce qui se fera en multipliant successivement tous les termes de la première par ceux de la seconde, puis tous les termes du produit par ceux de la troisième. Or le produit des deux premières lignes se composera de 1, des puissances de a, des puissances de b et des produits des puissances de a par celles de b. Maintenant on multipliera ce produit des deux premières lignes par la troisième, ce qui donnera : l'unité, les puissances de a, les puissances de b, les puissances de c, les produits des puissances de a par celles de b, les produits des puissances de a par celles de c, les produits des puissances de b par celles de c, et les produits des puissances de a par celles de b et par celles de c.

Nous aurons donc bien formé ainsi tous les diviseurs du nombre n.

*90. Dans la pratique, pour obtenir tous les diviseurs d'un nombre, on dispose les calculs de la manière suivante :

4725	1	1
1575	3	3
525	3	9
175	3	27
35	5	5, 15, 45, 135
7	5	25, 75, 225, 675
1	7	7, 21, 63, 189, 35, 105, 315, 945, 175, 535, 1575, 4725

Les deux premières colonnes à gauche contiennent le tableau des calculs nécessaires pour trouver les facteurs premiers du nombre 4725 (88); la troisième colonne renferme tous les diviseurs tant simples que composés de 4725; pour les obtenir, on a écrit en tête de cette colonne le diviseur 1, on l'a multiplié par le premier facteur 3, et l'on a écrit le produit au-dessous de ce diviseur 1; on a formé de même tous les autres diviseurs, en multipliant tous ceux déjà trouvés par le facteur premier suivant, et en ayant soin de ne pas écrire deux fois le même produit.

On voit que de cette manière on a formé : 1° le diviseur 1 et toutes les puissances de 3 qui peuvent diviser 4725; 2° le diviseur 5 et toutes ses combinaisons avec les diverses puissances de 3 ; 3° la deuxième puissance de 5 et ses combinaisons avec les diverses puissances de 3 ; enfin le diviseur 7 et ses combinaisons avec les diverses puissances de 3, avec les diverses puissances de 5 et avec les produits des diverses puissances de 3 par celles de 5 : donc on a bien formé ainsi tous les diviseurs tant simples que composés du nombre 4725 (**89**).

***91.** *Le nombre total des diviseurs d'un nombre (en y comprenant ce nombre et l'unité) est égal au produit des exposants de ses facteurs premiers, augmentés chacun d'une unité.*

Nous avons vu qu'on pouvait former tous les diviseurs d'un nombre $n = a^p . b^q . c^r$, en effectuant le produit de trois lignes qui contiennent respectivement 1 et toutes les puissances de a jusqu'à la $p^{\text{ième}}$, 1 et toutes les puissances de b jusqu'à la $q^{\text{ième}}$, 1 et toutes les puissances de c jusqu'à la $r^{\text{ième}}$ (**89**) : ainsi ces lignes se composent respectivement de $(p+1), (q+1), (r+1)$ termes ; donc en multipliant la première ligne par un terme quelconque de la seconde, le produit contiendra $(p+1)$ termes ; donc le produit des deux premières lignes renfermera autant de fois $(p+1)$ termes qu'il y en a dans la seconde, c'est-à-dire $(p+1).(q+1)$. Maintenant en multipliant le produit des deux premières lignes par un terme quelconque de la troisième, le produit contiendra $(p+1).(q+1)$ termes : donc le produit des trois lignes se composera d'autant de fois $(p+1).(q+1)$ termes qu'il y a de termes dans la troisième ligne, c'est-à-dire de $(r+1)$ fois $(p+1).(q+1)$ termes, ou de $(p+1).(q+1).(r+1)$ termes, ce qui démontre le principe énoncé.

Cette règle fournit le moyen de vérifier si, dans la formation des diviseurs d'un nombre (**90**), on n'en a omis aucun : ainsi le nombre 4725, qui égale $3^3 . 5^2 . 7$, doit avoir un nombre de diviseurs égal à $(3+1).(2+1).(1+1) = 4.3.2 = 24$, et c'est en effet ce que l'on a trouvé.

***92.** Nous avons vu (**86**) que, pour qu'un nombre en divise un autre, il faut qu'il ne contienne pas d'autres facteurs premiers que cet autre, et qu'il ne contienne pas les facteurs premiers de ce nombre à des puissances plus élevées que celui-ci ne les contient lui-même. Si donc nous décomposons plusieurs nombres donnés en leurs facteurs premiers, et si nous faisons le produit de tous les facteurs premiers communs ainsi trouvés, en affectant chacun d'eux du plus petit exposant qu'il a dans ces nombres, ce produit sera le plus grand nombre qui les divise. Donc *le plus grand commun diviseur de plusieurs nombres est le produit de tous leurs facteurs premiers communs affectés chacun du plus petit exposant qu'il a dans ces nombres.*

Exemple. Quel est le plus grand commun diviseur de 7260 et de 5544? On trouvera : 1° que $7260 = 2^2.3.5.11^2$; 2° que $5544 = 2^3.3^2.7.11$; 3° que le plus grand commun diviseur demandé est $2^2.3.11 = 132$.

Il suit immédiatement de la composition du plus grand commun diviseur de deux nombres, qu'*on n'altère pas ce plus grand commun diviseur en divisant ou en multipliant l'un d'eux par un facteur qui soit premier avec l'autre*, puisqu'en opérant ainsi, on ne saurait supprimer ni introduire de facteur premier commun aux deux nombres proposés (85). Donc, lorsque l'on cherchera le plus grand commun diviseur de deux nombres par la méthode du n° **76**, on pourra supprimer dans les restes successifs les facteurs que l'on y apercevra, pourvu qu'ils soient premiers avec le reste précédent, ce qui simplifiera les calculs.

On pourra encore diminuer le nombre des divisions successives en faisant en sorte que chaque reste soit moindre que la moitié du précédent. Il suffira pour cela de *forcer l'unité* (50) sur le quotient, lorsque le reste surpassera la moitié du diviseur; car alors la différence entre le dividende et le produit du diviseur par le nouveau quotient, étant celle même qui existe entre le diviseur et le reste qu'on avait trouvé, sera moindre que la moitié du diviseur. Ainsi, dans l'exemple du n° **75**, nous avons vu que la division de 56 par 21 donnait 2 pour quotient et 14 pour reste, de sorte que 56 se compose de 2 fois 21, *plus* 14. Comme 14 surpasse la moitié de 21, nous écrirons 3 au quotient, et la différence entre le dividende 56 et le produit du diviseur 21 par le quotient 3 sera 3 fois 21 *moins* 2 fois 21 *moins* 14, c'est-à-dire $21 - 14 = 7$. Ce nombre 7 sera donc le diviseur de la division suivante ; et comme elle réussit, 7 est le plus grand commun diviseur de 56 et de 21.

Exemple. Trouver le plus grand commun diviseur entre 38449 et 24431 :

	1—2	21	17
38449	24431	1157	67
14018	1291	487	
10413	134	18	
1157	67		

Le reste 14018 de la première division surpassant la moitié du diviseur, on a forcé l'unité sur le quotient, ce qui a donné 10413 pour reste de cette première division ; on a divisé ce nombre et le reste 134 de la seconde, respectivement par 9 et par 2, ce qui est permis, puisque ces nombres sont premiers avec les diviseurs correspondants 24431 et 1157. Quant au troisième reste 18, il est évidemment premier avec le diviseur 67, puisque ni l'un ni l'autre de ses facteurs premiers 2 et 3 ne divise ce nombre : donc les deux nombres proposés sont premiers entre eux (**77**).

* **93.** Les deux problèmes que nous avons résolus aux n[os] **88** et **90** sont d'une grande importance, et le premier va nous fournir le moyen de *trouver le plus petit nombre divisible à la fois par plusieurs nombres donnés*, question dont nous verrons bientôt une application (**108**).

Nous avons vu que, pour qu'un nombre soit divisible par un autre, il faut qu'il contienne tous les facteurs premiers de cet autre, et chacun autant de fois au moins que celui-ci les contient lui-même (**87**) : d'après cela, *pour déterminer le plus petit nombre divisible par plusieurs nombres donnés, on décomposera chacun de ces nombres en ses facteurs premiers, et l'on formera le produit de tous les facteurs premiers différents ainsi obtenus*, *en donnant à chacun d'eux le plus grand exposant dont il est affecté dans les nombres proposés.*

Ainsi, pour trouver le plus petit nombre divisible à la fois par 90, 126 et 540, on verra d'abord (**88**) que $90 = 2.3^2.5$, que $126 = 2.3^2.7$, et que $540 = 2^2.3^3.5$. Par conséquent, le plus petit nombre divisible à la fois par 90, 126 et 540, est

$$2^2.3^3.5.7 = 3780.$$

On résout encore ce même problème par une autre méthode, qui est plus commode lorsque l'un des nombres proposés a pour facteur premier un nombre considérable et que l'on n'a pas de *Table des nombres premiers*. Considérons d'abord le cas de deux nombres seulement, et proposons-nous de trouver le plus petit nombre divisible à la fois par deux nombres donnés A et B.

Il est clair qu'en vertu du principe du n° **87**, le nombre demandé doit renfermer tous les facteurs premiers de A et de B, et chacun d'eux à une puissance marquée par le plus grand exposant qu'il a dans ces nombres. On obtiendra donc le plus petit multiple de A et de B en multipliant l'un d'eux, A par exemple, par le produit de *tous* les facteurs premiers de B qui ne se trouvent pas dans A*. En conséquence, *on cherchera le plus grand commun diviseur de A et de B, on divisera B par ce plus grand commun diviseur, et en multipliant A par le quotient* B′ *de cette division, on obtiendra un produit* A.B′ *qui résoudra le problème;* car B′ est le produit de tous les facteurs premiers de B qui ne se trouvent pas dans A (**92**).

En raisonnant de la même manière, on prouvera facilement que *pour trouver le plus petit multiple des trois nombres* A, B, C, *il faut chercher le plus grand commun diviseur entre* A.B′ *et* C, *diviser* C *par ce plus grand commun diviseur, et multiplier* A.B′ *par le quotient* C′ *de cette division*, et ainsi de suite.

---

* Si par exemple $A = 2^2.3.5$ et $B = 2.3^3.7$, il faudrait multiplier A par $3^2.7$.

PROPRIÉTÉS DES NOMBRES.

Exemple. Quel est le plus petit nombre divisible par 1220, 555, 6771 et 83509? On trouvera 1° que le plus grand commun diviseur de 1220 et de 555 est 5, que $\frac{555}{5} = 111$, et qu'ainsi le plus petit multiple de 1220 et de 555 est $1220.111 = 135420$; 2° que le plus grand commun diviseur de 135420 et de 6771 est 6771 lui-même, et qu'ainsi 135420 est le plus petit multiple des nombres 1220, 555 et 6771; 3° que le plus grand commun diviseur de 135420 et de 83509 est 2257, que $\frac{83509}{2257} = 37$, et qu'ainsi le nombre demandé est $135420.37 = 5010540$ *.

---

* On pourra faire ce calcul bien plus simplement, en observant que l'on peut obtenir le plus grand commun diviseur entre un nombre D et un produit de plusieurs facteurs A, B, C, sans effectuer ce produit; mais qu'il suffira, en vertu du principe du n° 92, de chercher le plus grand commun diviseur F entre le 1er facteur A et le nombre D; celui F' entre le 2e facteur B et le quotient D' de la division de D par F; celui F'' entre le 3e facteur C et le quotient D'' de la division de D' par F', et de multiplier entre eux ces trois plus grands communs diviseurs F, F', F''. En conséquence, après avoir trouvé que 1220.111 est le plus petit multiple des nombres 1220 et 555, je cherche le plus grand commun diviseur entre 6771 et 111; il est 111; puis celui qui existe entre $\frac{6771}{111} = 61$ et 1220; et comme je trouve pour résultat 61, j'en conclus que 6771 est lui-même le plus grand commun diviseur entre 6771 et 1220.111; de sorte que 1220.111 est le plus petit multiple des trois nombres 1220, 555 et 6771. On verra de même que le plus grand commun diviseur entre 83509 et 111 est 37; que celui entre $\frac{83509}{7} = 2257$ et 1220 est 61; de sorte que le plus grand commun diviseur entre 83509 et 1220.111 est 37.61. Le quotient de 83509 divisé par 37.61 est 37, et par conséquent le plus petit multiple des nombres 1220, 555, 6771 et 83509 est $1220.111.37 = 5010540$.

CHAPITRE IV.

FRACTIONS ORDINAIRES.

§ Ier. PRINCIPES GÉNÉRAUX.

94. Nous avons vu que, quand la division laisse un reste, le dividende est égal au produit du diviseur multiplié par le quotient qu'on a trouvé, plus ce reste (46) : ce quotient n'est donc pas le second facteur du dividende ; il en diffère, comme on voit, d'une quantité qui, multipliée par le diviseur, doit reproduire le reste, c'est-à-dire du quotient de la division de ce dernier reste par le diviseur. Ainsi, si l'on avait eu à diviser 19 par 8, on aurait trouvé pour quotient 2, et pour reste 3, de sorte que le véritable quotient eût été $2 + \frac{3}{8}$. Or, 3 étant plus petit que 8, comment se former une idée précise du quotient de 3 divisé par 8 ? Pour cela, on conçoit l'unité partagée en autant de parties égales qu'il y a d'unités dans le diviseur, c'est-à-dire en 8 dans notre exemple ; chacune de ces parties, qui exprime le quotient de 1 par 8, est *un huitième* de l'unité, et nous avons une idée parfaitement nette de la grandeur de cette quantité ; mais le quotient de trois unités divisées par 8 est évidemment 3 fois plus grand que celui d'une unité divisée par 8 : donc il vaut *trois huitièmes* de l'unité. Sous ce point de vue, la quantité $\frac{3}{8}$ n'offre plus rien d'obscur ; et le quotient de 19 par 8 se compose de deux unités et de trois huitièmes d'unité.

« Ainsi, comme l'a dit *Lacroix*, dans son excellent *Traité d'Arithmétique*, lorsque la division laisse un reste, le quotient se compose de deux parties : l'une est formée d'unités entières, tandis que l'autre ne peut s'obtenir qu'après qu'on a réellement effectué le partage des unités concrètes ou matérielles du reste dans le nombre de parties marquées par le divi-

FRACTIONS ORDINAIRES. 69

seur. Jusque-là on ne fait que l'indiquer, en disant qu'*il faut concevoir l'unité du dividende partagée en autant de parties égales qu'il y a d'unités dans le diviseur, et prendre autant de ces parties qu'il y a d'unités dans le reste, pour compléter le quotient cherché.* »

95. Cette quantité que l'on ajoute au quotient trouvé pour en compléter la valeur se nomme une *fraction*. On dit donc qu'*une fraction est une partie de l'unité, ou la réunion de plusieurs parties égales de l'unité.* On emploie, pour l'exprimer, deux nombres que l'on sépare par un trait horizontal; le nombre inférieur se nomme *dénominateur*, *il indique en combien de parties égales l'unité est partagée;* l'autre se nomme *numérateur*, et *indique de combien de parties de l'unité la fraction se compose.*

Le numérateur et le dénominateur se nomment conjointement les deux *termes* de la fraction.

96. *Pour énoncer une fraction, on énonce d'abord le numérateur, puis le dénominateur, en ajoutant après celui-ci la terminaison* ième. *Il y a exception pour les fractions dont le dénominateur est* 2, 3 *ou* 4 : *alors, au lieu d'énoncer le dénominateur, on prononce demi, tiers ou quart.*

Ainsi $\frac{3}{7}$ et $\frac{3}{4}$ s'énoncent respectivement *trois septièmes* et *trois quarts*.

97. De la définition que nous avons donnée des fractions (95) découlent immédiatement les quatre principes suivants :

1° *Pour multiplier une fraction par un nombre entier, multipliez son numérateur par ce nombre, en conservant le dénominateur.*

En effet, en multipliant le numérateur de la fraction proposée par 3 par exemple, on rend ce numérateur trois fois plus grand; or le numérateur indique de combien de parties de l'unité la fraction se compose : donc un numérateur trois fois plus grand indiquera que la fraction se compose de 3 fois plus de parties. Mais, comme on a conservé le dénominateur, ces parties sont restées les mêmes : donc la nouvelle fraction, étant composée de 3 fois plus de parties que la première et des mêmes parties, est trois fois plus grande ; donc la fraction proposée a bien été multipliée par 3 (**23**).

On verra, d'après cela, que $\frac{19}{24} \times 3 = \frac{19 \cdot 3}{24} = \frac{57}{24}$.

2° On prouverait de la même manière que, *pour diviser une fraction par un nombre entier, il suffit de diviser le numérateur par ce nombre, en conservant le dénominateur*.*

Ainsi $\frac{15}{24} : 3 = \frac{15 : 3}{24} = \frac{5}{24}$.

3° *Pour multiplier une fraction par un nombre entier, on peut encore diviser son dénominateur par ce nombre, en conservant le numérateur.*

En effet, en divisant le dénominateur de la fraction proposée par 3 par exemple, on le rend trois fois plus petit ; mais le dénominateur indique en combien de parties égales l'unité est partagée : donc un dénominateur 3 fois plus petit indique que l'unité est partagée en trois fois moins de parties, et que par conséquent ces parties sont trois fois plus grandes. Or, on conserve le même numérateur : donc la nouvelle fraction est toujours composée du même nombre de parties que la première ; mais ces parties sont trois fois plus grandes : donc elle est trois fois plus grande ; donc la fraction proposée a bien été multipliée par 3.

On verra, d'après cela, que $\frac{19}{24} \times 3 = \frac{19}{24 : 3} = \frac{19}{8}$.

Il suit du principe que nous venons d'établir, qu'*en supprimant le dénominateur d'une fraction, on la multiplie par ce nombre*.

Ainsi 5 est 9 fois plus grand que $\frac{5}{9}$.

4° On démontrerait de la même manière que, *pour diviser une fraction par un nombre entier, on peut encore multiplier son dénominateur par ce nombre, en conservant le numérateur*.

Ainsi $\frac{15}{24} : 3 = \frac{15}{24 \cdot 3} = \frac{15}{72}$.

---

* Cette démonstration suppose que *pour diviser un nombre quelconque par un nombre entier, il suffit de le rendre ce même nombre de fois plus petit* : mais cela résulte de la définition même de la division (**44**) ; car le dividende étant le produit du quotient par le diviseur, est autant de fois plus grand que le quotient qu'il y a d'unités dans le diviseur : donc, réciproquement, le quotient est autant de fois plus petit que le dividende que le diviseur contient d'unités.

FRACTIONS ORDINAIRES.

98. La multiplication de la fraction $\frac{19}{24}$ par 3 nous a conduit à deux résultats, $\frac{57}{24}$ et $\frac{19}{8}$, remarquables en ce que le numérateur de chacune de ces expressions surpasse le dénominateur. Or, puisque le dénominateur indique en combien de parties égales l'unité est partagée, il faut, pour former une unité, prendre autant de ces parties qu'il est marqué par le dénominateur : donc, si le numérateur d'une fraction contient deux, trois, quatre, etc., fois le dénominateur, cette fraction contiendra deux, trois, quatre, etc., unités, et en général elle en renfermera autant que le dénominateur sera contenu de fois dans le numérateur : d'où il suit que, *pour extraire les unités entières contenues dans une expression fractionnaire, il faut effectuer la division du numérateur par le dénominateur* (**94**).

On verra ainsi que $\frac{57}{24} = 2\frac{9}{24}$, et que $\frac{19}{8} = 2\frac{3}{8}$.

99. On tire des principes établis au n° **97** les conséquences suivantes : 1° *On ne change pas la valeur d'une fraction en multipliant ses deux termes par un même nombre.* En effet, en multipliant le numérateur d'une fraction par un certain nombre, on la rend ce nombre de fois plus grande. La même opération effectuée sur le dénominateur rend la fraction ce même nombre de fois plus petite ; mais c'est après avoir rendu la fraction proposée un certain nombre de fois plus grande, qu'on la rend le même nombre de fois plus petite : donc elle n'a pas changé de valeur.

2° On prouverait de la même manière qu'*en divisant les deux termes d'une fraction par un même nombre, on ne change pas sa valeur.*

*__100.__ Ici se présente naturellement cette question : *Altère-t-on la valeur d'une fraction en augmentant ou en diminuant ses deux termes d'un même nombre ?*

Puisque, pour former une unité, il faut prendre autant de parties que l'on en conçoit dans cette unité, on voit que la différence d'une fraction à l'unité est une seconde fraction qui a le même dénominateur que la première, et qui a pour numérateur la différence des deux termes de cette première ; ainsi la différence entre $\frac{5}{13}$ et l'unité est $\frac{13-5}{13} = \frac{8}{13}$. Si donc on ajoute un même nombre aux deux termes de la fraction proposée, la différence entre l'unité et la nouvelle fraction aura le même numérateur que la première différence ; mais elle aura un dénominateur plus grand : donc cette seconde différence sera plus petite que la première; donc la fraction qu'on obtient en augmentant d'un même nombre les deux termes d'une fraction donnée, diffère moins de l'unité que celle-ci, donc elle est plus grande, donc *on augmente une fraction en augmentant ses deux termes d'un même nombre.*

Il suit évidemment de là qu'*on diminue une fraction en diminuant ses deux termes d'un même nombre.*

En raisonnant comme tout à l'heure, on verrait qu'*on diminue ou qu'on augmente une expression fractionnaire plus grande que l'unité, en augmentant ou en diminuant ses deux termes d'un même nombre.*

101. Il suit du premier des deux principes du n° **99** que les fractions $\frac{2}{6}$, $\frac{5}{15}$, $\frac{27}{81}$, $\frac{437}{1311}$, etc., sont toutes équivalentes à $\frac{1}{3}$; car elles proviennent de la multiplication des deux termes de celle-ci respectivement par 2, 5, 27, 437 ; mais, de toutes ces fractions, $\frac{1}{3}$ est celle dont on apprécie le plus facilement la grandeur.

Cet avantage, joint à celui d'opérer sur des nombres plus petits, a fait sentir l'utilité de *réduire une fraction à sa plus simple expression, c'est-à-dire de trouver une fraction équivalente à la proposée, et dont les deux termes soient les plus petits nombres possibles.* On y parvient en divisant les deux termes de la fraction par leur plus grand commun diviseur.

*__102.__ Pour justifier cette règle, il faut démontrer que, *lorsque les deux termes d'une fraction sont premiers entre eux, elle est irréductible.* Soient $\frac{a}{b}$ une fraction dont les deux termes sont premiers entre eux, et $\frac{a'}{b'}$ une autre fraction équivalente à celle-ci, de sorte que l'on ait $\frac{a}{b} = \frac{a'}{b'}$.

Si l'on multiplie ces deux fractions par le dénominateur b' de la seconde, les produits $\dfrac{ab'}{b}$ (**97**, 1°) et a' (**97**, 3°) seront égaux.

Mais le second est un nombre entier : donc le premier doit l'être aussi ; donc il faut que le produit $a.b'$ soit divisible par b. Or b est premier avec le facteur a : donc il divise l'autre facteur b' (**80**); donc b' est un certain multiple de b; donc a' est le même multiple de a, sans quoi la fraction $\dfrac{a'}{b'}$ ne serait pas égale à la fraction $\dfrac{a}{b}$ (**99**, 1°). Ainsi *les deux termes de toute fraction équivalente à la fraction $\dfrac{a}{b}$, dont le numérateur et le dénominateur sont premiers entre eux, sont des équimultiples des deux termes de celle-ci.* Donc toute fraction équivalente à une fraction dont le numérateur et le dénominateur sont premiers entre eux, est exprimée en termes moins simples que celle-ci ; donc cette dernière est *irréductible*.

***103.** *Deux fractions irréductibles égales sont identiques*, c'est-à-dire que leurs numérateurs sont égaux entre eux ainsi que leurs dénominateurs.

En effet, puisque la première fraction est irréductible, ses deux termes sont premiers entre eux : donc la seconde ne pourra lui être égale qu'autant que ses deux termes seront des équimultiples de ceux de cette première (**102**); donc ils leur seront respectivement égaux, puisqu'ils doivent être aussi premiers entre eux.

104. Il n'est pas toujours nécessaire, pour réduire une fraction à sa plus simple expression, de recourir au plus grand commun diviseur de ses deux termes ; on peut encore y parvenir de la manière suivante : *Si les deux termes de la fraction proposée sont terminés par des zéros, supprimez-en à la droite de tous les deux autant qu'il y en a à la droite de celui qui en contient le moins, puis divisez les deux termes de la fraction résultante par 2, si la chose est possible; et poursuivez la même opération sur les deux termes de la nouvelle fraction, si vous le pouvez; et ainsi de suite, jusqu'à ce que vous trouviez une frac-*

74   FRACTIONS ORDINAIRES.

tion dont les deux termes ne soient pas divisibles par 2; *ils ne le seront par conséquent non plus par aucun des multiples de* 2, *sans quoi ils le seraient encore par* 2 (**59**). *Essayez de diviser par* 3 *ou par* 9 *les deux termes de cette dernière fraction; et si cette division réussit, divisez encore les deux termes de la fraction résultante par* 3 *ou par* 9, *et ainsi de suite tant que la chose sera possible. Vous arriverez ainsi à une fraction dont les deux termes ne seront plus divisibles par* 3 *ni par aucun de ses multiples. Continuez de diviser ainsi les deux termes de la dernière fraction obtenue par le nombre premier, consécutif à celui qui vient de vous servir de diviseur, et autant de fois par ce nombre que la chose se pourra. Vous vous arrêterez lorsque vous serez parvenu à essayer un diviseur plus grand que la moitié du plus petit des deux termes de la dernière fraction obtenue; et si d'ailleurs ce plus petit terme ne divise pas le plus grand, la fraction dont il s'agit aura évidemment ses deux termes premiers entre eux, et sera par conséquent irréductible* (**102**).

Exemple. La fraction $\frac{1262250}{17671500}$ prend successivement les formes suivantes :

$$\frac{126225}{1767150}, \frac{14025}{196350}, \frac{4675}{65450}, \frac{935}{13090}, \frac{187}{2618}, \frac{17}{238}, \frac{1}{14}.$$

On a divisé successivement par 10, 9, 3, 5, 5, 11 et 17.

***105**. *Si l'on a une suite de fractions égales entre elles, la somme des numérateurs et celle des dénominateurs forment une fraction égale à chacune des fractions considérées.*

Soient, en effet, plusieurs fractions supposées égales, $\frac{a}{b}$, $\frac{a'}{b'}$, $\frac{a''}{b''}$; soit $\frac{p}{q}$ la fraction irréductible égale à l'une quelconque d'entre elles; elle le sera aussi à toutes les autres. Donc, les deux termes de chacune des fractions $\frac{a}{b}$, $\frac{a'}{b'}$, $\frac{a''}{b''}$, sont des équimultiples des deux termes de la fraction $\frac{p}{q}$ (**102**); c'est-à-dire que l'on aura :

$$a = mp; \quad a' = m'p; \quad a'' = m''p;$$
$$b = mq; \quad b' = m'q; \quad b'' = m''q;$$

d'où l'on tire

$$\frac{a+a'+a''}{b+b'+b''} = \frac{mp+m'p+m''p}{mq+m'q+m''q} = \frac{(m+m'+m'')p}{(m+m'+m'')q} = \frac{p}{q}.$$

Ce qu'il fallait démontrer.

§ II. ADDITION DES FRACTIONS.

106. *Pour additionner plusieurs fractions qui ont le même dénominateur, faites la somme de leurs numérateurs, et donnez à cette somme pour dénominateur celui même des fractions proposées.*

Ainsi : $\frac{4}{11} + \frac{6}{11} + \frac{8}{11} + \frac{10}{11} = \frac{4+6+8+10}{11} = \frac{28}{11} = 2\frac{6}{11}$ (**98**).

107. Lorsque les fractions proposées n'ont pas le même dénominateur, on ne peut pas les additionner dans l'état où elles sont; car on ne peut combiner que des quantités homogènes, et des fractions qui ont des dénominateurs différents expriment des collections de parties inégales de l'unité. Il faut donc, pour rendre l'addition possible, *réduire les fractions proposées au même dénominateur, c'est-à-dire les transformer en d'autres fractions équivalentes et qui aient toutes un même dénominateur.* Or, il est clair qu'on atteindra ce but en multipliant les deux termes de chaque fraction par le produit des dénominateurs de toutes les autres. En effet, les nouvelles fractions que l'on obtiendra ainsi seront respectivement équivalentes aux premières, car on aura multiplié les deux termes de chacune par un même nombre (**99**, 1°); de plus elles auront le même dénominateur, car chaque dénominateur sera le produit de tous les dénominateurs primitifs (**58**), seulement multipliés dans un ordre différent, ce qui n'altère pas la valeur du produit (**37**).

Soient, par exemple, les fractions $\frac{37}{40}$, $\frac{25}{36}$, $\frac{11}{100}$. On fera le calcul suivant :

$$\frac{37}{40} + \frac{25}{36} + \frac{11}{100} = \frac{37.36.100}{40.36.100} + \frac{25.40.100}{36.40.100} + \frac{11.40.36}{100.40.36}$$
$$= \frac{133200+100000+15840}{144000} = \frac{249040}{144000} = 1\frac{105040}{144000} = 1\frac{1313}{1800}.$$

108. Lorsque les dénominateurs des fractions que l'on se propose d'additionner ne sont pas tous premiers entre eux, il existe un dénominateur commun plus petit que celui auquel on parvient par la règle précédente. Pour le trouver, on cherche le plus petit nombre divisible par tous les dénominateurs des fractions proposées (95), et c'est là le plus petit dénominateur commun. Pour réduire les fractions proposées à ce dénominateur commun, on le divisera successivement par tous les dénominateurs, et on multipliera les deux termes de chaque fraction par le quotient correspondant.

Reprenons l'exemple du numéro précédent. En décomposant les dénominateurs 40, 36 et 100 en leurs facteurs premiers, on trouve :

$$40 = 2^3.5, \qquad 36 = 2^2.3^2, \qquad 100 = 2^2.5^2;$$

donc le plus petit dénominateur commun sera

$$2^3.3^2.5^2.$$

On le divisera d'abord par 40 ; et comme ce nombre contient trois facteurs 2 et un facteur 5, le quotient ne contiendra que deux facteurs 3 et un facteur 5 : ainsi il sera $3^2.5$. On trouvera, de même, que les quotients respectifs du plus petit dénominateur commun par 36 et 100 sont 2.5^2 et 2.3^2. Ainsi on multipliera le numérateur de la 1re fraction par $3^2.5 = 45$;

celui de la 2e........ par $2.5^2 = 50$;
celui de la 3e........ par $2.3^2 = 18$;

et l'on aura par conséquent

$$\tfrac{37}{40} + \tfrac{25}{36} + \tfrac{11}{100} = \tfrac{37 \cdot 45 + 25 \cdot 50 + 11 \cdot 18}{2^3.3^2.5^2}$$
$$= \tfrac{1665 + 1250 + 198}{2^3.3^2.5^2} = \tfrac{3113}{2^3.3^2.5^2} = \tfrac{3113}{1800} = 1\tfrac{1313}{1800}.$$

109. Lorsque les fractions que l'on veut additionner sont

---

* Ceci suppose que les fractions proposées sont réduites à leur plus simple expression. Ainsi le plus petit dénominateur commun auquel on peut réduire les fractions $\tfrac{8}{9}$, $\tfrac{10}{15}$ et $\tfrac{5}{6}$, est 12 ; car $\tfrac{8}{9} = \tfrac{8}{12}$, $\tfrac{10}{15} = \tfrac{8}{12}$, et $\tfrac{5}{6} = \tfrac{10}{12}$.

FRACTIONS ORDINAIRES. 77

jointes à des nombres entiers, on calcule la somme de ces fractions, on en extrait les unités qu'elle peut contenir (98), et on les retient pour les additionner avec les nombres entiers qui accompagnent les fractions proposées.

Ainsi : $4\frac{6}{13} + 2\frac{3}{13} + 5\frac{9}{13} = 11\frac{18}{13} = 12\frac{5}{13}$.

110. La méthode que nous avons donnée au n° **108** pour réduire plusieurs fractions au même dénominateur nous a conduit à résoudre cette question : *Convertir une fraction en fraction d'une espèce donnée.* La solution de ce problème était fort simple, parce que le dénominateur que devait avoir la fraction demandée était un multiple de celui de la fraction proposée. Mais comment faire lorsqu'il n'en sera pas ainsi? Comment transformer par exemple $\frac{5}{6}$ *en trente-deuxièmes?* Pour cela, j'observe que $\frac{5}{6} = \frac{\frac{5}{6} \times 32}{32} = \frac{\frac{160}{6}}{32}$. Or $\frac{160}{6}$ tombe entre 26 et 27 : donc $\frac{\frac{160}{6}}{32}$, c'est-à-dire $\frac{5}{6}$, tombe entre $\frac{26}{32}$ et $\frac{27}{32}$; donc, puisque ces deux fractions diffèrent de $\frac{1}{32}$, chacune d'elles sera la valeur de la fraction $\frac{5}{6}$ à moins de $\frac{1}{32}$.

Ainsi, *pour convertir une fraction en fraction d'une espèce donnée, il suffit de la multiplier par le dénominateur que doit avoir la fraction demandée, et d'extraire les unités entières contenues dans le produit. Le nombre entier ainsi trouvé sera le numérateur de la fraction cherchée, laquelle différera de la fraction proposée d'une quantité moindre que l'une des parties de l'unité dont elle se compose.*

***111.** Il suit de là et du principe du n° 87 que, *pour qu'une fraction soit exactement réductible en fraction d'une espèce donnée, il faut et il suffit que son numérateur contienne tous les facteurs premiers de son dénominateur qui ne se trouvent pas dans celui que doit avoir la fraction demandée. Ce dénominateur sera donc un multiple de celui de cette fraction, si elle est irréductible* (**80**).

112. Le problème que nous venons de résoudre fournit le moyen de *trouver le quotient de la division de deux nombres à*

FRACTIONS ORDINAIRES.

moins d'une unité fractionnaire donnée; car une fraction exprimant la division du numérateur par le dénominateur (**94**), il ne s'agit, pour obtenir ce quotient, que de convertir une fraction en fraction d'une espèce donnée. On verra ainsi que, pour avoir le quotient de 326 par 9 à moins de $\frac{1}{15}$, il suffit de réduire la fraction $\frac{326}{9}$ en quinzièmes, ce qui donne $\frac{543}{15} = 36\frac{3}{15} = 36\frac{1}{5}$ pour sa valeur à moins de $\frac{1}{15}$.

§ III. SOUSTRACTION DES FRACTIONS.

113. *Pour soustraire une fraction d'une autre, prenez la différence de leurs numérateurs, si elles ont le même dénominateur, et donnez à cette différence pour dénominateur celui même des fractions proposées.*

Ainsi $\frac{9}{11} - \frac{5}{11} = \frac{4}{11}$.

Si les fractions dont on demande la différence n'ont pas le même dénominateur, on les y réduit (**107** et **108**), *ce qui ramène au cas précédent.*

114. *Lorsqu'il y a des entiers joints aux fractions que l'on veut soustraire, on prend d'abord la différence des deux fractions, puis celle des deux nombres entiers, et ensuite on ajoute ces deux différences.*

Mais si la fraction à soustraire surpasse l'autre, on ajoute à celle-ci une unité; ce qui revient à augmenter son numérateur du dénominateur commun : la soustraction est alors possible; et comme, en opérant ainsi, on a augmenté le reste d'une unité, il faut, pour lui restituer sa valeur, ajouter cette unité au nombre entier à soustraire.

Soit proposé, par exemple, de soustraire $2\frac{11}{12}$ de $6\frac{8}{15}$: je réduis d'abord les deux fractions $\frac{11}{12}$ et $\frac{8}{15}$ au même dénominateur, ce qui donne respectivement $\frac{55}{60}$ et $\frac{32}{60}$. Dans l'impossibilité de soustraire la première de ces deux fractions de la seconde, j'ajoute à celle-ci une unité qui vaut $\frac{60}{60}$, ce qui fait ainsi $\frac{60}{60} + \frac{32}{60} = \frac{92}{60}$. J'effectue actuellement la soustraction, et il reste $\frac{37}{60}$; mais, comme j'ai augmenté le reste demandé d'une unité, je retiens cette unité pour l'ajouter au nombre entier à soustraire; et je dis : 1 et 2 font 3; ôté de 6, il reste 3 ; de sorte que la différence des deux nombres proposés est de 3 unités *plus* $\frac{37}{60}$.

Soit encore proposé de soustraire $2\frac{5}{8}$ de 4 unités. Comme il n'y a point de fraction dans le nombre dont on doit soustraire, on y ajoute *une unité*, qui vaut $\frac{8}{8}$; $\frac{5}{8}$ ôtés de $\frac{8}{8}$, il reste $\frac{3}{8}$; mais, comme j'ai augmenté le nombre dont on soustrait d'une unité, j'ajouterai une unité au nombre entier à soustraire, et je dirai : 2 et 1 font 3 ; ôté de 4, il reste 1. Le reste demandé est donc $1\frac{3}{8}$.

§ IV. MULTIPLICATION DES FRACTIONS.

115. *Pour multiplier une fraction par un nombre entier, multipliez son numérateur par ce nombre, en conservant le dénominateur* (**97**, 2°); *ou bien divisez son dénominateur par le nombre entier, en conservant le numérateur* (**97**, 3°).

La seconde méthode a sur la première l'avantage de donner un résultat plus simple, mais aussi la première est générale, tandis que la seconde n'est pas toujours applicable, car le dénominateur de la fraction multiplicande peut n'être pas divisible par le multiplicateur. On préférera donc celle-ci lorsqu'on pourra l'appliquer, et dans le cas contraire on aura recours à l'autre.

116. *Pour multiplier deux fractions l'une par l'autre, multipliez les numérateurs entre eux, et les dénominateurs aussi l'un par l'autre*. Soit proposé, par exemple, de multiplier $\frac{5}{6}$ par $\frac{3}{8}$. D'après la définition de la multiplication, le produit est composé avec le multiplicande de la même manière que le multiplicateur l'est avec l'unité(**23**); donc, puisque ici le multiplicateur est les $\frac{3}{8}$ de l'unité, le produit devra être les $\frac{3}{8}$ du multiplicande. Ainsi multiplier $\frac{5}{6}$ par $\frac{3}{8}$, c'est prendre les $\frac{3}{8}$ de $\frac{5}{6}$. Si je connaissais le huitième de $\frac{5}{6}$, il n'y aurait qu'à multiplier ce huitième par 3, et le problème serait résolu. Mais prendre le huitième d'un nombre, c'est le diviser par 8 : donc le huitième de $\frac{5}{6}$ sera $\frac{5 \cdot 3}{6 \cdot 8}$ (**97**, 4°). Par conséquent, le produit demandé sera $\frac{5 \cdot 3}{6 \cdot 8}$. Donc $\frac{5}{6} \times \frac{3}{8} = \frac{5 \cdot 3}{6 \cdot 8}$, ce qu'il fallait démontrer.

117. On prouverait de la même manière que *pour multiplier un nombre entier par une fraction, il faut le multiplier par le numérateur, en conservant le dénominateur;* qu'ainsi $5 \times \frac{3}{8} = \frac{5 \cdot 3}{8} = \frac{15}{8} = 1\frac{7}{8}$.

118. Il suit de ces trois principes que *l'on peut, dans la multiplication des fractions, intervertir l'ordre des facteurs sans altérer la valeur du produit.* Car cela revient à intervertir de la même manière l'ordre des facteurs dans les deux termes de la fraction-produit, ce qui n'altère pas les valeurs de ces deux termes (**37**).

Ainsi les produits $\frac{2}{3} \cdot \frac{4}{5} \cdot \frac{7}{8}$ et $\frac{7}{8} \cdot \frac{2}{3} \cdot \frac{4}{5}$ sont égaux, car ils le sont l'un et l'autre à $\frac{2 \cdot 4 \cdot 7}{3 \cdot 5 \cdot 8}$.

Il suit de là que les principes des n°ˢ **58** et **59** sont également vrais lorsque les quantités que l'on considère sont fractionnaires, car ils sont une conséquence immédiate du principe du n° **57**.

119. Il pourra arriver que le multiplicande et le multiplicateur, ou seulement l'un d'eux, contiennent des nombres entiers joints à des fractions. Alors on réduira chaque nombre entier et la fraction qui l'accompagne en une seule fraction, ce qui ramènera à un des cas que nous avons considérés précédemment.

Pour réduire un nombre entier et la fraction qui l'accompagne en une seule fraction, on multiplie ce nombre par le dénominateur de la fraction, on ajoute le produit au numérateur, et l'on conserve le dénominateur.

Soit, en effet, l'expression $4\frac{3}{5}$. J'observe qu'ici une unité vaut $\frac{5}{5}$, et que par conséquent 4 unités valent 4 fois $\frac{5}{5}$ ou $\frac{5 \cdot 4}{5}$. Donc $4\frac{3}{5} = \frac{5 \cdot 4}{5} + \frac{3}{5} = \frac{5 \cdot 4 + 3}{5}$. Mais le numérateur a été obtenu en multipliant le nombre entier 4 par le dénominateur 5, et en ajoutant le produit au numérateur 3 : donc, pour réduire un nombre entier et la fraction qui l'accompagne en une seule fraction, il faut multiplier ce nombre entier par le dénominateur, ajouter le produit au numérateur et conserver le dénominateur.

Exemple. Multiplier $3\frac{5}{6}$ par $5\frac{19}{23}$. On trouvera

$$\frac{23}{6} \times \frac{134}{23} = \frac{134}{6} (99, 2°) = \frac{67}{3} = 22\frac{1}{3}.$$

120. *Si l'un des facteurs était un nombre entier et que l'autre fût composé d'un entier et d'une fraction, on ne réduirait pas celui-ci en une seule fraction : il serait plus simple de multiplier successivement ses deux parties par l'autre facteur, en commençant par la fraction, afin que, si le produit contenait des unités, on pût les extraire et les ajouter immédiatement au produit de la partie entière.*

Exemple. Multiplier $4236\frac{5}{9}$ par 24. Le produit de $\frac{5}{9}$ par 24 est $\frac{120}{9} = 13\frac{3}{9} = 13\frac{1}{3}$. Je retiens donc 13 unités, pour les ajouter au produit de 4236 par 24, et je trouverai ainsi que

$$4236\frac{5}{9} \times 24 = 101677\frac{1}{3}.$$

121. Nous avons vu qu'une fraction exprime une partie ou la collection de plusieurs parties égales de l'unité : par conséquent, si nous concevons qu'une fraction soit partagée en plusieurs parties égales, une de ces parties ou la réunion de plusieurs d'entre elles sera une fraction d'une nouvelle espèce : nous l'appellerons *fraction de fraction*.

On conçoit qu'il est possible de diviser de même ces nouvelles fractions en parties égales ; et en prenant une ou plusieurs de ces parties on formera une *fraction de fraction de fraction*, et ainsi de suite.

122. *On peut toujours trouver une fraction ordinaire équivalente à une fraction de fraction. Il suffit pour cela de multiplier entre elles toutes les fractions dont il s'agit.* Proposons-nous, en effet, de trouver une fraction ordinaire équivalente aux $\frac{3}{4}$ des $\frac{4}{5}$ de $\frac{5}{6}$. La première chose à faire pour obtenir la valeur de cette quantité, c'est de prendre les $\frac{4}{5}$ de $\frac{5}{6}$, ce qui se fera en multipliant $\frac{5}{6}$ par $\frac{4}{5}$ (**23**). Ainsi les $\frac{4}{5}$ de $\frac{5}{6}$ sont égaux à $\frac{5}{6} \times \frac{4}{5}$.

6

Il ne reste plus qu'à prendre les $\frac{3}{4}$ de ces $\frac{4}{5}$ de $\frac{5}{6}$, ce qui se fera en les multipliant par $\frac{3}{4}$. Ainsi les $\frac{3}{4}$ des $\frac{4}{5}$ de $\frac{5}{6}$ sont égaux à

$$\tfrac{5}{6} \times \tfrac{4}{5} \times \tfrac{3}{4} = \tfrac{5 \cdot 4 \cdot 3}{6 \cdot 5 \cdot 4}\ (\mathbf{116}) = \tfrac{3}{6} = \tfrac{1}{2}.$$

§ V. DIVISION DES FRACTIONS.

123. *On divise une fraction par un nombre entier de deux manières :* 1° *en multipliant le dénominateur par le nombre entier, et conservant le numérateur* (**97**, 4°) ;

2° *En divisant le numérateur par le nombre entier, et conservant le dénominateur.*

Ce dernier procédé a sur le premier l'avantage de conduire à un résultat plus simple ; mais aussi il est moins général, car il arrive très-souvent que le numérateur de la fraction dividende n'est pas un multiple exact du diviseur. Ainsi on préférera la seconde méthode toutes les fois qu'on pourra l'appliquer ; dans le cas contraire, on aura recours à la première.

124. *Pour diviser une fraction par une fraction, il faut multiplier la fraction dividende par la fraction diviseur renversée.*

Soit proposé de diviser $\frac{5}{6}$ par $\frac{3}{7}$. Le dividende est le produit du quotient par le diviseur $\frac{3}{7}$. Or, multiplier le quotient par $\frac{3}{7}$, c'est en prendre les $\frac{3}{7}$ (**25**) : donc le dividende $\frac{5}{6}$ est les $\frac{3}{7}$ du quotient ; par conséquent, en le divisant par 3 on aura le septième de ce quotient. Ce septième est donc $\frac{5}{6 \cdot 3}$ (**97**, 4°) : ainsi, pour avoir le quotient il suffira de multiplier ce septième par 7, ce qui donnera $\frac{5 \cdot 7}{6 \cdot 3}$. Mais cette quantité est le produit de $\frac{5}{6}$ par $\frac{7}{3}$ (**116**), et $\frac{7}{3}$ est la fraction diviseur renversée : donc, pour diviser une fraction par une fraction, il faut multiplier la fraction dividende par la fraction diviseur renversée.

125. *Si les deux termes de la fraction dividende étaient exactement divisibles par ceux de la fraction diviseur, on pourrait encore obtenir le quotient demandé, en divisant les deux termes de la fraction dividende respectivement par les deux termes de la fraction diviseur.*

FRACTIONS ORDINAIRES. 83

Ainsi $\frac{15}{32} : \frac{3}{4} = \frac{\frac{15}{3}}{\frac{32}{4}} = \frac{5}{8}$.

La démonstration est la même que la précédente ; seulement les division et multiplication partielles s'exécutent d'après les règles du n° 97, 2° et 3°.

126. On démontrerait absolument de la même manière que, *pour diviser un nombre entier par une fraction, il faut multiplier ce nombre entier par la fraction diviseur renversée ;* qu'ainsi $4 : \frac{3}{7} = 4 \times \frac{7}{3} = \frac{28}{3} = 9\frac{1}{3}$.

127. *Si le dividende et le diviseur, ou seulement le diviseur, contenaient des nombres entiers joints à des fractions, on convertirait chaque fraction et le nombre entier qui l'accompagne en une seule fraction* (**119**), *ce qui ramènerait à l'un des cas précédents.*

Exemple. Soit proposé de diviser $14\frac{2}{3}$ par $3\frac{5}{6}$. On aura
$14\frac{2}{3} : 3\frac{5}{6} = \frac{44}{3} : \frac{23}{6} = \frac{44}{3} \times \frac{6}{23} = \frac{44.2}{23}(\mathbf{99}\ 2°) = \frac{88}{23} = 3\frac{19}{23}$.

Si le dividende était composé d'un nombre entier plus d'une fraction, et que le diviseur fût entier, on diviserait successivement la partie entière et la partie fractionnaire du dividende par le diviseur, en ayant soin d'ajouter à cette dernière, avant de la diviser, le reste auquel aurait pu conduire la division de la première.

Exemple. Diviser $101677\frac{1}{3}$ par 24. La division de 101677 par 24 donne pour quotient 4236, et 13 pour reste ; j'ajoute 13 à la fraction $\frac{1}{3}$, ce qui donne $\frac{40}{3}$ (**119**) ; et en divisant cette fraction par 24, je trouve $\frac{40}{3.24} = \frac{5}{3.3} = \frac{5}{9}$; de sorte que le quotient demandé est $4236\frac{5}{9}$ (**120**).

128. Les principes établis au n° **52** étant des conséquences de ceux démontrés aux n°s **38** et **39**, ont par conséquent le même degré de généralité que ceux-là ; donc ils s'appliquent aux nombres fractionnaires aussi bien qu'aux nombres entiers (**118**). Donc, *pour diviser un produit par un nombre quelconque, il*

FRACTIONS ORDINAIRES.

suffit de diviser l'un de ses facteurs par ce nombre, en conservant les autres facteurs; et pour diviser un nombre quelconque par un produit de plusieurs facteurs, il suffit de le diviser successivement par chacun de ces facteurs. On peut, au reste, le démontrer directement de la manière suivante:

Supposons, par exemple, que l'on veuille diviser par $\frac{7}{9}$ le produit des facteurs $\frac{3}{4}$ et $\frac{5}{6}$; on aura évidemment (**118** et **124**)

$$\frac{\frac{3}{4}\times\frac{5}{6}}{\frac{7}{9}} = \frac{3}{4}\times\frac{5}{6}\times\frac{9}{7} = \frac{\frac{3}{4}}{\frac{7}{9}}\times\frac{5}{6} = \frac{3}{4}\times\frac{\frac{5}{6}}{\frac{7}{9}}.$$

CHAPITRE V.

FRACTIONS DÉCIMALES.

§ I. NUMÉRATION DES FRACTIONS DÉCIMALES.

129. Si l'on conçoit que l'on partage l'unité en dix parties égales, chacune de ces parties sera *un dixième* de l'unité ; que chaque dixième soit partagé en dix parties égales, l'unité le sera alors en cent, et par conséquent chacune de ces nouvelles parties sera *un centième* de l'unité. Si de même on partage chaque centième en dix parties égales, il y en aura mille dans l'unité, et par conséquent ces nouvelles parties seront des *millièmes* de l'unité, et ainsi de suite.

Ces parties de l'unité et la collection de plusieurs d'entre elles ont reçu le nom de fractions *décimales*, parce qu'elles se composent de parties de l'unité de dix en dix fois plus petites. Or nous avons fait cette convention qu'un chiffre placé à la droite d'un autre représenterait des unités dix fois plus petites que celles indiquées par cet autre (11) : donc le chiffre que nous écrirons à la droite des unités simples représentera des *dixièmes* ; celui qui sera à la droite du chiffre des dixièmes représentera des *centièmes*, et ainsi de suite : de sorte que l'on pourra représenter les diverses collections d'unités décimales que contiendra un nombre par les mêmes chiffres que les unités entières, en faisant occuper à ces chiffres des places convenables. Seulement, pour ne pas confondre la partie décimale avec la partie entière, on l'en séparera par une *virgule*.

Veut-on écrire *vingt-cinq unités trois dixièmes deux centièmes quatre dix-millièmes*, on écrira : 25,3204.

Comme il n'y a pas de *millièmes*, on a dû les remplacer par un *zéro*.

FRACTIONS DÉCIMALES.

130. Le nombre 25,3204 peut s'énoncer plus simplement que nous ne venons de le faire. Si l'on observe, en effet, qu'un *millième* est de l'ordre des *dizaines* par rapport aux *dix-millièmes*, qu'un *centième* est de l'ordre des *centaines* par rapport aux *dix-millièmes*, qu'un *dixième* est de l'ordre des *mille* par rapport aux *dix-millièmes*, au lieu d'énoncer *trois dixièmes deux centièmes quatre dix-millièmes*, on pourra dire *trois mille deux cent quatre dix-millièmes*: de sorte que le nombre 25,3204 s'énoncera *vingt-cinq unités trois mille deux cent quatre dix-millièmes*.

Ainsi, *pour traduire en langage ordinaire un nombre décimal, il faut énoncer d'abord la partie entière, puis celle qui est à la droite de la virgule comme si elle représentait un nombre entier, d'après la règle du n° 13, en ayant soin d'ajouter, après le dernier chiffre décimal, le nom des unités qu'il représente.* Pour former le nom des unités que représente le dernier chiffre décimal, on observe que *deux chiffres, l'un entier et l'autre décimal, qui sont placés à la même distance des unités simples, portent des noms analogues;* et, comme le dernier chiffre décimal est aussi éloigné du chiffre des unités entières que ce chiffre l'est de lui, on voit que *le nom des unités que représente le dernier chiffre décimal est celui même de la tranche où se trouve le chiffre des unités, en comptant de la droite, et en ayant soin de faire suivre le nom de cette tranche de la terminaison* ième *et de le faire précéder du mot* dix *ou du mot* cent, *selon que le chiffre des unités s'y trouve au second ou au troisième rang.*

Veut-on énoncer 23007,0000040000028 : on préparera les deux parties dont il se compose conformément à la règle du n° 13, ce qui donnera

$$23\ 007,0\ 000\ 040\ 000\ 028,$$

et en observant que le chiffre 7 des unités entières se trouve au second rang de la cinquième tranche à partir de la droite, c'est-à-dire de la tranche des *trillions*, on en conclut que le dernier chiffre décimal 8 représente des *dix-trillionièmes*. On dira donc *vingt-trois mille sept unités, quarante millions vingt-huit dix-trillionièmes.*

131. On peut encore comprendre dans un même énoncé la partie entière et la partie décimale. Ainsi pour le nombre 25,3204, on observera que le chiffre des *unités* est de l'ordre des *dizaines de mille* par rapport aux *dix-millièmes*, et que le chiffre des *dizaines* est de l'ordre des *centaines de mille* par rapport aux *dix-millièmes;* de sorte que ce nombre s'énoncera : *deux cent cinquante-trois mille deux cent quatre dix-millièmes.*

Ainsi, *pour comprendre en un seul et même énoncé la partie entière et la partie décimale, on énoncera le nombre, abstraction faite de la virgule, comme s'il était entier, et l'on ajoutera après son dernier chiffre le nom des unités décimales qu'il représente* (**130**).

132. On déduit encore de ce qui précède que, *pour écrire un nombre décimal sous la dictée, il faut écrire d'abord la partie entière, puis la partie décimale en se conformant à la règle du n° **12**; mais il faut avoir soin de placer, entre la virgule et le premier chiffre significatif décimal, autant de zéros qu'il est nécessaire pour que le dernier chiffre décimal soit à la même distance des unités simples que celui qui représente des unités entières de même dénomination que lui. S'il n'y avait point de partie entière, on mettrait un zéro pour en tenir lieu.*

Exemple. Écrire *vingt-trois mille quarante unités, quinze mille deux cent sept dix-billionièmes.* On écrira d'abord les vingt-trois mille quarante unités : 23040. J'observe ensuite que les dizaines de billions se trouvent au second rang de la quatrième tranche, et qu'ainsi le chiffre des dix-billionièmes sera au $(9+2)^{me}$, c'est-à-dire au onzième rang. Mais le chiffre des unités est déjà écrit, de plus il faut *cinq* chiffres pour représenter *quinze mille deux cent sept :* donc il faudra écrire $11-6=5$ zéros entre la virgule et le premier chiffre significatif décimal; donc l'expression du nombre proposé sera 23040,0000015207.

On verra de même que *quatre mille six cent-millièmes* s'écriront 0,04006.

133. Les chiffres qui représentent des collections d'unités décimales, de même que ceux qui représentent des collections d'unités entières, ne tirant leur valeur que du rang qu'ils occupent par rapport au chiffre des unités simples, *on ne changera pas la valeur d'une fraction décimale en écrivant ou en supprimant sur sa droite un ou plusieurs zéros* : car les chiffres significatifs occuperont encore les mêmes places par rapport aux unités simples, et représenteront par conséquent toujours les mêmes collections des mêmes unités.

On peut dire encore : en ajoutant deux zéros, par exemple, à la droite d'un nombre décimal, on exprimera qu'il se compose alors de cent fois plus de parties de l'unité ; mais aussi ces parties seront cent fois plus petites : donc la valeur du nombre décimal n'aura pas été altérée, et son expression seule aura changé.

Remarquons que la transformation que l'on fait subir à un nombre décimal, en écrivant ou en supprimant des zéros sur sa droite, revient à celle que l'on opère sur une fraction ordinaire en multipliant ou en divisant ses deux termes par un même nombre (**99**).

154. Il suit encore du même principe qu'*en portant la virgule de plusieurs rangs vers la droite ou vers la gauche d'un nombre, on multiplie ou l'on divise ce nombre par l'unité suivie d'autant de zéros que la virgule a parcouru de rangs.*

Si par exemple on recule la virgule de deux rangs vers la droite d'un nombre, chaque chiffre aura avancé de deux rangs vers la gauche, et représentera par conséquent des unités cent fois plus grandes : donc toutes les parties du nombre étant devenues cent fois plus grandes, le nombre lui-même est devenu cent fois plus grand : donc il a été multiplié par cent.

Ainsi $12,346 \times 100 = 1234,6$. Si l'on voulait diviser $12,346$

FRACTIONS DÉCIMALES. 89

par 1000, il faudrait avancer la virgule de *trois* rangs vers la gauche; mais comme il n'y a que deux chiffres entiers, on écrira à la gauche de ce nombre *deux* zéros, dont l'un tiendra la place des unités. Ainsi l'on aura 12,346:1000=0,012346.

§ II. ADDITION DES NOMBRES DÉCIMAUX.

155. Puisque les unités décimales sont soumises à la même loi de composition que les unités entières, l'addition des nombres décimaux doit s'opérer d'après la même règle que celle des nombres entiers. Ainsi *il faudra d'abord écrire les nombres à additionner, les uns au-dessous des autres, de manière que les unités de même ordre se correspondent dans une même colonne; effectuer ensuite l'addition, en faisant abstraction de la virgule, d'après la règle du nº 16, puis placer cette virgule dans la somme, de manière qu'elle se trouve au-dessous de celles de tous les nombres proposés.*

Exemple. Additionner les nombres 0,78 ; 9,489; 7,9 ; 0,0497 et 6,574. On les disposera comme il suit :

$$\begin{array}{r} 0{,}78 \\ 9{,}489 \\ 7{,}9 \\ 0{,}0497 \\ 6{,}574 \\ \hline \end{array}$$

Somme............ 24,7927

§ III. SOUSTRACTION DES NOMBRES DÉCIMAUX.

156. *Si les deux nombres décimaux dont on demande la différence ne renferment pas le même nombre de décimales, écrivez à la droite de celui qui en contient le moins autant de zéros qu'il y a de chiffres décimaux de plus dans l'autre nombre. Cela fait, écrivez le plus petit nombre sous le plus grand, de manière que les unités de même ordre se correspondent; puis, faisant abstraction de la virgule, effectuez la soustraction d'après la règle du* n° **21**, *et placez enfin la virgule dans le reste au-dessous de celles des nombres proposés.*

Exemple. Soustraire 4,052 de 13,04. On écrira d'abord un zéro à la droite du second nombre, puisqu'il n'a que deux chiffres décimaux et que l'autre en contient trois, et l'on disposera les calculs comme ci-dessous :

$$\begin{array}{r} 13,040 \\ 4,052 \\ \hline \text{Différence.......} \quad 8,988 \end{array}$$

§ IV. MULTIPLICATION DES NOMBRES DÉCIMAUX.

137. *Pour multiplier deux nombres décimaux l'un par l'autre, effectuez la multiplication, abstraction faite de la virgule, puis séparez sur la droite du produit autant de chiffres décimaux qu'en contiennent les deux facteurs.*

Supposons, pour fixer les idées, que le multiplicande renferme deux décimales, et le multiplicateur une. Si nous faisons abstraction de la virgule dans le multiplicande, nous le multiplierons par cent (**134**) : le produit sera donc aussi multiplié par cent (**39** et **118**). Si nous supprimons la virgule dans le multiplicateur, il sera multiplié par dix, et le produit sera par conséquent aussi multiplié par dix ; mais il l'était déjà par cent ; donc il l'est actuellement par le produit de cent par dix (**38** et **118**), c'est-à-dire par mille ; donc pour lui rendre sa valeur il faudra le diviser par mille, ce qui se fera en séparant sur sa droite trois chiffres par une virgule (**134**), c'est-à-dire autant qu'il y avait de décimales dans les deux facteurs.

Exemple. Veut-on multiplier 42,7 par 5,03 : on fera abstraction de la virgule, et l'on multipliera en conséquence 427 par 503, puis on séparera trois décimales sur la droite du produit, ce qui donnera 214,781

§ V. DIVISION DES NOMBRES DÉCIMAUX.

138. Il y a trois cas à considérer dans la division des nombres décimaux : ou le diviseur est exprimé par l'unité suivie de plusieurs zéros, ou le diviseur est un nombre entier quelconque, ou enfin le diviseur est un nombre décimal. Examinons successivement ces trois cas.

1° *Pour diviser un nombre décimal par l'unité suivie de plusieurs zéros, avancez la virgule d'autant de rangs vers la gauche qu'il y a de zéros à la suite de l'unité* (**134**).

139. 2° *Pour diviser un nombre décimal par un nombre entier, on fera la division sans s'occuper de la virgule et d'après la règle du n° 49 ; seulement, quand on aura abaissé le chiffre des unités simples du dividende, on aura soin de placer une virgule à la droite du chiffre correspondant du quotient.* On conçoit, en effet, que les unités décimales étant assujetties à la même loi de composition que les unités entières, les raisonnements que nous avons faits au n° **48**, quand le dividende était entier, s'appliqueront encore quand ce dividende sera décimal.

On pourrait encore dire pour justifier notre règle : Si l'on fait abstraction de la virgule dans le dividende, on le multipliera par l'unité suivie d'autant de zéros qu'il renferme de chiffres décimaux ; le quotient sera donc aussi multiplié par ce nombre, car, pour qu'un produit soit multiplié par cent, par exemple, il faut nécessairement que, si l'un des facteurs ne change pas, l'autre soit multiplié par cent (**39 et 118**) ; on devra donc, pour lui rendre sa valeur, séparer sur sa droite, par une virgule, autant de décimales qu'il y en avait dans le dividende.

Exemple. Diviser 2158,89 par 47. Le quotient est 45,93, et le reste est 0,18.

140. 3° *Si le diviseur est un nombre décimal, je supprime la virgule dans le diviseur, et je la recule dans le dividende d'autant de rangs sur la droite qu'il y a de décimales dans le diviseur, ce qui me ramène au cas précédent, et cela sans altérer la valeur du quotient.* Supposons, en effet, qu'il y ait deux décimales dans le diviseur : en supprimant la virgule dans ce nombre, nous l'avons multiplié par cent ; donc le quotient a été divisé par cent, car si le dividende, qui est un produit, ne change pas et que l'un de ses facteurs soit multiplié par cent, il faut nécessairement que l'autre facteur soit divisé par cent (**128**). En reculant ensuite la virgule de deux rangs sur la droite du dividende, on a multiplié ce nombre, et par conséquent le quotient, par cent, mais c'est après avoir divisé le quotient par cent qu'on l'a multiplié par cent ; donc il n'a pas changé de valeur.

Exemples. 1° Diviser 215,889 par 4,7. Je supprime la virgule dans le diviseur et je la recule d'un rang sur la droite du dividende, ce qui me conduit à diviser 2158,89 par 47. Le quotient est donc 45,93. Quant au reste, celui de la division de 2158,89 par 47 est 0,18 ; mais en multipliant le dividende et le diviseur proposés par 10, on a multiplié le reste de leur division par 10, donc la vraie valeur de ce reste est $\frac{0.18}{10} = 0,018$.

2° Diviser 215889 par 4,7. L'application de la règle conduit à diviser 2158890 par 47, ce qui donne pour quotient 45933. Le reste est 3,9.

141. *Quand le diviseur est un nombre entier, le quotient est exact à moins d'une unité de l'ordre dont est le dernier chiffre du dividende.* Ainsi 45,93 exprime le quotient de la division de 2158,89 par 47 à moins d'un centième (ex. du n° **139**). En effet, ce quotient est plus grand que 45,93, puisque la division a donné un reste ; d'un autre côté, il est plus petit que 45,94 : car, si l'on avait écrit un 4 au lieu d'un 3 au quotient, la soustraction correspondante n'aurait point pu s'effectuer. Donc le quotient demandé est compris entre 45,93 et 45,94 ; et comme ces deux nombres diffèrent d'un centième, il s'ensuit que le quotient diffère de chacun de moins d'*un centième*.

142. Il suit de là que *pour avoir le quotient de deux nombres à moins d'une unité décimale d'un ordre donné, il faudra d'abord faire en sorte que le diviseur soit entier, en appliquant la règle du n° **140**; puis on écrira à la droite du dividende autant de zéros qu'il sera nécessaire pour que le dernier chiffre de ce nom-*

FRACTIONS DÉCIMALES. 93

bre soit de l'ordre décimal dont il s'agit ; ou bien on supprimera, sur la droite de ce dividende, tous les chiffres qui représentent des unités décimales d'un ordre inférieur à celui-là, et l'on effectuera ensuite la division (**139**).

1er Exemple. *Calculer le quotient de* 3215,47 *par* 42,7, *à moins d'un millième*. On supprimera d'abord la virgule dans le diviseur, et on la reculera d'un rang dans le dividende, ce qui conduira à diviser 32154,7 par 427; et comme le dernier chiffre du dividende n'est que de l'ordre des *dixièmes*, et qu'on veut des millièmes au quotient, on écrira deux zéros à sa droite, et il ne s'agira plus alors que de diviser 32154,700 par 427, ce qui donnera pour quotient 75,303, valeur exacte à moins d'un millième.

2e Exemple. *Calculer le quotient de* 32,1547 *par* 42,7, *à moins d'un dixième*. On ramènera d'abord cette division à celle de 321,547 par 427, puis cette dernière à celle de 321,5 par 427, ce qui donnera 0,7 pour le quotient demandé.

143. *Les preuves de l'addition, de la soustraction, de la multiplication et de la division des nombres décimaux, se font comme celles des mêmes opérations sur les nombres entiers.*

Exemple. En divisant 215,889 par 4,7, on a trouvé (**140**) pour quotient 45,93, et pour reste 0,018. Comme en ajoutant 0,018 au produit de 45,93 par 4,7, on retrouve le dividende 215,889, on en conclut que l'opération a été bien faite.

§ VI. ÉVALUATION D'UN PRODUIT OU D'UN QUOTIENT A MOINS D'UNE UNITÉ DÉCIMALE D'UN ORDRE DONNÉ.

144. Il arrive souvent que l'on a à multiplier ou à diviser l'une par l'autre deux quantités dont l'expression se compose d'un grand nombre de chiffres décimaux, et que cependant on n'a besoin de leur produit ou de leur quotient qu'à moins d'une unité, ou d'un dixième, ou d'un centième, etc., de sorte qu'il suffirait d'obtenir ce produit ou ce quotient dans cette limite d'approximation. On y parvient au moyen des méthodes que nous allons exposer successivement.

MÉTHODE ABRÉGÉE DE FAIRE LA MULTIPLICATION.

145. *Pour obtenir, à moins d'une unité décimale d'un ordre donné, le produit de deux nombres donnés, on écrit le multiplicande comme à l'ordinaire ; puis on met le chiffre des unités du multiplicateur sous le chiffre du multiplicande qui représente des unités cent fois plus petites que celle qui exprime le degré d'approximation ; on écrit ensuite les autres chiffres du multiplicateur dans leur ordre inverse, c'est-à-dire les dizaines, centaines, etc., à droite du chiffre des unités, les dixièmes, les centièmes, etc., à gauche de ce même chiffre.*

On multiplie ensuite le multiplicande par chaque chiffre du multiplicateur, mais en allant de droite à gauche ; on commence seulement chaque multiplication partielle au chiffre du multiplicande placé au-dessus du chiffre employé comme multiplicateur, en négligeant tous les chiffres de droite. On écrit tous les produits partiels les uns au-dessous des autres, de manière que les premiers chiffres à droite de chacun d'eux se correspondent, et on fait l'addition. On sépare sur la droite de la somme deux décimales de plus qu'il n'y en a dans la fraction décimale qui marque l'approximation ; on supprime les deux derniers chiffres à droite, et on augmente d'une unité le dernier chiffre conservé. Le résultat est le produit cherché.

146. Supposons, par exemple, que l'on demande le produit de 43,5636278563 par 4,502038965, à moins d'un centième. Il est clair que si je puis calculer chacun des produits partiels à moins de 1 millième, dans le cas même où tous ces produits seraient erronés précisément de 1 millième et tous dans le même sens, si je n'en ai pas 10, l'erreur que je commettrai sera moindre que 10 millièmes ou qu'un centième. Toute la difficulté consiste donc à calculer chacun des produits partiels à moins de 1 millième.

FRACTIONS DÉCIMALES. 95

J'observe d'abord que peu importe l'ordre dans lequel on effectue les multiplications partielles du multiplicande par les différents chiffres du multiplicateur, pourvu que l'on dispose toujours les produits partiels les uns au-dessous des autres, de manière que les unités de même ordre soient dans une même colonne. Ainsi on pourra renverser l'ordre des chiffres du multiplicateur. Si de plus on écrit le multiplicateur ainsi renversé sous le multiplicande, de manière que le chiffre de ses unités soit sous les dix-millièmes du multiplicande, il résultera de cette disposition un avantage remarquable : c'est que le produit de chaque chiffre du multiplicande par le chiffre correspondant du multiplicateur sera de l'ordre des dix-millièmes (remarquez avec soin que, dans le multiplicateur, les unités sont maintenant à droite de la virgule et les décimales à gauche); de sorte qu'il suffira de commencer la multiplication du multiplicande par chaque chiffre du multiplicateur au chiffre du multiplicande qui lui correspond, pour que le premier chiffre à droite de chaque produit partiel soit de l'ordre des dix-millièmes. Or les produits ainsi obtenus pourront bien être erronés de plusieurs dix-millièmes, mais ils ne le seront pas d'un millième : en effet, la partie négligée à droite du multiplicande dans chaque multiplication partielle est moindre que 1 dix-millième; donc, dans le cas le plus défavorable, celui où le chiffre du multiplicateur serait un 9, le produit partiel correspondant serait fautif de moins de 9 dix-millièmes et par conséquent de moins de 1 millième. Donc la somme des produits partiels (supposés en nombre moindre que 10) ne sera pas fautive de 1 centième.

147. Nous disposerons les calculs comme ci-dessous :

Multiplicande..................	43,5636278563
Multiplicateur.................	569830 2054
Produit par 4.............	174 2544
Produit par 5.............	21 7815
Produit par 2.............	870
Produit par 3.............	12
	196,1241

J'ai d'abord multiplié le multiplicande par le premier chiffre 4 du multiplicateur, en commençant la multiplication sur le chiffre 6 du multiplicande, et disant : 4 fois 6, 24; j'écris 4 et je retiens 2 ; 4 fois 3, 12, et 2, 14 ; j'écris 4 et je retiens 1, etc. Passant au second chiffre 5 du multiplicateur, je dis : 5 fois 3, 15; j'écris 5, et je retiens 1 ; 5 fois 6, 30, et 1, 31 ; j'écris 1 et je retiens 3, etc. On obtient ainsi le produit 196,1241, qui n'est pas fautif de 1 centième; donc le *produit exact* est compris entre les deux nombres 196,1241 et 196,1341; donc on pourra prendre pour valeur approchée 196,13 qui diffère de chacun d'eux, et par suite du produit exact, de moins de 1 centième ; ce qui achève de démontrer la règle que nous avons donnée.

Cette méthode, remarquable par sa simplicité, a été donnée par *Oughtred* dans son ouvrage intitulé *Artis analyticæ praxis*.

MÉTHODE DE LA DIVISION ORDONNÉE.

148. L'illustre *Fourier* a donné, pour diviser un nombre par un autre, une méthode qui a l'avantage de ne faire concourir chaque chiffre du diviseur à la détermination du quotient, que quand il est devenu nécessaire d'appeler ce chiffre pour qu'il n'y ait point d'incertitude sur celui qu'on va écrire au quotient. Voici la règle qu'il faut suivre pour effectuer cette *division ordonnée :*

« On marquera*, dans le diviseur, quelques-uns des premiers chiffres seulement, par exemple les deux premiers ou les trois premiers ou les quatre premiers; nous appelons *diviseur désigné* celui qui est ainsi formé des chiffres qu'on a marqués. Cela étant, on divisera le dividende proposé par le diviseur désigné, en effectuant cette opération selon une règle qui ne diffère de la règle commune (**49**) qu'en un seul point. Voici en quoi cette différence consiste : toutes les fois qu'on abaisse un chiffre du

---

* *Analyse des Équations*, pages 188 et suivantes.

FRACTIONS DÉCIMALES.

dividende à la suite du reste donné par une opération précédente, et que l'on forme ainsi un dividende partiel, il faut corriger ce dernier dividende, en en retranchant une certaine quantité; on obtient ainsi un *dividende partiel corrigé*. Alors on cherche combien de fois ce dernier dividende contient le diviseur désigné, et l'on écrit au quotient le chiffre qui exprime ce nombre de fois. On multiplie donc le diviseur désigné par le chiffre écrit au quotient, et l'on retranche le produit du dividende partiel corrigé. On abaisse à la suite du reste un nouveau chiffre du dividende, et l'on continue l'opération suivant la même règle.

« Pour trouver la correction qui doit être faite à un *dividende partiel*, c'est-à-dire la quantité qu'on en doit retrancher, on écrit, sur une feuille séparée et dans l'ordre inverse, les m chiffres trouvés au quotient, on les présente aux m chiffres pris à la suite du diviseur désigné, en sorte qu'ils se correspondent chacun à chacun, puis on multiplie chaque chiffre par celui qui est placé au-dessous de lui, et en ajoutant les m produits*, on connaît ce qui doit être retranché au dividende partiel, et on effectue la correction.

« Toutes les fois qu'en suivant cette règle on doit abaisser un chiffre du dividende à la suite d'un reste donné par l'opération précédente, on examine si ce reste surpasse ou du moins égale la somme des chiffres écrits au quotient, et que l'on ajoute en-

---

* Il est facile de compter la somme des produits des chiffres correspondants, sans qu'il soit nécessaire d'écrire ces produits partiels ; car il suffit d'ajouter ensemble les seuls chiffres des unités de ces produits, en comptant de la droite vers la gauche : on ajoutera ensuite, en venant vers la droite, les seuls chiffres de ces produits qui expriment les dizaines. Ainsi, dans cet exemple 8765×3473,

$$8\ 7\ 6\ 5$$
$$3\ 4\ 7\ 3,$$

on dira : 3 fois 5, 5 ; 7 fois 6, 2 ; et 5, 7 ; 4 fois 7, 8 ; et 7, 15 ; 3 fois 8, 24 ; et 15, 39 ; j'écris 9, et je retiens 3 ; puis 4 fois 7, 2 ; et 3, 5 ; 7 fois 6, 4 ; et 5, 9 ; 3 fois 5, 1 ; et 9, 10, que j'écris à la gauche de 9. Le résultat est donc 109.

semble comme s'ils représentaient des unités. Lorsque cette condition a lieu, on est assuré que le chiffre qui a été écrit précédemment au quotient est exact.

« Si l'on n'a marqué, pour former le diviseur désigné, qu'un chiffre ou deux, ou en général un trop petit nombre de chiffres, il arrivera que la condition ci-dessus n'aura pas lieu ; c'est-à-dire que le reste d'une opération précédente sera moindre que la somme des chiffres déjà écrits au quotient : alors le dernier de ces chiffres est encore incertain, et l'on est averti qu'on n'a pas marqué un assez grand nombre de chiffres pour former le diviseur désigné. Dans ce cas on continuera d'abord d'appliquer la règle précédente, en abaissant un chiffre du dividende et en effectuant la correction prescrite. Si elle ne pouvait être faite, on en conclurait que le chiffre écrit au quotient est trop fort : il faudrait donc le diminuer d'une unité. » Mais si la correction peut être faite, le chiffre écrit au quotient peut encore être trop grand ; alors « on abaissera un nouveau chiffre du dividende à la droite du dividende partiel qui a donné ce chiffre incertain, ce qui donnera un nouveau dividende partiel. En même temps on marquera un chiffre de plus à la suite du diviseur désigné, ce qui donnera un nouveau diviseur désigné. On procédera, selon la règle énoncée, à la correction du nouveau dividende partiel ; c'est-à-dire que l'on comparera les n chiffres déjà écrits au quotient à un pareil nombre n de chiffres pris à la suite du nouveau diviseur désigné. Ayant formé par cette correction le nouveau dividende partiel corrigé, on continuera l'application de la présente règle en faisant usage du nouveau diviseur désigné. »

FRACTIONS DÉCIMALES.   99

PREMIER EXEMPLE :

Premier dividende partiel, 1234 ; diviseur désigné, 234.

$$\overline{123456789873647} \quad | \quad \overline{2345678987}$$
$$\; 52631589$$

1ᵉʳ reste...	64	645 (64 > 5 ; le chiffre 5 est bon).
		$\overline{25} = 5.5$
2ᵉ divid. part. cor.		620
2ᵉ reste....	152	1526 (152 > 5 + 2 = 7 ; le chiffre 2 est bon).
		$\overline{40} = 6.5 + 5.2$
3ᵉ divid. part. cor.		1486
3ᵉ reste....	82	827 (82 > 7 + 6 = 13 ; le chiffre 6 est bon).
		$\overline{77} = 7.5 + 6.2 + 5.6$
4ᵉ divid. part. cor.		750
4ᵉ reste....	48	488 (48 > 13 + 3 = 16 ; le chiffre 3 est bon).
		$\overline{105} = 8.5 + 7.2 + 6.6 + 5.3$
5ᵉ divid. part. cor.		383
5ᵉ reste....	149	1499 (149 > 16 + 1 = 17 ; le chiffre 1 est bon).
		$\overline{126} = 9.5 + 8.2 + 7.6 + 6.3 + 5.1$
6ᵉ divid. part. cor.		1373
6ᵉ reste....	203	2038 (203 > 17 + 5 = 22 ; le chiffre 5 est bon).
		$\overline{158} = 8.5 + 9.2 + 8.6 + 7.3 + 6.1 + 5.5$
7ᵉ divid. part. cor.		1880
7ᵉ reste....	8	87 (8 < 22 + 8 = 30 ; le chiffre 8 est incertain).
		$\overline{206} = 5.8 + 6.5 + 7.1 + 8.3 + 9.6 + 8.2 + 7.5$
		(la correction ne peut s'effectuer, le chiffre 8 est trop fort, et on a écrit 7 au lieu de 8 au quotient).
8ᵉ reste....	242	2427 (242 > 22 + 7 = 29 ; le chiffre 7 est bon).
		$\overline{201} = 7.5 + 8.2 + 9.6 + 8.3 + 7.8 + 6.5 + 5.7$
8ᵉ divid. part. cor.		2226
9ᵉ reste...	120	120 (120 > 29 + 9 = 38 ; le chiffre 9 est bon).

149. Démontrons maintenant la règle dont nous venons de donner un exemple.

D'abord il est clair que, de même qu'on est sûr de ne pas

trouver un chiffre trop faible, en divisant par le premier chiffre à gauche du diviseur le nombre d'unités de même ordre que renferme le dividende partiel, on aura la même certitude, en divisant par le diviseur désigné la partie qui lui correspond dans le premier dividende partiel. Ainsi le chiffre 5 n'est pas trop petit. Le reste correspondant est 64, et à sa droite j'abaisse le chiffre 5 qui vient immédiatement après le 1er dividende partiel, ce qui donne 645. Mais ce nombre est plus grand que le 2e dividende partiel qui doit correspondre au diviseur désigné ; car au lieu de retrancher du véritable premier dividende partiel 12345678987 le nombre total des unités du 7e ordre que renferme le produit du diviseur tout entier par 5, je n'ai soustrait que $234.5 = 1170$ unités du 8e ordre ; donc il faut encore ôter du reste toutes celles du 7e ordre contenues dans 5678987.5 : or ce produit en fournit *au moins* 5.5 ; donc je diminuerai 645 de $25 = 5.5$, et j'aurai, conformément à la règle, pour 2e dividende partiel corrigé, 620* qui, divisé par 234, donne le quotient 2, lequel ne saurait être trop petit, et le reste 152. J'abaisse à la droite de ce reste le chiffre suivant 6 du dividende, ce qui donne 1526. Ce nombre est plus grand que le 3e dividende partiel correspondant au diviseur désigné, car pour obtenir celui-ci j'aurais dû retrancher du véritable 2e dividende partiel 123456789873 le nombre total des unités du 7e ordre que renferme le produit de tout le diviseur par 52, lequel est, d'après la méthode d'*Oughtred* (145), abstraction faite des unités du 7e ordre qui auraient reflué des produits d'ordre inférieur, $23456.5 + 2345.2 = 24450.5 + 6.5 + 2340.2 + 5.2$; tandis que je me suis contenté de retrancher de 12345678987, 1° le nombre des unités du 8e ordre obtenu en multipliant 2345 par 5 ; 2° le produit 234.2, ce qui revient à avoir soustrait $23450.5 + 2340.2$ unités du 7e ordre de 123456789873 ; donc je dois encore diminuer le reste 1526 de $6.5 + 5.2$, ce qui me donnera, conformément à la règle, 1486** pour 3e dividende partiel corrigé. En

---

* Remarquons que 620 est l'excès de 12345 sur 2345.5.

** Remarquons que 1486 est l'excès de 123456 sur $23456.5 + 2345.2$.

le divisant par 234, je trouve pour quotient 6, qui ne peut être trop petit, et pour reste 82, à la droite duquel j'abaisse le chiffre suivant 7 du dividende, ce qui fait 827. En répétant sur ce nombre les raisonnements qui précèdent, on verra qu'il faut le diminuer de l'excès de $234567.5 + 23456.2 + 2345.6$
$= 234560.5 + 7.5 + 23450.2 + 6.2 + 2340.6 + 5.6$ sur $234560.5 + 23450.2 + 2340.6$, c'est-à-dire de $7.5 + 6.2 + 5.6$, ce qui s'accorde avec la règle.

Maintenant, comment vérifier que les chiffres successifs 5, 2, 6, 3,... obtenus au quotient, ne sont pas trop grands? Supposons, pour fixer les idées, que l'on veuille vérifier le chiffre 3, et que l'on ait formé le dividende partiel corrigé 383, qui doit donner le chiffre suivant du quotient. J'observe que, dans le calcul des quantités que j'ai soustraites du véritable dividende partiel 12345678987364 correspondant au chiffre 3, je n'ai pas tenu compte des *reports* faits sur les produits d'un ordre inférieur au 7e; car, en effectuant le produit du diviseur par le quotient trouvé 5263, de manière à ne calculer que les produits du 7e ordre, nous avons disposé nos facteurs comme on le voit ci-dessous :

$$2345678987$$
$$3625$$

et nous n'avons commencé la multiplication du multiplicande par chaque chiffre du multiplicateur qu'au chiffre du multiplicande qui lui correspond; on a donc négligé ainsi

987.5 unités du 4e ordre; *

8987.2 .... 3e;

78987.6 .... 2e;

678987.4 .... 1er.

Or il est clair que la somme de tous ces produits est moindre que 10 unités du 6e ordre multipliées par $(5 + 2 + 6 + 3)$,

---

* Le chiffre 5 est le 4e à gauche dans le quotient trouvé.

c'est-à-dire que $(5+2+6+3)$ unités du 7e; donc, si cette dernière somme peut se retrancher du dividende partiel corrigé 383, le chiffre 3 ne sera pas trop grand, puisque le produit du diviseur par le quotient trouvé pourra, à plus forte raison, se retrancher du véritable dividende partiel 12345678987364; donc *le chiffre* 3 *ne sera pas trop grand* si $(5+2+6+3) + (8.5 + 7.2 + 6.6 + 5.3)$, quantité évidemment moindre que $10.(5+2+6+3)$, ne surpasse pas 488 ; ce qui aura nécessairement lieu si la somme $(5+2+6+3)$ des chiffres trouvés au quotient *peut se retrancher du reste* 48 *correspondant au dernier de ces chiffres*. Mais si ce reste est moindre que cette somme, le chiffre 3 pourra être trop grand. On abaissera donc à la droite de ce reste le chiffre suivant du dividende, et on effectuera la correction prescrite. Si elle ne peut se faire, on en conclura que le chiffre est trop grand, et on le diminuera d'une unité. Mais *si la correction est possible, le chiffre pourra encore être trop grand*, car on conçoit que la somme des *reports* pourrait très-bien ne pas pouvoir se retrancher de 383. *On abaissera alors un nouveau chiffre du dividende à la droite du dividende partiel corrigé qui a donné ce chiffre incertain, et on marquera en même temps un chiffre de plus à la droite du diviseur désigné, pour continuer l'application de la méthode.* Si la même incertitude se présentait encore, on abaisserait un nouveau chiffre à la droite du dernier dividende partiel corrigé, et on marquerait un chiffre de plus à la droite du diviseur désigné.

FRACTIONS DÉCIMALES.

DEUXIÈME EXEMPLE :

Premier dividende partiel, 22 ; diviseur désigné, 9.

. . . . .	
2276792028210014	$\overline{\overline{9346572}}$
47	
6 = 3.2	243696
—	5

2ᵉ divid. part. cor.   41

56 (5 < 2 + 4 = 6 ; le chiffre 4 est incertain).
20 = 4.2 + 3.4 (la correction est possible ; 4 est encore incertain. On revient au dividende partiel 41, à la droite duquel on
416
8 = 4.2   abaisse le chiffre suivant 6 du divi-
2ᵉ divid. part. cor.... $\overline{408}$ dende, et on prend 93 pour *nouveau diviseur désigné*).
367 (36 > 2 + 4 = 6 ; le chiffre 4 est bon).
28 = 6.2 + 4.4

3ᵉ divid. part. cor..... $\overline{339}$
609 (60 > 6 + 3 = 9 ; le chiffre 3 est bon).
46 = 5.2 + 6.4 + 4.3

4ᵉ divid. part. cor..... $\overline{563}$
52 (5 < 9 + 6 = 15 ; le chiffre 6 est incertain).
76 = 7.2 + 5.4 + 6.3 + 4.6 (la correction ne peut s'effectuer, le chiffre 6 est trop grand, et on a écrit 5 au lieu de 6 au quotient).
982 (98 > 9 + 5 = 14 ; le chiffre 5 est bon).
72 = 7.2 + 5.4 + 6.3 + 4.5

5ᵉ divid. part. cor..... $\overline{910}$
730 (73 > 14 + 9 = 23 ; le chiffre 9 est bon).
113 = 2.2 + 7.4 + 5.3 + 6.5 + 4.9.

6ᵉ divid. part. cor....... $\overline{617}$

Enfin veut-on le reste de la division correspondante au chiffre 9 du quotient : on observera que la partie du dividende qui a donné les 5 chiffres du quotient est 227679202821, qu'on en a retranché toutes les unités du 5ᵉ ordre que renferme le produit du diviseur par le quotient, abstraction faite des reports provenant des produits d'un ordre inférieur au 5ᵉ, ce qui a donné pour reste 617 unités du 5ᵉ ordre, *plus* 2821 du 1ᵉʳ, c'est-à-dire 6172821. Il ne s'agit donc plus que de soustraire de ce nombre la somme des quantités négligées dans le produit du diviseur par le quotient, laquelle est 117348.

	9346572
	95342
Produit de 6572 par 9..........	59148
572 par 5..........	2860
72 par 3..........	216
2 par 4..........	8
	117348

la différence $6172821 - 117348 = 6055473$ est le reste de la division.

150. « Le procédé de la division ordonnée, tel qu'il est décrit au n° **148**, fait connaître avec certitude les chiffres exacts du quotient, et l'on n'a employé de nouveaux chiffres que lorsqu'il est nécessaire de les introduire pour trouver de nouvelles parties du quotient. Cette règle a l'avantage de prévenir tous les calculs superflus, et surtout de pouvoir être prolongée autant qu'il est nécessaire jusqu'à ce que l'on ait trouvé le nombre des chiffres exacts que l'on veut obtenir. On doit en faire usage toutes les fois que, le diviseur contenant un grand nombre de chiffres, il s'agit de déterminer seulement quelques-uns des premiers chiffres du quotient[*]. »

151. La méthode que nous venons d'exposer peut servir évidemment à trouver le quotient de deux nombres entiers à moins d'une unité décimale d'un ordre donné. Rien n'est, en effet, plus facile que de déterminer à priori le nombre des chiffres entiers du quotient ; après les avoir trouvés, on placera la virgule, et l'on cherchera les chiffres de la partie décimale, en s'arrêtant quand on se sera assuré de l'exactitude du chiffre de l'ordre de l'unité d'approximation donnée.

Cette méthode s'applique également à la détermination du quotient de deux nombres décimaux quelconques. Ainsi,

---

[*] *Analyse des Équations*, page 190.

si l'on demandait à moins d'un millième le quotient de 22767,92028210014 par 934,6572, on dirait : le dividende est plus grand que 10 fois le diviseur, et plus petit que 100 fois le diviseur; donc la partie entière du quotient a 2 chiffres. Or, nous devrons nous arrêter au 3ᵉ chiffre décimal qui est de l'ordre des millièmes; nous nous bornerons donc à calculer 5 chiffres exacts du quotient des deux nombres donnés, abstraction faite des virgules. Le quotient 24,359 sera exact à moins d'un millième.

152. Nous reviendrons à la fin de cet ouvrage sur les questions d'approximation et sur l'évaluation des erreurs relatives correspondantes des données et du résultat.

CHAPITRE VI.

CONVERSION DES FRACTIONS ORDINAIRES

EN FRACTIONS DÉCIMALES.

153. Il y a deux cas à considérer dans la conversion des fractions ordinaires en fractions décimales : ou *le dénominateur est exprimé par l'unité suivie d'un ou de plusieurs zéros*, ou *le dénominateur est un nombre quelconque*.

1° Supposons que le dénominateur soit formé de l'unité suivie d'un ou de plusieurs zéros. J'observe que, toute fraction pouvant être considérée comme exprimant la division de son numérateur par son dénominateur (**94**), nous obtiendrons la valeur décimale de cette fraction en divisant son numérateur par son dénominateur, ce qui se fera *en écrivant le numérateur, et en séparant sur sa droite, par une virgule, autant de décimales qu'il y avait de zéros dans le dénominateur* (**134**). On parviendrait au même résultat en écrivant la fraction proposée d'après la règle du n° **132**.

154. 2° Considérons le cas où le dénominateur est un nombre quelconque.

Convertir une fraction ordinaire en décimales, c'est la transformer en une autre qui ait pour dénominateur l'unité suivie d'un certain nombre de zéros (**129**) : ainsi la question actuelle n'est qu'un cas particulier de celle qui est résolue au n° **100**. Si le dénominateur était connu, il n'y aurait qu'à multiplier la fraction proposée par ce dénominateur, ce qui reviendrait à écrire à sa droite autant de zéros qu'il en contient, extraire les unités du produit, et diviser le nombre ainsi trouvé par ce dénominateur; mais comme on ne le connaît pas, *on concevra que*

CONVERSION DES FRACTIONS ORDINAIRES, ETC. 167

le numérateur soit suivi d'un nombre indéfini de zéros, on effectuera la division de ce numérateur ainsi préparé par le dénominateur de la fraction proposée, et l'on séparera sur la droite du quotient autant de décimales que l'on aura employé de zéros. Si par exemple on avait écrit cinq zéros à la droite du numérateur, on aurait multiplié la fraction proposée par 100000 : donc le quotient trouvé vaudrait 100000 fois cette fraction; donc, en le divisant par 100000, on aurait la valeur de cette fraction.

Exemple. Convertir $\frac{5}{8}$ en décimales. On effectuera le calcul indiqué ci-dessous :

$$\begin{array}{r|l} 500000 & 8 \\ 20 & \overline{625} \\ 40 & \\ 0 & \end{array}$$

Comme il a fallu employer trois zéros pour arriver à un reste nul, on devra séparer trois décimales sur la droite du quotient, ce qui donnera $\frac{5}{8} = 0{,}625$.

On peut dire encore : L'expression décimale de la fraction $\frac{5}{8}$ serait connue si l'on savait combien elle renferme *de dixièmes, de centièmes, de millièmes,* etc. Or, *une* unité valant 10 *dixièmes,* les $\frac{5}{8}$ d'une unité vaudront les $\frac{5}{8}$ de 10 *dixièmes*, c'est-à-dire les $\frac{50}{8}$ d'un dixième (25); or la division de 50 par 8 donne 6 pour quotient et 2 pour reste : donc les $\frac{5}{8}$ *d'une unité valent* 6 *dixièmes, plus les* $\frac{2}{8}$ *d'un dixième*. Mais un *dixième* vaut 10 *centièmes :* donc les $\frac{2}{8}$ d'un dixième vaudront les $\frac{2}{8}$ de 10 centièmes, c'est-à-dire les $\frac{20}{8}$ d'un centième. En effectuant la division de 20 par 8, on trouve 2 pour quotient et 4 pour reste, et on en conclut que les $\frac{2}{8}$ d'un dixième valent 2 centièmes, plus les $\frac{4}{8}$ d'un centième, et ainsi de suite, ce qui conduit à la règle précédente.

Proposons-nous encore de convertir $\frac{5}{11}$ en décimales :

$$\begin{array}{r|l} 500000 & 11 \\ 60 & \overline{45} \\ 50 & \end{array}$$

On voit que le reste de la seconde division partielle est le numérateur même de la fraction proposée ; et, comme on devra écrire à sa droite un zéro, le troisième dividende partiel sera le même que le premier : nous retrouverons donc pour troisième quotient et pour troisième reste le premier quotient et le premier reste, ce qui entraînera le retour du second dividende partiel, et par conséquent du second quotient et du second reste, et ainsi de suite indéfiniment. On voit donc que les chiffres 4 et 5 reviendront périodiquement et à l'infini, dans l'expression de la fraction décimale équivalente à la fraction $\frac{5}{11}$; et, comme le premier chiffre de cette expression est de l'ordre des dixièmes, on aura $\frac{5}{11} = 0,45454545\ldots$ Donc la fraction $\frac{5}{11}$ n'est pas exactement réductible en décimales.

155. *Les fractions décimales telles que* $0,45454545\ldots$, *dans lesquelles les mêmes chiffres reviennent périodiquement et à l'infini, se nomment* FRACTIONS DÉCIMALES PÉRIODIQUES. Dans l'exemple précédent, la *période* est 45.

Il arrive souvent que la période ne commence qu'après quelques chiffres irréguliers. Pour distinguer ces fractions de celles dont nous venons de parler, nous les appellerons fractions périodiques *mixtes*, par opposition aux autres, que nous nommerons fractions périodiques *pures* ou *simples*.

$0,3454545\ldots$ est une fraction périodique mixte dans laquelle la période est encore 45, et dont la partie irrégulière est 3.

* **156.** Nous venons de voir que certaines fractions ordinaires pouvaient être converties exactement en fractions décimales, tandis qu'il y en a d'autres qui ne sont pas susceptibles d'une pareille réduction. Nous allons examiner à quoi tient cette différence, et pour cela nous chercherons *quelles sont les conditions* NÉCESSAIRES *et* SUFFISANTES *pour qu'une fraction ordinaire soit exactement réductible en décimales.*

Nous avons vu (**154**) que, pour convertir une fraction ordinaire en décimales, il fallait écrire un certain nombre de zéros à la droite de son numérateur, et diviser ensuite le numérateur ainsi préparé par le dénominateur : donc, pour qu'une fraction soit exactement réductible en décimales, il faut et il suffit que le produit de son numérateur par l'unité suivie d'un certain nombre de zéros soit exactement divisible par le dénominateur. Mais nous savons (**87**) que, pour qu'un nombre soit divisible par un autre, il est nécessaire qu'il renferme tous les facteurs premiers de cet autre : or, en multipliant le numérateur par l'unité suivie de plusieurs zéros, nous n'avons introduit dans ce numérateur que les facteurs premiers 2 et 5 (**85**), car l'unité suivie de plusieurs zéros étant une puissance parfaite de 10 (**42**), n'a pas d'autres facteurs premiers que 2 et 5 : donc, pour que la division puisse réussir, *il faut* que le numérateur primitif renferme tous les facteurs premiers du dénominateur autres que 2 et 5. Je dis maintenant que cette condition est *suffisante* : car puisqu'en écrivant un zéro à la droite du numérateur on le multiplie par 10, pour chaque zéro qu'on écrira à sa droite on introduira dans ce numérateur un facteur 2 et un facteur 5 : donc on pourra y introduire tous les facteurs 2 et 5 du dénominateur, de sorte qu'alors le nouveau numérateur contiendra tous les facteurs premiers du dénominateur, et sera par conséquent divisible par ce dénominateur.

* **157**. Concluons donc : 1° Que *pour qu'une fraction soit réductible en décimales, il* FAUT *et il* SUFFIT *que son numérateur contienne tous les facteurs premiers autres que* 2 *et* 5 *qui se trouvent dans son dénominateur : d'où il suit que, si la fraction proposée est réduite à sa plus simple expression, on ne pourra la convertir exactement en décimales qu'autant que son dénominateur ne contiendra pas d'autres facteurs premiers que* 2 *et* 5, *puisque ces autres facteurs ne pourraient se trouver dans le numérateur. Alors l'expression décimale de la fraction proposée contiendra autant de chiffres décimaux qu'il y a d'unités dans le plus haut exposant des facteurs* 2 *et* 5 *du dénominateur.*

En effet, si l'on écrit à la droite du numérateur autant de zéros qu'il y a d'unités dans le plus haut exposant des facteurs 2 et 5 du dénominateur, on aura introduit dans ce numérateur tous les facteurs premiers 2 et 5 qui se trouvent au dénominateur : par conséquent, la division sera devenue possible; mais, comme on aura multiplié la fraction proposée par l'unité suivie d'un certain nombre de zéros, il faudra diviser le quotient trouvé par ce multiplicateur, ce qui se fera en séparant sur sa droite autant de décimales que l'on a écrit de zéros à la droite du numérateur, c'est-à-dire autant qu'il y a d'unités dans le plus haut exposant des facteurs 2 et 5 du dénominateur.

Exemple. La fraction $\frac{3}{40} = 0{,}075$, et, en effet, son dénominateur $40 = 2^3.5$: donc son expression en décimales devait contenir *trois* chiffres.

2° Que *si le numérateur ne contient pas tous les facteurs premiers du dénominateur autres que 2 et 5, la fraction ne pourra pas être convertie exactement en décimales.* Or je dis que, dans ce cas, *la fraction décimale à laquelle conduira le calcul sera nécessairement périodique.*

En effet, puisque le reste d'une division est nécessairement moindre que le diviseur, il est évident que la division du numérateur suivi d'un nombre indéfini de zéros par le dénominateur ne pourra pas donner plus de restes partiels différents qu'il y a d'unités moins une dans ce dénominateur. Par conséquent, après un nombre de divisions au plus égal au dénominateur diminué d'une unité, on retombera sur un des restes obtenus précédemment; et, comme on devra écrire un zéro à sa droite, on retrouvera l'un des dividendes partiels précédents, ce qui entraînera le retour périodique des mêmes quotients et des mêmes restes. La fraction décimale sera donc périodique, et *la période ne contiendra pas plus de chiffres qu'il y a d'unités moins une dans son dénominateur.*

CHAPITRE VII.

CONVERSION DES FRACTIONS DÉCIMALES

EN FRACTIONS ORDINAIRES.

---

158. *Pour convertir une fraction décimale en fraction ordinaire, on prend pour numérateur la partie décimale, abstraction faite de la virgule, et pour dénominateur l'unité suivie d'autant de zéros qu'il y a de chiffres décimaux.*

En effet, en faisant abstraction de la virgule dans la fraction décimale proposée, on multiplie cette fraction par l'unité suivie d'autant de zéros qu'il y a de chiffres décimaux dans cette fraction : d'où il suit que, pour obtenir la valeur de cette fraction, il faut diviser le résultat par l'unité suivie de ce même nombre de zéros.

On verra ainsi que $0,2304 = \frac{2304}{10000} = \frac{144}{625}$ *.

159. On sent que cette méthode serait impraticable si la fraction proposée était périodique, puisque alors les deux termes de la fraction ordinaire équivalente devraient être composés

---

* L'application de cette règle conduit à une nouvelle démonstration de celles données aux n°s **137**, **139** et **140**. Veut-on, par exemple, diviser 215,889 par 4,7 : on observera que cela revient à diviser $\frac{215889}{1000}$ par $\frac{47}{10}$, ce qui donne $\frac{215889 \cdot 10}{1000 \cdot 47}$ (**124**), ou, en simplifiant, $\frac{215889}{100 \cdot 47}$. Mais, pour effectuer la division de 215889 par 100.47, on peut d'abord diviser le dividende par 100, puis le quotient de cette division par 47 (**52**) : donc on devra en définitive diviser 2158,89 par 47, c'est-à-dire appliquer la règle du n° **140**.

chacun d'un nombre indéfini de chiffres : il faut donc employer un autre procédé pour convertir une fraction périodique en fraction ordinaire.

Supposons d'abord que la fraction soit périodique pure, et prenons pour exemple 0,27272727.... Si nous portons la virgule à droite de la première période, le nombre 27,272727..., que nous obtiendrons ainsi, sera composé de deux parties : l'une entière, qui est la période 27; l'autre décimale, qui est la fraction proposée elle-même*. Donc, si de ce résultat on retranche la fraction proposée, il restera la période. Mais, en portant la virgule à la droite de la première période, nous avons

---

* Si cette démonstration ne paraissait pas suffisamment rigoureuse, on pourrait dire : Supposons que la fraction proposée renferme n périodes; si nous portons la virgule à la droite de la première de ces périodes, le nombre 27,272727..., que nous obtiendrons, sera composé de deux parties : l'une entière, qui est la période 27, et l'autre décimale, qui est la fraction proposée elle-même, *moins* la valeur de sa dernière période, c'est-à-dire $-\frac{27}{100^n}$; donc, si de ce résultat on retranche la fraction proposée, il restera la période $27 - \frac{27}{100^n}$. Mais, en portant la virgule à la droite de la première période, nous avons rendu la fraction proposée cent fois plus grande : ainsi, de cent fois la fraction proposée nous avons retranché une fois cette fraction ; donc le reste que nous avons trouvé, c'est-à-dire $27 - \frac{27}{100^n}$, vaut 99 fois la fraction proposée; donc, en divisant ce reste par 99, nous obtiendrons la fraction ordinaire équivalente à la fraction décimale 0,272727.... Donc

$$0{,}272727\ldots = \frac{27}{99} - \frac{27}{100^n \cdot 99} \ (123).$$

Or la quantité 100^n sera d'autant plus grande (**531**) que n sera plus grand, et on peut même assigner à n une valeur assez grande pour que la quantité $\frac{27}{100^n \cdot 99}$ et par conséquent pour que la différence entre 0,272727... et $\frac{27}{99}$ soit moindre que toute grandeur assignable; donc $\frac{27}{99}$ est une *limite* dont la fraction 0,272727... approche d'autant plus qu'on la compose d'un plus grand nombre de périodes, mais qu'elle ne peut atteindre qu'autant que le nombre de ces périodes est infini ; c'est alors seulement qu'on a

$$0{,}272727\ldots = \frac{27}{99}.$$

Donc, *pour convertir une fraction décimale périodique pure*, etc.

rendu la fraction proposée cent fois plus grande : ainsi, de cent fois la fraction proposée nous avons retranché une fois cette fraction; donc le reste que nous avons trouvé, c'est-à-dire la période, vaut 99 fois la fraction proposée; donc, en divisant cette période par 99, nous obtiendrons la fraction ordinaire équivalente à la fraction décimale 0,27272727.... Donc

$$0{,}272727\ldots = \tfrac{27}{99} = \tfrac{3}{11}.$$

Donc, *pour convertir une fraction décimale périodique pure en fraction ordinaire, il faut prendre pour numérateur la période, et pour dénominateur un nombre formé d'autant de 9 qu'il y a de chiffres dans la période.*

En appliquant cette règle à l'expression 3,054054054..., on trouvera qu'elle est égale à $3\tfrac{54}{999} = 3\tfrac{6}{111} = 3\tfrac{2}{37} = \tfrac{113}{37}$ (**119**).

160. Supposons maintenant qu'il s'agisse d'une fraction périodique mixte, et soit pour exemple la fraction 0,345454545....

Si nous portons la virgule successivement à droite et à gauche de la première période, les nombres 345,454545... et 3,454545..., que nous trouverons, seront composés de deux parties entières différentes, mais d'une *même* partie décimale, qui sera une fraction périodique pure, ayant même période que la proposée. La différence de ces deux résultats sera donc la différence (345 — 3) de leurs parties entières. Or, en portant la virgule à droite de la première période, nous avons rendu la fraction proposée mille fois plus grande, et en la portant à gauche, nous l'avons rendue dix fois plus grande : ainsi, de mille fois la fraction proposée nous avons retranché dix fois cette fraction, et par conséquent le reste (345 — 3) vaut 990 fois cette fraction; donc on aura la valeur de la fraction proposée en divisant ce reste par 990, ce qui donne $\tfrac{345-3}{990} = \tfrac{342}{990} = \tfrac{19}{55}$ *.

---

* En répétant, sur la fraction 0,3454545..., les raisonnements que nous avons faits dans la note du numéro précédent, on donnera à cette démonstration toute la rigueur qu'on pourra désirer.

Donc, *pour convertir une fraction périodique mixte en fraction ordinaire, il faut prendre pour numérateur la différence des deux nombres entiers que l'on obtient en portant la virgule successivement à la droite et à la gauche de la première période, et pour dénominateur un nombre composé d'autant de 9 qu'il y a de chiffres dans la période, suivis d'autant de zéros qu'il y a de chiffres irréguliers.*

Exemple. Réduire la fraction 0,09702702702............
en fraction ordinaire. En portant la virgule successivement à droite et à gauche de la première période, on trouve les nombres entiers 9702 et 9 : donc la fraction proposée est égale à $\frac{9702-9}{99900} = \frac{9693}{99900} = \frac{359}{3700}$.

161. Il suit de cette règle que *le numérateur d'une fraction ordinaire équivalente à une fraction périodique mixte ne peut pas être terminé par un zéro :* car, pour que cela fût, il faudrait que le dernier chiffre de la période fût le même que le dernier des chiffres irréguliers ; mais alors ce dernier chiffre serait le premier de la période, de sorte que l'on n'aurait pas fait commencer cette période là où elle commence réellement.

***162.** Il suit du n° **157** que, lorsque le dénominateur d'une fraction irréductible renferme d'autres facteurs premiers que 2 et 5, cette fraction ne peut pas être convertie exactement en décimales, et nous avons vu qu'alors elle donnait lieu à une fraction périodique : or on peut se demander si cette fraction sera pure ou mixte.

Toute fraction irréductible dont le dénominateur ne renferme aucun des facteurs premiers 2 et 5 est équivalente à une fraction périodique pure.

En effet, si la fraction décimale équivalente à la fraction proposée n'est pas une fraction périodique pure, elle sera une fraction périodique mixte, et, en convertissant celle-ci en fraction ordinaire, le résultat devra être équivalent à la fraction génératrice : il faudra donc qu'en réduisant cette fraction résultante à sa plus simple expression, tous les facteurs 2 et 5 qui se trouvent dans son dénominateur (160) disparaissent, et pour cela il faut qu'il y ait autant de zéros à la droite du numérateur qu'à celle du dénominateur. Or on a vu (161) que le numérateur d'une fraction ordinaire équivalente à une fraction périodique mixte ne peut pas être terminé, même par un seul zéro : donc il n'est pas possible qu'en réduisant en décimales une fraction irréductible dont le dénominateur ne renferme aucun des facteurs 2 et 5, on puisse trouver une fraction périodique mixte ; donc on trouvera une fraction périodique pure.

* **163.** *Si le dénominateur d'une fraction irréductible renferme quelques-uns des facteurs premiers 2 et 5, la fraction décimale équivalente sera une fraction périodique mixte, dans laquelle il y aura autant de chiffres irréguliers qu'il y a d'unités dans le plus haut exposant des facteurs 2 et 5 qui se trouvent dans son dénominateur.*

En effet, si la fraction décimale équivalente à la fraction proposée n'est pas une fraction périodique mixte, elle sera une fraction périodique pure, et, en convertissant celle-ci en fraction ordinaire, le résultat devra être une fraction équivalente à la fraction génératrice. Or cela est impossible, puisque le dénominateur de cette fraction résultante, étant exprimé par un certain nombre de chiffres 9 (159), ne renfermera aucun des facteurs 2 et 5, et par conséquent en réduisant cette fraction à sa plus simple expression, on ne pourra pas retomber sur la fraction génératrice, dont le dénominateur est supposé contenir quelques-uns de ces facteurs. Donc *la fraction décimale équivalente à la proposée doit être périodique mixte.*

Cela posé, si on convertit cette fraction décimale en fraction ordinaire, on obtiendra une fraction dont le dénominateur sera terminé par autant de zéros qu'il y a de chiffres dans la partie non périodique (160). Or, en la réduisant à sa plus simple expression, il restera nécessairement dans le dénominateur tous les facteurs 2 ou tous les facteurs 5 qui s'y trouvent, puisque le numérateur n'est pas divisible à la fois par 2 et par 5 (161); mais on retombera ainsi sur la fraction génératrice : donc *le plus haut exposant des facteurs* 2 *et* 5 *contenus dans le dénominateur de cette fraction est précisément égal au nombre des chiffres irréguliers de la fraction périodique mixte équivalente.*

164. Si l'on applique la règle du n° **159** à la fraction 0,9999..., on trouvera qu'elle est équivalente à $\frac{9}{9} = 1$, résultat qui paraît absurde au premier abord. Mais si l'on considère que

la fraction	0,9	diffère de l'unité de	0,1
.....	0,99	....	0,01
.....	0,999	....	0,001
.....	0,9999	....	0,0001
	etc.,		

on concevra qu'en prenant dans l'expression de la fraction périodique 0,999... un nombre suffisant de chiffres, la fraction décimale que l'on obtiendra pourra différer de l'unité d'aussi peu que l'on voudra. L'unité est donc une *limite* dont la fraction décimale 0,999... différera d'autant moins qu'on la composera d'un plus grand nombre de chiffres, et qu'elle atteindra seulement quand le nombre de ses chiffres sera infini ; alors on aura rigoureusement 0,999... $= 1$.

165. *Pour approcher de la valeur d'un nombre décimal à moins d'une demi-unité d'un ordre décimal donné, il faut supprimer tous les chiffres qui suivent celui de l'ordre dont il s'agit, en ayant soin de forcer l'unité sur le dernier de ceux que l'on conserve, lorsque le premier des chiffres que l'on néglige surpasse* 5, *ou est un* 5 *suivi d'autres chiffres.*

Supposons, pour fixer les idées, que l'on demande la valeur d'un nombre décimal à moins d'*un demi-centième*, et considérons l'expression 0,235. Cette fraction diffère évidemment d'un demi-centième de chacun des deux nombres 0,23 et 0,24, donc, en prenant chacun d'eux pour valeur de la fraction 0,235, on commettra sur cette fraction une erreur d'un demi-centième.

Si maintenant on considère un nombre décimal dont le troisième chiffre soit moindre que 5, par exemple 0,234678, ce nombre sera évidemment compris entre 0,23 et 0,235; et comme ces deux-là diffèrent d'un demi-centième, on en conclut qu'en prenant 0,23 pour valeur de la fraction 0,234678, on n'aura pas commis sur cette fraction une erreur d'un demi-centième.

Supposons au contraire que le troisième chiffre du nombre proposé soit un 5 suivi d'autres chiffres, ou soit plus grand que 5 : considérons par exemple le nombre 0,23758423. Ce nombre sera évidemment compris entre 0,235 et 0,24; et, comme ces deux nombres diffèrent d'*un demi-centième*, on voit que 0,24 est sa valeur à moins d'un demi-centième.

CHAPITRE VIII.

MESURES ANCIENNES ET MODERNES.

§ I. SYSTÈME MÉTRIQUE.

166. MESURER *une quantité, c'est chercher son rapport à une autre quantité de même espèce qu'on est convenu de prendre pour unité, c'est-à-dire pour terme de comparaison de toutes les grandeurs de cette espèce.* Il doit donc y avoir dans les mesures une variété relative à celle des espèces de quantité et même de substances que l'on veut comparer. Mais nous ne nous occuperons ici que des *mesures de longueur, de surface, de volume, de capacité, de poids et de valeurs monétaires*, parce qu'elles sont les plus usuelles. Lorsqu'on aura choisi une unité pour chacune de ces espèces de grandeur, il faudra composer avec cette unité des mesures plus grandes, pour éviter l'emploi de nombres trop considérables dont on se forme difficilement une idée exacte, et subdiviser aussi cette unité, afin de pouvoir mesurer les quantités qui sont plus petites ; enfin, pour soulager la mémoire et réduire les calculs au plus grand degré de simplicité possible, on devra soumettre les mesures plus grandes et plus petites que l'unité principale à la même loi, et cette loi sera la loi décimale. C'est précisément là ce qu'ont fait les auteurs du *système métrique* adopté actuellement en France. Ils ont appelé

Mètre, l'unité de longueur ;
Are, l'unité de surface ;
Mètre cube ou *stère*, l'unité de volume ;
Litre, l'unité de capacité ;
Gramme, l'unité de poids ;
Franc, l'unité monétaire.

167. On a formé les mesures composées en prenant *dix*, *cent*, *mille*, *dix mille* fois l'unité fondamentale, et les mesures plus petites en divisant cette unité en *dix*, *cent*, *mille* parties égales. De plus, pour rappeler cette numération, on a fait précéder le nom de l'unité principale des mots :

MYRIA, KILO, HECTO, DÉCA, DÉCI, CENTI, MILLI,

tirés du grec et du latin, et qui correspondent respectivement à

Dix mille, mille, cent, dix, dixième, centième, millième.

Les composés du mètre seront ainsi :
Myriamètre, kilomètre, hectomètre, décamètre, décimètre, centimètre, millimètre, qui signifient respectivement :
Dix mille mètres, mille mètres, cent mètres, dix mètres, dixième de mètre, centième de mètre, millième de mètre.

Parmi les mesures qui dérivent de l'are, l'*hectare* et le *centiare* sont les seules usitées.

Le stère n'a pas d'autres composés que le *décastère* et le *décistère*.

Ceux du litre et du gramme sont :
Le *kilolitre*, l'*hectolitre*, le *décalitre*, le *décilitre*, le *centilitre*;
Le *kilogramme*, l'*hectogramme*, le *décagramme*, le *décigramme*, le *centigramme*, le *milligramme*.

Quant au franc, il n'a pas de composés multiples, et ses composés sous-multiples sont le *décime* et le *centime*.

168. Pour imprimer au système métrique une durée qui fût à l'abri de ces révolutions qui ont bouleversé le monde, on résolut de donner aux nouvelles mesures une base commune, et de prendre cette base dans la nature même. En conséquence, *Delambre* et *Méchain* ont mesuré l'arc du méridien compris entre Dunkerque et Barcelone, et ils ont conclu de leurs opérations la longueur du quart de ce méridien. Cette longueur a été divisée en dix millions de parties égales, et l'on a fait construire une règle de platine dont la longueur, à la température de la glace fondante, fût précisément égale à l'une de ces parties. Telle est la longueur qu'on a prise pour unité linéaire, et qu'ainsi on a appelée mètre. *Le* MÈTRE *est donc la dix-millionième partie du quart du méridien terrestre.*

Les mesures itinéraires s'évaluent en *myriamètres* et en *kilomètres,* et le *mètre* sert pour la comparaison des longueurs peu considérables. On ne doit donc pas employer alors les noms systématiques. Ainsi on dira : *Cette allée a trois cents mètres,* et non pas *trois hectomètres ;* mais on dira qu'*il y a huit cent vingt et un myriamètres environ de Paris à Pékin.*

Il résulte de la subdivision du mètre que *la circonférence du méridien terrestre vaut quarante millions de mètres,* par conséquent 40 000 kilomètres ou 4000 myriamètres.

*L'*ARE *est un carré dont le côté a un décamètre,* de sorte que *cette mesure vaut cent mètres carrés**, c'est-à-dire cent fois un carré dont le côté a un mètre. Ainsi le centiare n'est autre chose qu'un mètre carré.

On emploie l'*are* et l'*hectare* pour évaluer les surfaces des champs : on dit ainsi qu'une pièce de terre a 2 hectares 35 ares 24 centiares (2^{h}35^a,24). Mais pour les petites superficies, comme celles que l'on considère dans les toisés de la menuiserie par exemple, on fait usage du *mètre carré. Il se subdivise en* CENT *décimètres carrés ; le décimètre carré se subdivise de même en* CENT *centimètres carrés, et le centimètre carré en* CENT *millimètres carrés ;* de sorte que, *pour convertir un nombre quelconque de mètres carrés en décimètres carrés, ou en centimètres carrés, ou en millimètres carrés, il faut le multiplier par* 100, *ou par* 10 000, *ou par* 1 000 000. Enfin les grandes étendues superficielles, telles que la surface d'un État, se mesurent en *myriamètres carrés.*

Il faut avoir bien soin de ne pas confondre le dixième, le cen-

---

* Si l'on conçoit, en effet, un carré dont chaque côté ait dix mètres, et que par les points de division du côté vertical on mène des parallèles à la base, on l'aura partagé en dix bandes d'un mètre de haut sur dix mètres de base : donc, si par les points de division de la base on mène des parallèles à la hauteur, on partagera chaque bande en dix carrés d'un mètre de côté ; de sorte que le carré donné sera partagé en dix fois dix ou en cent de ces carrés.

tième et le millième d'un mètre carré avec le décimètre carré, le centimètre carré et le millimètre carré. On voit, en effet, qu'un mètre carré valant 100 décimètres carrés, *le dixième d'un mètre carré vaut dix décimètres carrés.*

Dans l'exploitation des carrières, dans le calcul des quantités de terre qu'il faut transporter d'un lieu dans un autre, et dans le mesurage des corps solides, on exprime les volumes en mètres cubes*. *Le* MÈTRE CUBE *se subdivise en* MILLE *décimètres cubes**; le décimètre cube en* MILLE *centimètres cubes, et le centimètre cube en* MILLE *millimètres cubes; de sorte que, pour convertir un nombre quelconque de mètres cubes en décimètres cubes, ou en centimètres cubes, ou en millimètres cubes, il faut le multiplier par* 1000, *ou par* 1 000 000, *ou par* 1 000 000 000.

L'unité de volume prend le nom de stère quand on l'emploie pour mesurer les bois de chauffage ou de charpente. Nous observerons que le stère, considéré comme mesure effective, n'a pas la forme d'un cube dont chaque côté aurait un mètre de longueur; il a celle d'un châssis composé d'une solive horizontale appelée *sole*, sur laquelle s'appuient deux montants verticaux écartés l'un de l'autre de 1 mètre, et dont la hauteur varie avec la longueur habituelle des bûches; cette hauteur est de $0^m,88$ à Paris, où les bûches ont $1^m,14$ de longueur; elle serait de 1^m, si les bûches étaient longues de 1 mètre.

Le LITRE *est une mesure de forme cylindrique dont la capacité*

---

* Un cube est l'espace compris sous six carrés égaux : ainsi un dé à jouer est un cube. Si chaque côté du cube a un mètre, un décimètre, etc., on dit que c'est un mètre cube, un décimètre cube, etc.

** Si l'on partage la longueur et la largeur de la base d'un mètre cube chacune en dix parties égales, qui auront par conséquent un décimètre d'étendue, et que par les points de division on mène des plans parallèles aux faces latérales opposées, on aura partagé le mètre cube en cent tranches d'un mètre de hauteur et d'un décimètre carré de base : donc, si l'on divise cette hauteur en dix parties égales, et que par les points de division on mène des plans parallèles à la base, chaque tranche sera partagée en dix décimètres cubes; de sorte que le mètre cube contiendra cent fois dix ou mille de ces cubes.

est un décimètre cube. La hauteur du cylindre est égale au diamètre de sa base ; mais pour les liquides, le double litre et les mesures plus petites sont des cylindres d'une hauteur double du diamètre. On voit ainsi que la capacité d'un bassin qui contiendrait 2340 litres est de *deux mètres cubes trente-quatre centièmes* ($2^{mcub},34$).

Les vins et les liqueurs se mesurent en *hectolitres* et en *litres*, suivant qu'on les vend en gros ou en détail. Dans les mêmes circonstances, on mesure les matières sèches, telles que les grains, en *hectolitres*, ou en *décalitres* et en *litres*. Enfin on emploie le *décilitre* et le *centilitre* dans le mesurage des graines propres à l'horticulture.

Le GRAMME *est le poids, dans le vide, d'un centimètre cube d'eau distillée, à la température de 4 degrés au-dessus du zéro du thermomètre centésimal* (ce thermomètre est celui où l'intervalle compris entre les points de la congélation et de l'ébullition de l'eau est divisé en 100 parties égales nommées *degrés*). On s'est servi d'*eau distillée*, afin qu'étant parfaitement pure, on pût, quand on le voudrait, répéter l'expérience avec de la même eau. On a choisi la température de 4 *degrés au-dessus de zéro*, car c'est celle où l'eau éprouve la plus grande condensation possible. On a pesé dans l'air, non pas un centimètre cube (son poids eût été trop faible), mais un décimètre cube d'eau ; puis on a *calculé* quel aurait été son poids si l'expérience avait été faite dans le *vide**, et l'on a fait construire un étalon en platine qui ne représente ce poids que dans le vide. Sa millième partie est donc le gramme, puisqu'un décimètre cube vaut 1000 centimètres cubes.

Les fortes pesées, telles que la charge d'un navire ou d'un bateau, s'évaluent en *tonneaux* et en *quintaux*. Le *tonneau vaut mille kilogrammes*, et le *quintal en vaut cent.* Pour les pesées peu considérables, on emploie le kilogramme, l'hecto-

---

* Ce calcul était nécessaire pour avoir le véritable poids du décimètre cube d'eau : car *un corps perd dans l'air une partie de son poids égale à celui du volume de ce fluide qu'il déplace.*

MESURES ANCIENNES ET MODERNES.

gramme et le décagramme; mais quand on a de très-petits poids à évaluer, on fait usage du gramme et de ses subdivisions.

Dans les poids et mesures de capacité, chaque mesure a son double et sa moitié. Ainsi la loi tolère, pour plus de commodité dans le commerce, le *double décalitre* et le *demi-décalitre*; le *double hectogramme* et le *demi-hectogramme*, etc.

Il suit de la définition du *gramme* que, *pour avoir le poids d'un volume donné d'eau, il n'y a qu'à exprimer ce volume en centimètres cubes, et, autant on en trouvera, autant cette quantité d'eau pèsera de grammes*, et réciproquement. On verra ainsi qu'*un litre d'eau pèse mille grammes ou un kilogramme*, et que *le tonneau contient mille litres ou un mètre cube*.

Le FRANC *est une pièce d'argent pesant cinq grammes, et alliée d'un dixième de cuivre*. Les monnaies d'or sont pareillement alliées d'un dixième de cuivre. Cet alliage donne à la monnaie une dureté qu'elle n'aurait pas si elle était en argent ou en or purs, et la rend ainsi plus propre à résister à l'action du frottement.

Il suit de la définition du *franc* que, *pour trouver en grammes le poids d'une somme d'argent évaluée en francs, il suffit de la multiplier par* 5; qu'ainsi 200^f pèsent 1000 grammes; que, réciproquement, *pour trouver la valeur d'une somme d'argent dont on connaît le poids en grammes, il faut diviser ce poids par* 5; ainsi, un sac d'argent qui pèse 82,5 hectogrammes ou 8250 grammes vaut 1650 fr.

La valeur du franc étant fixée à cinq grammes d'argent, on a dû, avant de fabriquer des monnaies d'or, établir *la proportion de l'or à l'argent*, c'est-à-dire le rapport qui existait alors entre les valeurs de ces métaux à poids égal : ce rapport a été fixé à 15,5; d'où il suit que 20 francs en argent pesant 100 grammes, une pièce d'or de 20 francs devait peser $\frac{100g}{15.5} = \frac{1000g}{155}$, c'est-à-dire la 155ième partie d'un kilogramme. Ainsi, 155 pièces de 20^f pèsent un kilogramme, et le poids de chacune est $\frac{1g}{155} = 6^g,45161$.

La pièce de 20^f a 21 millimètres de diamètre, et celle de 40^f en a 26, de sorte que 8 pièces de 20^f et 32 de 40, mises à côté l'une de l'autre, donnent la longueur du mètre.

La série des monnaies françaises se compose de 12 pièces qui sont indiquées dans le tableau suivant. Le bronze des nouvelles pièces qui remplacent les anciennes monnaies de cuivre, est composé de 0,95 de cuivre, 0,04 d'étain et 0,01 de zinc.

DÉSIGNATION et VALEUR DES PIÈCES.	DIAMÈTRE ou module des pièces.	POIDS des pièces.
MONNAIES D'OR.	millimètres.	grammes.
Pièce de 40 francs..............	26	12,90322
— 20 —	21	6,45161
— 10 —	19	3,22580
MONNAIES D'ARGENT.		
Pièce de 5 francs..............	37	25
— 2 —	27	10
— 1 —	23	5
— ½ — (50 centimes)......	18	2,5
— ⅕ — (20 centimes)......	15	1
MONNAIES DE BRONZE.		
Pièce de 10 centimes..............	30	10
— 5 —	25	5
— 2 —	20	2
— 1 —	15	1

Comme il eût été très-difficile, dans la fabrication, de donner exactement aux pièces le poids légal, la loi tolère une petite erreur en plus ou en moins ; c'est ce qu'on appelle *tolérance de poids*. Pour les monnaies d'or, cette tolérance est 0,002 du poids de la pièce.

169. Les objets d'or et d'argent sont toujours alliés d'un métal moins précieux, tel que le cuivre, et *le rapport du poids de la quantité d'or ou d'argent purs contenue dans un objet à son poids total est ce qu'on appelle le* TITRE *de cet objet*. Ainsi, quand on dit qu'un bijou d'or est au titre de 0,840 (le titre s'exprime en millièmes), on entend que la quantité d'or pur qu'il renferme est les 840 millièmes de son poids ; de sorte que s'il pèse 50 grammes par exemple, il contient $50^g \times 0,840 = 42$ grammes d'or pur, et par conséquent 8 grammes de cuivre.

Il suit de là que *les monnaies d'or et d'argent sont au titre de 900 millièmes*. La loi accorde une *tolérance de titre* qui est de 0,002 en plus ou en moins pour les monnaies d'or et d'argent.

Il y a *trois* titres *légaux* pour les ouvrages d'or, savoir : 0,920, 0,840 et 0,750. Il n'y en a que *deux* pour l'argent, qui sont 0,950 et 0,800. Ces titres sont indiqués par des *poinçons* dont tout ouvrage d'or ou d'argent doit être frappé dans un bureau *de garantie* où son titre est vérifié.

La loi fixe à 6 fr. par kilogramme d'or et à 1 franc 50 centimes par kilogramme d'argent, les frais de fabrication des monnaies, déchet compris ; d'après cela, un lingot d'argent pesant un kilogramme et au titre de 0,900, vaut seulement 198 francs 50 centimes, et un kilogramme d'or au même titre vaut $20^f. 155 - 6^f = 3094$ fr.

D'après cela, si l'on veut savoir combien vaut un kilogramme d'argent pur, on observera qu'un lingot pesant un kilogramme et au titre de 0,900, contient 900 grammes d'argent pur, de sorte que la question revient à celle-ci : 900^g *d'argent* valent $198^f 50^c$: *quel est le prix de* 1000^g *d'argent ?* On trouvera ainsi qu'un kilogramme d'argent pur vaut $220^f 56^c$, et un kilogramme d'or pur $3437^f 78^c$.

On pourra, d'après cela, calculer facilement la valeur intrinsèque d'un objet d'or ou d'argent dont on connaîtra le titre et le poids.

Exemple. *Une pièce d'argenterie au titre de 0,950 pèse un kilogramme : quelle est sa valeur intrinsèque ?*

Réponse : 209 francs.

Lorsqu'on vend de la vieille argenterie, c'est toujours à un titre inférieur à son titre légal. Ainsi, dans les tarifs des monnaies, les titres légaux des ouvrages d'or et d'argent, poinçonnés avant la loi du 19 brumaire an VI, sont diminués de trois millièmes ; de sorte que si l'on veut calculer la valeur d'une pièce de vieille argenterie pesant un kilogramme et marquée au titre de 0,800, il n'y aura qu'à multiplier 220^f par 0,797, et on trouvera 175^f,34.

170. Les unités métriques d'une même espèce étant assujetties à la loi décimale, on sent que le calcul de ces mesures est absolument le même que celui des nombres décimaux : de sorte que l'addition, la soustraction, la multiplication et la division de ces mesures s'effectueront d'après les règles des n^{os} **135** à **143**. Il en sera aussi de même des questions relatives à leur numération. Par exemple, 32$^{ki.g}$,506 s'énonceront (**130**) *trente-deux kilogrammes cinq cent six millièmes* ou *cinq cent six grammes*, ou encore (**131**) *trente-deux mille cinq cent six grammes*. Ainsi, pour écrire *deux cent quatre hectares trente-cinq centiares*, on observera que le centiare est la dix-millième partie de l'hectare, et qu'en conséquence l'expression de ce nombre sera 204$^{h.a}$,0035.

On verra encore que, *pour convertir un nombre quelconque d'unités métriques en unités de l'ordre immédiatement supérieur ou inférieur, il faut diviser ou multiplier ce nombre par* DIX, sauf les exceptions que nous avons indiquées en parlant du *mètre carré* et du *mètre cube* (p. 120 et 121).

Ainsi 32$^{k.m}$,506 = 3$^{x.m}$,2506 = 325$^{h.m}$,06. Cette facilité de convertir les unes dans les autres les subdivisions d'une même espèce de mesure, par le simple déplacement de la virgule, est un des plus précieux avantages de notre système métrique. Par là nous pourrons, comme on le verra dans le chapitre X, ramener immédiatement un calcul de nombres concrets décimaux à un calcul de nombres entiers.

171. Lorsque le résultat d'un calcul de nombres concrets est exprimé en décimales, on ne conserve pas dans cette expression les chiffres décimaux d'un ordre inférieur à la dernière des subdivisions qu'admet l'unité que l'on considère.

Ainsi, dans l'évaluation
des grandes distances, on s'arrêtera au kilomètre ;
des petites longueurs, au millimètre et même au centimètre ;

des grandes superficies,	au kilomètre carré;
des superficies des champs,	au centiare;
des petites superficies,	au décimètre carré*;
des volumes,	au décimètre cube*;
des grandes capacités,	au litre;
des petites capacités,	au décilitre;
des très-petites capacités,	au centilitre;
des fortes pesées,	au tonneau ou au quintal;
des pesées moyennes,	au kilogramme ou au décagramme;
des petites pesées,	au milligramme et même au centigramme;
des valeurs monétaires,	au centime.

Toutefois on fera en sorte que l'erreur commise soit moindre qu'une demi-unité de la subdivision à laquelle on s'arrêtera (**165**).

§ II. COMPARAISON DES ANCIENNES ET DES NOUVELLES MESURES.

172. On se servait autrefois en France d'un grand nombre de mesures formant des systèmes dont les différentes parties n'étaient point liées par des rapports simples, et qui donnaient lieu à des calculs compliqués; mais nous ne parlerons ici que de la *toise*, qui était l'unité linéaire, de la *livre-poids* et de la *livre tournois* ou *monétaire*.

La TOISE (^{T}) *se subdivisait en* SIX *pieds* (6^p), *le pied en* DOUZE *pouces* (12^p), *et le pouce en* DOUZE *lignes* (12^l).

La LIVRE-POIDS (^{l}) *valait* 16 *onces* (16°), *l'once* HUIT *gros* (8^g), *et le gros* SOIXANTE-DOUZE *grains* (72^g).

La LIVRE-TOURNOIS (^{lt}) *se subdivisait en* VINGT *sous* (20^s), *et le sou en* DOUZE *deniers* (12^d).

Nous nous proposons ici de *convertir un nombre quelconque*

---

* Le centimètre carré et le millimètre carré, ainsi que le centimètre cube et le millimètre cube, sont des quantités trop petites pour ne pas être négligées le plus souvent.

de *toises, pieds, pouces* et *lignes,* en *mètres,* et *réciproquement;* un *nombre quelconque de livres, onces, gros* et *grains,* en *kilogrammes;* et *réciproquement;* et un *nombre quelconque de livres, sous* et *deniers,* en *francs,* et *réciproquement.* Il s'agit donc de déterminer les rapports qui existent entre les nouvelles unités de longueur, de poids et de monnaies, et les anciennes, et *vice versa.*

173. *Delambre* et *Méchain* ont déduit de leur mesure de l'arc de méridien compris entre Dunkerque et Barcelone, que le quart de ce méridien vaut 5130740 toises; et comme le mètre est la dix-millionième partie de cette distance, on voit que

$$1^m = 0^r,5130740.$$

Or une toise vaut 864 lignes : ainsi nous convertirons en lignes cette valeur du mètre en la multipliant par 864, ce qui nous donnera $1^m = 443^l,295936$, ou, plus simplement,

$$1^m = 443^l,3,$$

valeur qui n'est pas erronée d'un demi-centième de ligne (**165**).

On voit donc que, *pour convertir un nombre quelconque de mètres en toises, il suffit de multiplier* $443^l,3$ *par ce nombre, et de réduire le nombre résultant en toises; et que pour convertir en mètres un certain nombre de toises il n'y a qu'à convertir ce nombre en lignes, et diviser le résultat par* 443,3.

Exemple. 1° Combien $11^m,234$ valent-ils de toises?

Réponse : $11^m,234 = 443^l,3 \times 11,234 = 4980^l = 5^r\ 4^p\ 7^p$*.

---

* Pour réduire ces 4980 lignes en toises, pieds et pouces, on a dit : Un pouce vaut 12 lignes, donc 4980 lignes vaudront autant de pouces que 12 lignes y seront contenues de fois. Je divise donc 4980 par 12, ce qui donne pour quotient *exact* 445 : ainsi $4980^l = 445^p$; mais un pied vaut 12 pouces : donc 445 pouces vaudront autant de pieds qu'ils contiendront de fois 12 pouces. Je divise donc 445 par 12; le quotient est 34 et le reste 7 : donc $445^p = 34^p\ 7^p$. Or 34 pieds contiennent des toises, et on obtiendra ce nombre de toises en divisant 34 par 6, nombre de pieds contenus dans une toise, ce qui donnera 5 toises pour quotient et 4 pieds de reste : donc $4980^l = 5^r\ 4^p\ 7^p$.

2° *Combien* $5^r\ 4^p\ 7^p$ *valent-ils de mètres?*

Réponse : $5^r\ 4^p\ 7^p = 4080^l = (\frac{4980}{4433})^m = 11^m,234$ *à moins d'un demi-millième.*

174. Les expériences de *Lefèvre-Gineau* ont montré que

$$1^{kil} = 18827,15 \text{ grains.}$$

Donc, *pour convertir un nombre quelconque de kilogrammes en livres, il n'y a qu'à multiplier* $18827^g,15$ *par ce nombre, et réduire ensuite le produit en livres.* Réciproquement, *pour convertir un nombre quelconque de livres en kilogrammes, on commencera par le réduire en grains, et on divisera ensuite le résultat par* 18827,15.

Exemples. 1° *Combien* $5^{kil},85$ *valent-ils de livres?*

Réponse :

$5^{kil},85 = 18827^g,15 \times 5,85 = 110138^g,8 = 11^L\ 15^o\ 1^d\ 50^g,8.$

2° *Combien* $6^L\ 5^o$ *valent-elles de kilogrammes?*

Réponse : $6^L\ 5^o = 58176^g = (\frac{58176}{18827,15})^{kil} = 3^{kil},09.$

175. Des expériences très-précises ont appris que 80^f valent 81^{tt}; de sorte que $1^f = \frac{81}{80}{}^{tt}$, et que $1^{tt} = \frac{80^f}{81}$.

D'après cela, *pour convertir une somme de francs,* par exemple $254^f,95$, *en livres, sous et deniers, il n'y aura qu'à en prendre les* $\frac{81}{80}$, *ce qui se fera en l'augmentant de sa 80ᵉ partie, que l'on obtiendra en prenant le 8ᵉ de la somme proposée, après avoir reculé la virgule d'un rang vers la gauche; puis à convertir successivement les fractions décimales de la livre et du sou respectivement en sous et en deniers*, en les multipliant par 20 et par 12. On fera donc le calcul suivant :

$$\begin{array}{r}254\ ,95\\3\ ,1869\\\hline 258^{tt},1369\\2^s,738\\8^d,856\end{array}$$

Ainsi $254^f,95 = 258^{tt}\ 2^s\ 8^d$ **(165)**.

Si maintenant *on veut évaluer en francs un certain nombre de livres, sous et deniers*, par exemple 258ᵗᵗ 2ˢ 9ᵈ, *on commencera par réduire les deniers en fraction décimale du sou, en les divisant par* 12; *puis les sous en fraction décimale du franc, en les divisant par* 20; et l'on trouvera ainsi que

$$258^{tt}\ 2^s\ 9^d = 258^{tt}\ 2^s,75 = 258^{tt},14.$$

Puis, pour convertir en francs l'expression nouvelle de la somme proposée, il faudra en prendre les $\frac{80}{81}$ *ou la diminuer de sa* 81ᵉ *partie, laquelle s'obtiendra en la divisant par* 9, *puis en prenant le* 9ᵉ *du quotient.* On aura donc

$$\begin{array}{r} 258^{tt},14 \\ 28\ ,68 \\ 3\ ,19 \\ \hline 254^f,95 \end{array}$$

176. Enfin pour faciliter les conversions des anciennes mesures en nouvelles, et réciproquement, on a construit des tables qui donnent en décimales les 9 premiers multiples de chacun des rapports du mètre à la toise, au pied, au pouce et à la ligne, et réciproquement, et de même pour les autres mesures; de sorte que par leur moyen on n'aura que de simples additions à faire pour effectuer ces conversions. Ces tables sont insérées chaque année dans l'*Annuaire du Bureau des Longitudes*.

§ III. MESURES ÉTRANGÈRES.

177. Les systèmes de mesures suivis par les autres nations européennes sont encore presque tous irréguliers, et le calcul s'en doit faire, comme celui des anciennes mesures françaises, d'après les règles des nombres complexes, que nous établirons au chapitre suivant. En donnant ces systèmes avec leurs liaisons légales, il ne sera pas nécessaire d'en dresser des tables, comme on le fait habituellement; et il sera plus utile aux élèves de faire eux-mêmes les réductions et conversions auxquelles donne lieu la comparaison de ces différents systèmes.

La Belgique et la Grèce sont, jusqu'à présent, les seuls pays étrangers où l'on suive le système métrique sans aucune modification.

La Hollande, depuis 1820, emploie le même système, mais avec les noms anciens adaptés aux nouvelles mesures.

En 1810, le duché de Bade adopta le système métrique ainsi modifié : un *pied* de 3 décimètres, une *aune* de 2 pieds, une *toise* de 6 pieds, une *perche* de 10 pieds, une *livre* de 500 grammes ; le pied et la livre ayant des divisions décimales.

La réforme prussienne, faite en 1816, n'a pris au système métrique que quelques divisions décimales. Elle consacre pour toute la monarchie le *pied* du Rhin, égal à 313,8536 millimètres, et divisé en 12 pouces ; une *aune* de 25 pouces $\frac{1}{2}$, une *toise* de 6 pieds, une *perche* de 12 pieds, cette toise et cette perche étant divisées en parties décimales. Le *mille* est de 2000 perches. Pour les matières sèches, le *tonneau* est de 4 *scheffel*, et 9 tonneaux font 64 pieds cubes. Pour le vin, l'*eimer*, divisé en 2 *anker* et en 60 *maas*, vaut 3840 pouces cubes, en sorte que 4 eimer font 5 scheffel. La livre de Cologne est devenue la livre prussienne, et équivaut à 467 grammes et deux tiers : elle représente la 66me partie du poids du pied cube d'eau distillée, pesée dans l'air à 15 degrés Réaumur ; elle se divise en 32 *loth* et 128 *quintin*. Pour la monnaie, on fait usage du *marc*, ou demi-livre, divisé en 288 grains.

D'après les travaux de Kater, le pendule simple qui bat la seconde à la latitude de Londres est de 39,1393 pouces anglais, dont 12 forment le *pied*; celui-ci, comparé au mètre, s'est trouvé de 304,7945 millimètres. L'aune ou *yard* est de 3 pieds ; la toise ou brasse, nommée *fathom*, est de 6 pieds. Une ordonnance de Henri VII fixe le *mille* itinéraire à 880 fathoms ; ce mille se divise en 8 *furlongs* ou stades, chacun de 40 perches ou *poles*. Pour les mesures agraires, 40 perches carrées font un *rood*, et le quadruple un *acre*. Suivant la loi nouvelle, un pouce cube d'eau à 62 degrés Fahrenheit et 30 pouces de pression barométrique pèse 252,458 grains, dont 5760 font la livre *troy*, et 7000 la livre *avoirdupoids*; la première, servant à peser les matières précieuses, se divise en 12 *onces*, l'once en 20 *penny*, le penny en 24 *grains*; la seconde, pour les pesées du commerce, se divise en 16 onces, et l'once en 16 *drachmes*. La livre troy pèse, de fait, 373,233 grammes, et la livre avoirdupoids 453,3 grains. Pour les mesures de capacité, il y a un *gallon* dit *impérial* contenant 10 livres avoirdupoids d'eau pure à 62° F., et 30 pouces de pression, et une contenance réelle de 4,543 litres ; il se divise en quarts et huitièmes ; 2 gallons font un *pech*, 8 un *bushel*, 24 un *sack*, 64 un *quarter*, et 288 un *chaldron*. Les étalons des mesures anglaises, qui ne s'accordent point exactement avec les mesures métriques, ayant été brûlés dans le récent incendie de la Tour de Londres, sont à refaire ; et sans doute on remontera, par des comparaisons plus soignées, à la source des divergences en question.

L'Espagne vient d'adopter le système métrique. Les anciennes mesures étaient un *pied* de 282,6 millimètres réduit à 278,4 par les ingénieurs, pour qu'il fût à celui de Paris dans le rapport exact de 6 à 7, en sorte que 7 nouveaux pieds d'Espagne valaient 6 pieds de Paris; une aune ou *vara* de 3 pieds; une *livre* de 460 grammes.

Le Portugal, en 1825, a pris pour aune ou *vara* une longueur de 11 décimètres, et pour livre un poids de 459 grammes.

Une réforme doit avoir lieu en Suisse pour y établir l'uniformité des mesures sur les bases suivantes : un *pied* de 3 décimètres, une *livre* de 500 grammes, et une *pinte* de demi-litre.

En 1823, la Suède a revisé ses poids et mesures. Le *pied*, de 296,9 millimètres, a été divisé en parties décimales. Le 10° du pied cube est l'unité des mesures de capacité, sous le nom de *kanna*; mais on a conservé les huit espèces de *livres* qui étaient en usage dans ce pays.

Une pareille révision vient d'avoir lieu en Russie ; on y a conservé les mesures linéaires modifiées par Pierre le Grand, en sorte que la *sagène* a été fixée à 7 pieds anglais ; l'aune ou *arschine* en est le tiers, et se divise en 32 doigts, dont 24 forment une *coudée*, et 16 un *pied*. Le *verst*, mesure itinéraire, est de 500 sagènes. Le *védro* des liquides est de 12 litres et tiers, et le *tchetvert* des graines de 209,8 litres. La *livre* est de 409 grammes et demi, et 40 livres font un *pud*.

L'Autriche est aussi occupée d'une révision de son système de poids et mesures. Le *pied* est de 316 millimètres, et la *livre* de 560 grammes ou la 56ᵉ partie d'un pied cube d'eau.

En général, les systèmes de mesures sont anglais aux États-Unis, portugais au Brésil, espagnol dans toutes les anciennes colonies d'Espagne.

Quant aux monnaies étrangères, comme elles n'ont aucune liaison simple avec les poids et mesures, on ne peut que les ranger en un tableau, que l'on trouvera à la fin de cet ouvrage.

CHAPITRE IX.

CALCUL DES NOMBRES COMPLEXES.

178. Les *nombres concrets* qui, comme 20 francs, 3 mètres 48 centimètres, 5 kilogrammes 236 grammes, etc., renferment une ou plusieurs unités assujetties à la loi décimale, se nomment *nombres incomplexes*. On appelle au contraire *nombres complexes* ceux qui contiennent différentes espèces d'unités dépendantes les unes des autres suivant une loi quelconque, mais autre que la loi décimale. Tels sont les nombres $3^{lt}4^l$, $4^T 5^P 7^p$, $13^L 10^o 4^c 3C^g$, etc. C'est le calcul de cette espèce de nombres que nous allons maintenant faire connaître.

§ I. ADDITION.

179. *Un ouvrier travaillant pendant 3 semaines a gagné $15^{lt} 11^s 7^d \frac{1}{3}$ pendant la première; $21^{lt} 16^s 10^d \frac{2}{3}$ pendant la seconde; $8^{lt} 19^s 5^d \frac{1}{2}$ pendant la troisième. Combien a-t-il reçu pour ces trois semaines?*

Il est clair que le gain total de l'ouvrier se compose des gains particuliers qu'il a faits pendant chaque semaine; en sorte qu'il s'agit d'additionner les sommes qui les expriment.

Pour y parvenir, *disposez d'abord les nombres à additionner les uns au-dessous des autres, de manière que les unités de la même espèce soient dans une même colonne; puis additionnez successivement les nombres contenus dans chaque colonne, en commençant par celle des plus basses unités : si la somme contient des unités de l'ordre immédiatement supérieur, on les retient pour les ajouter avec celles de cette espèce; dans le cas contraire, on écrit le résultat tel qu'on l'a trouvé.*

CALCUL DES NOMBRES COMPLEXES.

On écrira donc les nombres ci-dessus de la manière suivante :

15^{lt}............	11^{s}............	7$^{d}\frac{1}{4}$
21	16	10 $\frac{2}{3}$
8	19	5 $\frac{1}{2}$
46^{lt}............	7^{s}............	11$^{d}\frac{5}{12}$

On dira : $\frac{1}{4}+\frac{2}{3}+\frac{1}{2}=\frac{17}{12}=1\frac{5}{12}$; j'écris $\frac{5}{12}$, et je retiens 1 denier. 1 et 7, 8; et 10, 18; et 5, 23. 23 deniers valent 1 sou et 11 deniers : ainsi j'écris 11 deniers et je retiens 1 sou; 1 et 1, 2; et 6, 8; et 9, 17; j'écris 7 et je retiens 1; et 1, 2; et 1, 3; et 1, 4. 4 dizaines de sous valent 2 livres; je retiens donc 2 livres, etc.

Ainsi l'ouvrier a gagné en 3 semaines 46^{lt} 7^{s} 11^{d} $\frac{5}{12}$.

§ II. SOUSTRACTION.

180. *De deux lingots d'or, l'un pèse* 3^{L} 2° 24$^{g}\frac{1}{2}$, *et l'autre pèse* 1^{L} 14° 5° 36$^{g}\frac{2}{3}$. *De combien le premier est-il plus pesant que le second ?*

On résoudra évidemment cette question en soustrayant le poids du plus petit lingot de celui du plus grand.

Pour cela *on disposera les calculs comme nous l'avons fait pour l'addition, en écrivant le plus petit nombre sous le plus grand, et l'on opérera la soustraction par parties, en commençant par les unités de la plus basse espèce. Si quelqu'une des soustractions partielles auxquelles on sera ainsi conduit se trouve impossible, on ajoutera au nombre dont on devra soustraire une unité de l'espèce immédiatement supérieure, et l'on augmentera aussi d'autant le nombre d'unités de cette espèce dans le nombre à soustraire.*

On écrira donc les deux nombres ci-dessus ainsi qu'il suit :

3^{L}.........	0°.........	2^{G}.........	24$^{g}\frac{1}{2}$
1	14	5	36 $\frac{2}{3}$
1^{L}.........	1°.........	4^{G}.........	36$^{g}\frac{5}{6}$

On est d'abord conduit à soustraire la fraction $\frac{2}{3}$ de la fraction $\frac{1}{2}$; et pour cela on les réduit au même dénominateur, ce qui les transforme respectivement en $\frac{4}{6}$ et $\frac{3}{6}$. Comme la première ne peut se soustraire de la seconde, j'augmente le numérateur de celle-ci de son dénominateur (**114**), et je soustrais alors $\frac{4}{6}$ de $\frac{9}{6}$; le reste est $\frac{5}{6}$, et je retiens 1; et 36 font 37, ôtés de 24, cela ne se peut pas; alors j'ajoute à 24 grains, 1 gros qui vaut 72 grains; 37^g de 96^g, il reste 59 grains, que j'écris, et je retiens 1 gros; 1 et 5, 6; de 2 cela ne se peut pas; j'ajoute à 2 gros, 1 once qui vaut 8 gros; 6° de 10°, il reste 4°, et je retiens 1 once, etc.; de sorte que le premier lingot d'or pesait 1^l 1° 4^a 59^g $\frac{5}{6}$ de plus que le second.

§ III. MULTIPLICATION.

181. Pour étendre aux nombres concrets la définition du n° **23**, il faut concevoir que *le produit se compose avec le multiplicande comme le multiplicateur est composé avec l'unité de son espèce;* de sorte que, *multiplier un nombre quelconque par un nombre complexe, c'est multiplier le multiplicande par le rapport du multiplicateur à l'unité principale de son espèce.*

Cela posé, nous distinguerons deux cas, suivant que le multiplicateur sera un nombre incomplexe ou un nombre complexe.

Proposons-nous donc d'abord de multiplier 12^t 13^s 10^d par 5 toises*. Le rapport de 5^T à 1^T étant le nombre abstrait 5, il s'agira simplement de multiplier 12^t 13^s 10^d par 5. Pour cela nous multiplierons successivement les diverses espèces d'unités de ce nombre par 5, en commençant par celles de l'ordre inférieur, afin de réunir à chaque produit partiel les unités de son

---

* On est conduit à cette opération par la question suivante : *Une toise d'ouvrage a été payée* 12^t 13^s 10^d ; *quel est le prix de 5 toises du même ouvrage* En effet, le prix de 5 toises doit être composé avec celui d'une toise comme 5 toises sont composées avec une toise; de sorte que pour avoir ce prix, il n'y a qu'à multiplier 12^t 13^s 10^d par le rapport de 5^t à 1^t.

CALCUL DES NOMBRES COMPLEXES.

espèce que pourra renfermer le produit partiel précédent. Nous dirons donc : 5 fois 10^d font 50^d, qui valent 4^s+2^d ; j'écris donc 2^d, et je retiens 4^s ; 5 fois 3^s, 15^s, et 4^s, 19^s ; j'écris 9^s et je retiens 1 ; 5 fois 1, 5, et 1, 6 ; 6 dizaines de sous valent 3^{lt} : je retiens donc 3^{lt} ; 5 fois 12^{lt}, 60^{lt}, et 3^{lt}, 63^{lt}. Ainsi le produit demandé est 63^{lt} 9^s 2^d.

On sent que cette méthode serait très-longue si le multiplicateur était un nombre considérable : on a trouvé le moyen d'arriver plus rapidement au résultat en décomposant les collections des diverses unités que renferme le multiplicande en *parties aliquotes de l'unité immédiatement supérieure*, c'est-à-dire *en parties qui soient des diviseurs exacts de cette unité*. Cette méthode de multiplication a reçu en conséquence le nom de *multiplication par les parties aliquotes*.

182. Proposons-nous, pour l'expliquer, de *multiplier* 12^{lt} 13^s 10^d *par* 535.

Pour multiplier 12^{lt} 13^s 10^d par 535, nous multiplierons successivement toutes les parties de ce nombre par 535, en commençant par les unités de la plus haute espèce, et nous disposerons les calculs comme ci-dessous :

		12^{lt}	13^s	10^d
		535		
		6420^{lt}		
Produit de 10^s par 535.		267	10^s	
....	2	53	10	
....	1	26	15	
....	6^d	13	7	6^d
....	4	8	18	4
		6790^{lt}	0^s	10^d

Le produit de 12^{lt} par 535 est 6420^{lt}. Maintenant je décompose 13^s en parties aliquotes de la livre, qui vaut 20^s, c'est-à-dire en $10^s+2^s+1^s$; de sorte que, pour multiplier 13^s par 535, il suffira de multiplier successivement 10^s, 2^s et 1^s par 535. Or 10^s sont la moitié de la livre : donc le produit de 10^s par 535 est la moitié du produit d'une livre par 535, ou la moitié de 535^{tt} ; on voit facilement que cette moitié est $267^{tt} 10^s$. 2^s sont $\frac{1}{5}$ de 10^s ; donc le produit de 2^s par 535 sera le cinquième du précédent, c'est-à-dire le cinquième de $267^{tt} 10^s$. Or le cinquième de 267^{tt} est de 53^{tt}, et il reste 2^{tt}, qui valent 40^s, et 10^s, 50^s, dont le cinquième est 10^s ; ainsi le produit de 2^s par 535 est $53^{tt} 10^s$. 1^s est la moitié de 2^s : donc le produit de 1^s par 535 sera la moitié du précédent, ou $26^{tt} 15^s$. Il nous reste à multiplier 10^d par 535. Pour cela je décompose 10^d en parties aliquotes du sou, qui vaut 12^d, c'est-à-dire en $6^d + 4^d$: de sorte que, pour multiplier 10^d par 535, il faudra multiplier ces deux parties par ce nombre ; mais 6^d sont la moitié du sou, et 4^d en sont le tiers : donc les produits de 6^d et de 4^d par 535 seront respectivement la moitié et le tiers du produit de 1^s par 535, c'est-à-dire de $26^{tt} 15^s$; ainsi il sera facile de les former. En additionnant ensuite tous les produits partiels, on obtiendra $6790^{tt} 10^d$ pour la valeur du produit total demandé.

183. Proposons-nous maintenant de *multiplier deux nombres complexes l'un par l'autre*, par exemple $12^{tt} 13^s 10^d$ par $535^T 5^P 8^l \frac{5}{6}$ *.

Il s'agira donc de multiplier le multiplicande par le rapport du multiplicateur à la toise, ou ce qui revient au même de le multiplier par les rapports respectifs de 525 toises, de 5 pieds, de 8 lignes et des $\frac{5}{6}$ d'une ligne à la toise. Nous allons effectuer successivement ces quatre multiplications partielles, et nous disposerons les calculs de la manière suivante :

---

* On est conduit à cette opération par la question suivante : *Une toise d'ouvrage a été payée* $12^{tt} 13^s 10^d$; *quel sera le prix de* $535^T 5^P 8^l \frac{5}{6}$?

CALCUL DES NOMBRES COMPLEXES.   139

	12^{tt}	13^s	10^d	
	535^T	5^p	$8^l\ \frac{5}{6}$	
Produit par 535^T.....	6790^{tt}	0^s	10^d	
3^p.....	6	6	11	
2	4	4	7	$\frac{1}{3}=\frac{864}{2592}$
3	0	10	6	$\frac{11}{12}$
4^l.....	0	1	2	$\frac{11}{108}=\frac{264}{2592}$
4	0	1	2	$\frac{11}{108}=\frac{264}{2592}$
$\frac{3}{6}$	0	0	1	$\frac{659}{864}=\frac{1977}{2592}$
$\frac{2}{6}$	0	0	1	$\frac{227}{1296}=\frac{454}{2592}$
	6800^{tt}	14^s	$11^d \frac{1231}{2592}$	

D'abord le produit du multiplicande par 535^T a été calculé tout à l'heure. Pour obtenir le produit de ce nombre par 5^p, je décompose 5^p en parties aliquotes de la toise, qui vaut 6^p, c'est-à-dire en 3^p+2^p : or 3^p et 2^p sont respectivement la moitié et le tiers de la toise. Ainsi j'aurai les produits du multiplicande par les rapports de 3^p et de 2^p à la toise en prenant la moitié et le tiers de ce multiplicande, ce qui est facile. Pour multiplier maintenant $12^{tt}\ 13^s\ 10^d$ par 8^l (c'est-à-dire par le rapport de 8^l à la toise), je décompose 8^l en parties aliquotes du pouce, qui vaut 12^l, et la décomposition la plus simple est évidemment 4^l+4^l : de sorte qu'il s'agit de multiplier le multiplicande par 4^l. Or 4^l sont $\frac{1}{72}$ de 2^p : donc le produit du multiplicande par 4^l est $\frac{1}{72}$ de celui de ce nombre par 2^p. Mais comme il n'est pas commode de prendre directement $\frac{1}{72}$ d'un nombre, j'observe que $\frac{1}{72}=\frac{1}{8}\times\frac{1}{9}$, et qu'ainsi nous obtiendrons le produit par 4^l en prenant d'abord $\frac{1}{8}$ du produit du multiplicande par 2^p, ce qui nous donnera le produit de ce nombre par 3^r (c'est ce que les arithméticiens appellent *produit auxiliaire*), et cherchant ensuite $\frac{1}{9}$ de celui-ci. Nous avons eu soin de *barrer* le produit auxiliaire, afin de n'en pas tenir compte dans l'addition des produits partiels. Enfin on obtient le produit du multiplicande par $\frac{5}{6}$ en décomposant cette fraction en parties aliquotes de l'unité, qui vaut 6 *sixièmes*, c'est-à-dire en $\frac{3}{6}=\frac{1}{2}$, plus $\frac{2}{6}=\frac{1}{3}$. On sera ainsi conduit, pour avoir le produit du multiplicande par $\frac{5}{6}$ de ligne, à prendre $\frac{1}{8}$ et $\frac{1}{12}$ du produit de ce nombre par 4^l. Il ne restera plus qu'à additionner tous les produits partiels, et on aura le produit total demandé.

§ IV. DIVISION.

184. Nous distinguerons deux cas principaux, selon que *le dividende et le diviseur seront de nature différente ou de même nature.*

Si le dividende et le diviseur sont de nature différente, il pourra se faire que le diviseur soit un nombre incomplexe ou un nombre complexe.

Examinons successivement les différents cas.

1er Cas. — *Diviser* 166^{lt} 17^s 3^d $\frac{1}{2}$ *par* 27^x *.

Puisque le dividende doit toujours être considéré comme un produit dont le diviseur et le quotient sont les facteurs, on voit que l'un d'eux doit être un nombre concret de même nature que le dividende : donc il faut dans cet exemple que le quotient soit un nombre de livres ; de sorte que la question revient à trouver un nombre qui, multiplié par le nombre abstrait 27, reproduise 166^{lt} 17^s 3^d $\frac{1}{2}$; donc le quotient est la 27e partie de ce nombre, et on l'obtiendra par conséquent en divisant successivement chacune de ses parties par 27.

On disposera les calculs comme il suit :

---

* On est conduit à cette opération par la question suivante : 27 *toises d'ouvrage ont été payées* 166^{lt} 17^s 3^d $\frac{1}{2}$; *quel est le prix de la toise ?*

CALCUL DES NOMBRES COMPLEXES.

$$
\begin{array}{rrr|l}
166^{\text{lt}} & 17^{s} & 3^{d\frac{1}{2}} & 27 \\
4 & & & \overline{6^{\text{lt}}\quad 3^{s}\quad 7^{d}\frac{13}{54}} \\
\underline{20} & & & \\
80^{s} & & & \\
\underline{17} & & & \\
97^{s} & & & \\
16 & & & \\
\underline{12} & & & \\
192^{d} & & & \\
\underline{3\ \tfrac{1}{2}} & & & \\
195^{d}\tfrac{1}{2} & & & \\
6\ \tfrac{1}{2} & & &
\end{array}
$$

Le quotient de 166^{lt} par 27 est de 6^{lt}, et le reste est 4^{lt}, qu'il faut encore diviser par 27. Pour cela on convertit ces 4^{lt} en sous en les multipliant par 20, ce qui fait 80^{s}, et ces 80^{s} réunis aux 17 du dividende forment 97^{s}, que l'on divise par 27. Le quotient de cette seconde division est 3^{s} et le reste 16^{s}. Ces 16 doivent encore être divisés par 27. Mais 16^{s} valent 16 fois 12^{d} ou 192^{d}; en les ajoutant aux $3^{d}\tfrac{1}{2}$ du dividende, on trouvera $195^{d}\tfrac{1}{2}$, qu'il faut enfin diviser par 27 : le quotient est $7^{d}\tfrac{13}{54}$ (**127**). Ainsi le quotient demandé est $6^{\text{lt}}\ 3^{s}\ 7^{d}\tfrac{13}{54}$.

Ce procédé revient, comme on voit, *à diviser successivement les collections des diverses espèces d'unités du dividende par le diviseur, en commençant par celles de l'ordre le plus élevé, et à convertir en unités de l'ordre immédiatement inférieur le dernier reste de chaque division partielle, en y ajoutant le nombre d'unités de cette espèce que contient le dividende, ce qui donne un nouveau dividende partiel que l'on divise par le diviseur.*

185. 2ᵉ Cas. — *Diviser* $14^{\text{lt}}\ 5^{s}\ 5^{d}$ *par* $5^{\text{T}}\ 4^{\text{p}}\ 3^{\text{p}}$.

En raisonnant comme dans l'exemple précédent, on verra que le quotient doit être de même nature que le dividende, et exprimer par conséquent des livres; de sorte que la question revient à trouver un nombre qui, multiplié par le diviseur, c'est-à-dire par son rapport à la toise (**181**), reproduise le dividende. Il s'agit donc de diviser 14^{t} 5^{s} 5^{d} par ce rapport, ce qui nous ramène au cas précédent.

Or 5^{T} 4^{P} $3^{P} = 411^{P}$; une toise vaut 72^{P}: donc le rapport du diviseur à la toise est $\frac{411}{72} = \frac{137}{24}$. Ainsi il faut diviser 14^{t} 5^{s} 5^{d} par $\frac{137}{24}$, ce qui donne $\frac{(14^{t}\,5^{s}5^{d}) \cdot 24}{137}$ (**126**) $= \frac{342^{t} 10^{s}}{137} = 2^{t}$ 10^{s} (**184**).

186. 3ᵉ Cas. — Examinons enfin le cas où le dividende et le diviseur sont deux nombres complexes de même nature, et proposons-nous par exemple de *diviser 14^{t} 5^{s} 5^{d} par 2^{t} 10^{s}, le quotient devant exprimer des toises, pieds et pouces* *.

Le dividende est le produit du diviseur par le quotient, c'est-à-dire par le rapport du nombre de toises demandé à la toise : donc on aura ce rapport en prenant celui de 14^{t} 5^{s} 5^{d} à 2^{t} 10^{s}. Or 14^{t} 5^{s} $5^{d} = 3425^{d}$; 2^{t} $10^{s} = 600^{d}$: donc le rapport demandé est $\frac{3425}{600} = \frac{137}{24}$; donc le nombre de toises cherché est le quotient de la division de 137^{T} par 24. En effectuant cette division par la règle du n° **184**, on trouvera pour quotient 5^{T} 4^{P} 3^{P}.

187. On ramènerait immédiatement le calcul des nombres complexes à celui des nombres incomplexes, en réduisant les subdivisions de l'unité principale de chaque nombre complexe en fractions de cette unité. Ainsi, dans la question du n° **185** on observerait que 4^{P} 3^{P} valent 51^{P}, tandis que la toise en vaut 72, de sorte que 5^{T} 4^{P} $3^{P} = 5^{T} \frac{51}{72} = 5^{T} \frac{17}{24}$; que de même 14^{t} 5^{s} 5^{d} $= 14^{t} \frac{13}{48}$, de sorte que l'on trouvera le prix de la toise en divisant $4^{t} \frac{13}{48}$ par $5 \frac{17}{24}$.

---

* Quand le dividende et le diviseur sont des nombres concrets de même espèce, l'énoncé de la question qui conduit à la division proposée indique toujours de quelle nature doit être l'unité principale du quotient. Supposons par exemple cette question : *Une toise d'ouvrage a coûté 2^{t} 10^{s}; combien fera-t-on de toises du même ouvrage pour 14^{t} 5^{s} 5^{d} ?* Si l'on connaissait le nombre de toises demandé, il est évident qu'en multipliant 2^{t} 10^{s}, prix d'une toise, par ce nombre, on devrait trouver 14^{t} 5^{s} 5^{d} : donc, en divisant 14^{t} 5^{s} 5^{d} par 2^{t} 10^{s}, on obtiendra ce nombre de *toises*.

188. *Les preuves de l'addition et de la soustraction se font comme celles des mêmes opérations sur les nombres incomplexes. Quant à la preuve de la multiplication, il n'y a qu'à multiplier les deux facteurs par un même nombre, et le nouveau produit devra être égal au premier multiplié par le carré de ce nombre.*

Pour faire la preuve de la division, multipliez de même le dividende et le diviseur par un même nombre, recommencez la division, et vous devrez encore trouver le même quotient.

CHAPITRE X.

PROBLÈMES.

Problème XXII. *Un tonneau contenait* 126 $\frac{5}{6}$ *litres de vin; on en a tiré* 109 $\frac{8}{9}$ *litres : combien vaut, à moins d'un demi-centime, le vin qui reste, en supposant que le prix du litre soit de* 0^f,75?

On trouvera facilement qu'il reste dans le tonneau 18 $\frac{17}{18}$ litres. Pour en avoir le prix, on réduira 18 $\frac{17}{18}$ en une seule fraction, et la question sera ramenée à celle-ci : 1 *litre de vin coûte* 0^f,75 : *quel sera le prix de* $\frac{341}{18}$ *de litre?*

Il est clair que les $\frac{341}{18}$ d'un litre coûteront les $\frac{341}{18}$ de 0^f,75, c'est-à-dire $\frac{0^f,75 \cdot 341}{18} = \frac{0^f,25 \cdot 341}{6}$ (99, 2°) $= \frac{85^f,25}{6} = 14^f,21$ (**141** et **165**).

Remarquez que, *pour multiplier un nombre par* 25, *on peut le multiplier d'abord par* 100, *puis prendre le quart du produit; et qu'au contraire, pour diviser un nombre par* 25, *on peut le multiplier d'abord par* 4, *puis diviser le produit par* 100.

XXIII. *9,7 mètres de drap ont coûté* 459^f,35 : *quel est le prix du mètre?*

9^m,7 = 97 décimètres : donc un décimètre coûte $\frac{459^f,35}{97}$; donc le prix d'un mètre sera $\frac{459^f,35 \cdot 10}{97} = \frac{4593^f,5}{97} = 47^f,36$ à moins d'un demi-centime.

XXIV. *Un tapis a* 7 $\frac{1}{2}$ *mètres de long sur* 5 $\frac{2}{3}$ *de large; on voudrait le doubler avec de la toile à* $\frac{8}{9}$ *de large : combien en faut-il de mètres?*

Je convertis d'abord chaque nombre entier et la fraction qui l'accompagne en une seule fraction, puis je réduis les fractions qui expriment les largeurs de la toile et du tapis au même dénominateur, et la question est ramenée à celle-ci : *Un tapis a* $\frac{15}{2}$

mètres de long sur $\frac{51}{9}$ de mètre de large : combien faudra-t-il, pour le doubler, de mètres d'une toile qui aurait $\frac{8}{9}$ de large ? Si la toile avait $\frac{51}{9}$ de mètre de large, il en faudrait évidemment $\frac{15}{2}$ mètres de long pour doubler le tapis ; donc, si elle n'avait que $\frac{1}{8}$ de mètre de large, il en faudrait 51 fois $\frac{15}{2}$ mètres, etc.

Réponse : $\frac{15^m \cdot 51}{2 \cdot 8} = 47^m,81$.

XXV. $4^m,68$ *d'une certaine étoffe ont coûté* $56^f,16$: *quel serait le prix de* $13^m,5$?

En observant que $4^m,68 = 468$ centimètres, et que $13^m,5 = 1350$ centimètres, la question *revient* à celle-ci : *468 centimètres d'une certaine étoffe ont coûté $56^f,16$; quel est le prix de 1350 centimètres de cette étoffe ?*

Réponse :

$$\frac{56^f,16 \cdot 1350}{468} = \frac{6^f,24 \cdot 1350}{52} = \frac{1^f,56 \cdot 1350}{13} = 0^f,12 \cdot 1350 = 162^f.$$

XXVI. *Une montre marque midi, de sorte que l'aiguille des minutes est sur celle des heures : à quelle heure se fera la première rencontre des aiguilles ?*

Il est clair que si l'on augmente ou si l'on diminue d'une même quantité les vitesses de deux mobiles, leurs *mouvements relatifs* ne seront pas altérés : ainsi les mouvements qui s'exécutent à la surface de la terre sont absolument les mêmes que si ce globe était immobile. Si donc on diminue les vitesses de nos deux aiguilles de celle même de l'aiguille des heures, ce qui réduira celle-ci au repos, il faudra toujours à l'aiguille des minutes le même temps pour atteindre celle des heures. Or, cette dernière parcourt 5 divisions du cadran dans une heure, et l'autre en parcourt 60 ; la question sera donc ramenée à celle-ci : *L'aiguille des minutes est sur midi ; elle franchit 55 divisions en une heure : combien mettra-t-elle de temps pour revenir au point de départ, c'est-à-dire pour parcourir 60 divisions ?*

Résultat : $1^h \; 5' \frac{5}{11}$.

Si l'on suppose que les aiguilles tournent en sens contraire, il faudra toujours diminuer la vitesse de l'aiguille des heures de sa propre vitesse, afin de rendre cette aiguille immobile ; mais on devra augmenter d'autant la vitesse de l'aiguille des minutes pour que leurs mouvements relatifs ne soient pas altérés.

Ce problème et le XVIIe auraient pu se résoudre par la même méthode.

XXVII. *Un négociant doit payer* 3600 *roubles à Pétersbourg, et le* CHANGE *est à* 44^f *pour* 10 *roubles*. D'un autre côté, le change est à* 56 *florins* $\frac{3}{4}$ *d'Amsterdam pour* 120^f ; *à* 35 *florins* $\frac{1}{4}$ *d'Amsterdam pour* 40 *marcs de Hambourg, et à* 148 *marcs de Hambourg pour* 64 *roubles. Doit-il prendre directement un effet sur Pétersbourg, ou prendre du papier sur Amsterdam pour l'échanger successivement contre du papier sur Hambourg et Pétersbourg?*

On voit d'abord immédiatement que, 10 roubles valant 44^f, 3600 roubles vaudront 44^f.360 = 15840^f; telle est donc la somme que notre négociant devrait payer pour avoir un effet de 3600 roubles.

D'un autre côté, d'après la valeur du change, 1 florin vaut 120^f : 56$\frac{3}{4}$ = $\frac{120^f.4}{227}$; 1 marc vaut 35$^{fl}\frac{1}{4}$: 40 = $\frac{141^{fl}}{4.40}$, et 1^r = $\frac{148^m}{64}$ = $\frac{37^m}{16}$: ainsi un rouble vaut les $\frac{37}{16}$ des $\frac{141}{4.40}$ de $\frac{120^f.4}{227}$, et par conséquent 3600^r = $\frac{120^f.4.141.37.3600}{227.4.40.16}$ = $\frac{3521475}{227}$ (**99**, 2°) = 15513^f,11. Il sera donc plus avantageux pour notre négociant de prendre la voie d'Amsterdam et de Hambourg pour acquitter sa dette à Pétersbourg.

On trouvera facilement que la lettre de change sur Hambourg doit être de 8325 marcs, et celle sur Amsterdam de 7336$^{fl}\frac{13}{32}$.

XXVIII. *Quel est le nombre dont les* $\frac{7}{11}$ *font* 497 ?

Réponse : 781 (**124**).

XXIX. *Quel est le nombre qui surpasse ses* $\frac{5}{9}$ *de* 420 ?

Un nombre surpasse ses $\frac{5}{9}$ de ses $\frac{4}{9}$; donc les $\frac{4}{9}$ du nombre inconnu font 420 : donc, etc.

Réponse : 945.

---

* C'est-à-dire que, pour faire payer 10 roubles à Pétersbourg, il faut payer 44^f à Paris; et comme 10 roubles ne valent réellement que 40^f, on voit que le prix du change est 4^f.

XXX. *Quel est le nombre qui, augmenté de ses $\frac{4}{9}$, fait 650?*
Réponse : 450.

XXXI. *Quel est le nombre qui, diminué de ses $\frac{3}{5}$, fait 72?*
Réponse : 180.

XXXII. *Quatre joueurs se sont associés : le premier a gagné 35^f ; le second, le neuvième du gain total ; le troisième, les $\frac{3}{8}$ de ce gain ; et le quatrième, les $\frac{5}{12}$ de ce même gain. Combien chaque joueur a-t-il gagné?*

Si l'on observe que $\frac{1}{9}+\frac{3}{8}+\frac{5}{12}=\frac{65}{72}$, on verra que le gain total se compose de ses $\frac{65}{72}$, et en outre de 35^f ; donc 35^f sont les $\frac{7}{72}$ de ce gain : donc, etc.

Réponse : 360^f.

XXXIII. *Un père, en mourant, ordonne que l'aîné de ses enfants prenne le quart du bien qu'il laisse; le second, 12000^f et le cinquième du reste; le troisième, 8000^f, le cinquième du reste et le seizième des deux premiers, plus 5000^f; enfin, que le quatrième recevra le reste, 24000^f. Quelle est la part de chaque enfant?*

L'inconnue de la question est évidemment la valeur de l'héritage. Or l'aîné prenant le quart du bien ne laisse que les $\frac{3}{4}$ à partager entre ses frères. Sur cette somme, le second prélève d'abord 12000^f : le reste est donc égal aux $\frac{3}{4}$ du bien diminués de 12000^f, quantité dont le cinquième égale $\frac{3}{20}$ de l'héritage, moins 2400^f. La part du second fils est donc composée des $\frac{3}{20}$ de la succession et de 12000^f — 2400^f = 9600^f ; la somme qu'il laisse aux deux autres est donc égale à $(\frac{3}{4}-\frac{3}{20})$ de l'héritage, moins 9600^f, ou aux $\frac{3}{5}$ du bien, moins 9600^f, en sorte que les deux aînés ont eu $\frac{2}{5}$ de la succession augmentés de 9600^f. Le troisième enfant prélève 8000^f sur ce que ceux-ci ont laissé ; ainsi le reste vaut $\frac{3}{5}$ du bien, moins 9600^f, moins 8000^f, ou moins 17600^f. Il en prend le cinquième, c'est-à-dire $\frac{3}{25}$ de l'héritage, moins 3520^f ; il reçoit encore un seizième des deux premiers, plus 5000^f, ce qui fait $\frac{1}{40}$ du bien, plus 600^f, plus 5000^f, ou plus 5600^f ; la part du troisième enfant est donc égale à 8000^f + $\frac{3}{25}$ du bien — 3520^f + $\frac{1}{40}$ du bien + 5600^f = $\frac{29}{200}$ du bien + 10080^f. Il laisse conséquemment au quatrième $\frac{3}{5}$ du bien — 9600^f — $\frac{29}{200}$ du bien — 10080^f, ou $\frac{91}{200}$ de l'héritage diminués de 19680^f. Mais le quatrième enfant a pour sa part 24000^f : par conséquent,

$\frac{91}{200}$ de l'héritage — 19680^f égalent 24000^f ;

donc $\frac{91}{200}$ de l'héritage égalent 24000^f + 19680^f = 43680^f ;

$\frac{1}{200}$ de l'héritage égale $\frac{43680}{91}$ = 480^f.

L'héritage vaut donc 480^f × 200 = 96000^f.

Le père a donc laissé 96000^f à ses enfants. Effectuant maintenant les opérations indiquées dans l'énoncé, on trouve que chaque enfant devait recevoir 24000^f.

XXXIV. *Un ouvrier n'avait plus que 6^f lorsqu'on lui paya 5 semaines de travail; 2 semaines après il avait déjà dépensé les $\frac{3}{4}$ de tout son argent; mais ayant alors reçu le prix de son travail pour ces deux semaines, il se trouva avoir 21^f. Combien gagnait-il par semaine?*

Deux semaines après avoir reçu le prix de son travail pour 5 semaines, cet ouvrier ayant dépensé les $\frac{3}{4}$ de tout son argent, il ne lui restait plus que le quart, c'est-à-dire le quart du prix de son travail pour 5 semaines, plus $\frac{6^f}{4}$ = 1^f,5, ou, ce qui revient au même, $\frac{5}{4}$ de ce qu'il gagnait par semaine; plus 1^f,5. Mais il reçoit alors le prix de ces deux semaines : donc les 21^f qu'il possède alors se composent de 1^f,5, plus des $\frac{5}{4}$ et encore des $\frac{8}{4}$ de son gain par semaine, ou des $\frac{13}{4}$ de ce gain, plus 1^f,5 : donc les $\frac{13}{4}$ de ce gain valent 21^f — 1^f,5 = 19^f,50, etc.

XXXV. *Une femme de campagne porte des œufs dans une ville de guerre où il y avait trois corps de garde à passer. Elle vend au premier la moitié de ses œufs, plus la moitié d'un œuf; au second, la moitié des œufs qui lui restent, plus la moitié d'un œuf; au troisième, la moitié des œufs qui lui restent, plus la moitié d'un œuf, et arrive au marché avec 36 œufs. Combien a-t-elle laissé d'œufs dans chaque corps de garde?*

Puisqu'elle laisse dans le troisième corps de garde la moitié des œufs qui lui restaient, plus la moitié d'un œuf, les 36 œufs qu'elle porte au marché valent la moitié de ce nombre d'œufs, moins la moitié d'un œuf ; donc elle était entrée au troisième corps de garde avec $36\frac{1}{2} \times 2 = 73$ œufs ; donc elle y en a laissé 37. On verra de même qu'elle avait $73\frac{1}{2} \times 2 = 147$ œufs en arrivant au second corps de garde, et qu'elle en avait vendu 74 ; enfin qu'elle était partie de chez elle avec $147\frac{1}{2} \times 2 = 295$ œufs, et qu'elle en avait laissé 148 au premier corps de garde.

XXXVI. *Une personne charitable rencontre des pauvres auxquels elle distribue le quart de l'argent qu'elle a dans sa bourse, moins $\frac{1}{4}$ de franc : Dieu, pour la récompenser, double ce qui lui reste. Alors elle entre dans une église, et dépose dans un tronc le tiers de ce qu'elle a dans sa bourse, plus $\frac{1}{3}$ de franc ; Dieu triple ce qui lui reste. Elle se rend ensuite dans une prison, où elle distribue la moitié de ce qu'elle a, plus $\frac{1}{2}$ franc ; Dieu quadruple ce qui lui reste ; et elle rentre chez elle avec* 100^f. *Combien avait elle en sortant?*

Réponse : 17^f.

XXXVII. *Un marchand prélève tous les ans une somme de* 4000^f *sur les fonds qu'il a dans le commerce, et cependant chaque année sa fortune augmente du tiers de ce qui lui reste, et elle se trouve doublée au bout de trois ans. Combien avait-il au commencement de la première année?*

Réponse : 59200^f.

XXXVIII. *Un banquier voudrait payer* 95^f *en employant* 10 *pièces tant de* 5^f *que de* 20^f. *Comment doit-il s'y prendre?*

Si le banquier n'employait que des pièces de 5^f, il ne payerait que 50^f, et il redevrait ainsi 95^f — 50^f = 45^f. Or, s'il substitue une pièce de 20^f à une pièce de 5^f, il paye 15^f de plus ; donc, en remplaçant 3 pièces de 5^f par 3 de 20^f, il aura atteint le but qu'il se propose. Ainsi il devra donner 7 pièces de 5^f et 3 de 20^f, ce qu'il est facile de vérifier.

Remarquons que, si l'on avait proposé de payer une somme moindre que 50^f avec dix pièces tant de 5^f que de 20^f, le problème eût été impossible.

XXXIX. *Un marchand a reçu deux caisses contenant chacune* 150 *kilogrammes de thé ; il les a payées ensemble* 4800^f, *et l'une lui coûte* 600^f *de plus que l'autre ; il veut faire un envoi* de 100 kilogrammes, qu'on lui payera 2000^f. Combien doit-il prendre de chaque espèce de thé pour gagner 3^f,20 par kilogramme?

Réponse : 70 de l'une et 30 de l'autre.

XL. *Un orfévre a deux lingots d'or aux titres de 0,920 et 0,750* (**169**). *Combien doit-il prendre de grammes de chacun pour en composer un lingot de 850 grammes au titre de 0,840?*

Réponse : 400^g à 0,750 et 450^g à 0,920.

XLI. *Un orfévre a deux lingots de 1800 grammes chacun, l'un au titre de 0,920, et l'autre à celui de 0,750. Combien doit-il ajouter de grammes du 2e au 1er pour en abaisser le titre à 0,840?*

Réponse : 1600 grammes.

XLII. *Un orfévre a un lingot de 1200 grammes au titre de 0,750. Combien doit-il y ajouter d'or pur pour en élever le titre à 0,840?*

Ce problème peut se ramener aux précédents, en regardant l'or pur comme étant au titre de 1000 millièmes.

Réponse : 675 grammes.

XLIII. *Trois frères ont acheté une propriété moyennant 50000^f. Il manque au premier, pour la payer à lui seul, la moitié de l'argent qu'a le second; celui-ci payerait l'acquisition si le premier lui donnait le tiers de ce qu'il a; enfin le troisième, en joignant à ce qu'il possède le quart de la fortune du premier, pourrait payer les 50000^f. Combien chaque frère a-t-il d'argent?*

Il résulte de la première condition que le double de la fortune du premier, augmenté de celle du second, forme 100000^f; mais, d'après la seconde condition, la fortune du second frère, jointe au tiers de celle du premier, compose 50000^f; donc l'excès du double de la fortune du premier sur le tiers de cette même fortune égale l'excès de 100000^f sur 50000^f, ou, ce qui revient au même, les $\frac{5}{3}$ de ce que possède le premier forment 50000^f; donc, etc. Le premier avait 30000^f, le second 40000^f, le troisième 42500^f.

XLIV. *Un ouvrier travaillant chez un particulier pendant 12 jours, sur 7 desquels il a eu avec lui sa femme, a reçu 74^f; il a travaillé ensuite chez le même particulier 8 autres jours, sur 5* desquels il s'est encore fait aider de sa femme, et il a reçu 50ᶠ. Combien l'ouvrier gagnait-il par jour, et combien sa femme gagnait-elle aussi pendant le même temps?

En comparant les temps pendant lesquels l'ouvrier et sa femme ont travaillé dans le second cas, avec les nombres qui expriment les quantités analogues dans le premier, on verra qu'en travaillant $(12-8)=4$ jours sur $(7-5)=2$ desquels il a eu avec lui sa femme, l'ouvrier gagnait $(74^f - 50^f) = 24^f$; donc, en travaillant 8 jours, sur 4 desquels il a eu avec lui sa femme, il gagnait 48 fr. Mais en travaillant 8 jours, sur 5 desquels il a eu avec lui sa femme, il gagnait 50^f; donc la femme gagnait $(50^f - 48^f) = 2^f$ par jour, et partant, 10^f en 5 jours; le mari recevait donc, pour 8 jours de travail, $50^f - 10^f = 40^f$, et par conséquent il gagnait 5^f par jour.

XLV. *Deux joueurs vont au jeu avec 425^f et perdent 200^f; ils comptent alors leur argent, et il se trouve que l'un a perdu les $\frac{2}{5}$ de son argent, et l'autre la moitié du sien. Combien avaient-ils chacun en entrant au jeu?*

En supposant que nos joueurs aient fait une perte double de la leur, vous trouverez qu'il ne leur resterait plus que 25^f, qui exprimerait alors le cinquième de la mise du premier, etc.

Réponse: Le premier était entré au jeu avec 125^f, et le second avec 300^f.

XLVI. *Une personne qui a des jetons dans les deux mains dit: Si j'en fais passer un de la gauche dans la droite, il y en aura deux fois plus dans celle-ci que dans l'autre; si au contraire j'en fais passer un de la droite dans la gauche, il y en aura le même nombre dans les deux mains. Combien y en a-t-il dans chacune?*

Il résulte de la seconde condition qu'il y avait deux jetons de plus dans la main droite que dans la main gauche; donc, si l'on fait passer un jeton de la gauche dans la droite, il y aura dans celle-ci 4 jetons de plus que dans l'autre. Mais la droite doit en contenir 2 fois plus que la gauche; donc il y a alors 4 jetons dans celle-ci et 8 dans celle-là; donc il y avait 5 jetons dans la main gauche et 7 dans la droite.

XLVII. *Trois personnes ont mesuré successivement la distance entre deux objets : la première a trouvé* 536^m,25, *la seconde* 536^m,40, *et la troisième* 535^m,90. *Cependant il importe de connaître cette distance le plus exactement possible. Comment faire ?*

Si chaque personne avait opéré exactement, la somme des résultats qu'elles auraient trouvés formerait le triple de la distance cherchée, qui par conséquent serait le tiers de cette somme. Or, les trois résultats trouvés étant différents, il est probable qu'aucun n'est exact, et que le véritable est compris entre le plus grand et le plus petit des trois. En ajoutant ces trois résultats, les erreurs dans un sens détruiront en partie celles qui sont dans l'autre, en sorte que leur somme approchera plus du triple de la véritable distance que ne le ferait le triple de chacun de ces résultats en particulier ; donc aussi le tiers de leur somme différera moins de la distance cherchée que ne le fait chacun de ces nombres. On aura donc, d'après cela :

Distance cherchée $= \frac{536^m,25 + 536^m,40 + 535^m,90}{3} = 536^m,18$.

Cette distance s'appelle distance *moyenne*, parce qu'elle tient à peu près le milieu entre les résultats trouvés.

XLVIII. *Un marchand a trois sortes de vins, savoir :* 48 *litres à* 0^f,55 *le litre ;* 72 *à* 0^f,45, *et* 60 *à* 0^f,75. *Il les mêle, et on demande à combien lui revient le litre du mélange* * ?

48 litres à 0^f,55 valent	0^f,55 × 48 =	26^f,4
72 ...... 0 ,45	0 ,45 × 72 =	32 ,4
60 ...... 0 ,75	0 ,75 × 60 =	45 ,0
Donc les 180^l du mélange coûtent............		103 ,8

et par conséquent le litre du mélange revient à $\frac{103,8}{180} = 0^f,58$ à moins d'un demi-centime.

XLIX. *Un marchand a du vin qui lui coûte* 15 *décimes le litre. Combien doit-il y ajouter d'eau pour gagner* 6 *décimes par litre ?*

---

* Ces sortes de questions sont connues des arithméticiens sous le nom de *règle d'alliage*.

Lorsque dans une certaine quantité de vin on substitue un litre d'eau à un litre de vin, on diminue la valeur de cette quantité de vin du prix d'un litre de vin, c'est-à-dire de 15 décimes dans notre exemple; on la diminuera donc de 1 décime en remplaçant $\frac{1}{15}$ litre de vin par $\frac{1}{15}$ litre d'eau, le marchand diminuera conséquemment le prix d'un litre de vin de 6 décimes en substituant à $\frac{6}{15} = \frac{2}{5}$ litre de vin la même quantité d'eau. Le litre de mélange sera alors composé de $\frac{3}{5}$ de vin et de $\frac{2}{5}$ d'eau ; donc un mélange de 5 litres sera composé de 3 litres de vin et de 2 d'eau ; donc il faut à un litre de vin en ajouter $\frac{2}{3}$ d'eau.

CHAPITRE XI.

EXTRACTION DES RACINES.

§ I. RACINE CARRÉE.

189. *On appelle* CARRÉ *d'un nombre le produit de ce nombre multiplié par lui-même ;* ainsi le carré de 6 est 36.

On appelle RACINE CARRÉE *d'un nombre le nombre qui, élevé au carré, reproduit le nombre proposé ;* ainsi la racine carrée de 36 est 6.

190. *On appelle en général racine* $n^{ième}$ *d'un nombre le nombre qui, élevé à la* $n^{ième}$ *puissance, reproduit le nombre proposé* (41). Ainsi la racine cinquième de 32 est 2, parce que la cinquième puissance de 2 est 32.

Pour exprimer que l'on doit extraire une racine d'un nombre, on place ce nombre sous le signe $\sqrt{}$, dans les branches duquel on écrit l'*indice* de la racine à extraire, excepté pour la racine carrée, à l'égard de laquelle on supprime l'indice. Ainsi $\sqrt{36}$ et $\sqrt[5]{32}$ signifient respectivement que l'on doit extraire la racine carrée de 36 et la racine cinquième de 32.

191. La racine carrée de 100 étant 10, on voit que la racine carrée de tout nombre plus petit que 100 est moindre que 10, de sorte qu'elle est exprimée par un nombre d'un seul chiffre. Au contraire, la racine carrée de tout nombre plus grand que 100 surpasse 10 et contient par conséquent des dizaines et des unités.

Nous distinguerons donc deux cas dans l'extraction de la racine carrée des nombres entiers, suivant que le nombre proposé sera plus petit ou plus grand que 100.

192. *Pour extraire la racine carrée d'un nombre plus petit que* 100, *cherchez dans le tableau suivant :*

$$1, \quad 2, \quad 3, \quad 4, \quad 5, \quad 6, \quad 7, \quad 8, \quad 9,$$
$$1, \quad 4, \quad 9, \quad 16, \quad 25, \quad 36, \quad 49, \quad 64, \quad 81,$$

dont la seconde ligne renferme les carrés des neuf premiers nombres, quel est le plus grand carré contenu dans le nombre proposé ; la racine de ce plus grand carré sera la racine demandée, à moins d'une unité. Ainsi la racine carrée de 72 est 8, parce que le plus grand carré contenu dans 72 est 64, qui a 8 pour racine. Cette racine est exacte à moins d'une unité ; car, 72 étant compris entre 64 et 81, sa racine tombe entre 8 et 9, et diffère par conséquent de chacun de ces nombres de moins qu'ils ne diffèrent entre eux, c'est-à-dire de moins d'une unité.

* 193. Cette quantité dont 8 diffère de la racine carrée de 72 ne peut pas être exprimée exactement en nombre. Supposons, en effet, que la racine carrée de 72 puisse être exprimée par 8 unités, plus une fraction. Convertissons le nombre ainsi formé en une expression fractionnaire *irréductible* que nous représenterons par $\frac{a}{b}$. Alors, si on élève cette quantité au carré, le résultat $\frac{a^2}{b^2}$ (**116**) devra être équivalent à 72, ce qui ne se peut, puisque a et b étant supposés premiers entre eux, a^2 et b^2 le sont aussi (**85**) : donc il est impossible que la racine carrée de 72 puisse être exprimée par un nombre entier ou par un nombre fractionnaire ; donc elle n'a aucune mesure commune avec l'unité : car, si elle en avait une, ce ne pourrait être que l'unité elle-même, ou une *partie aliquote* de l'unité*, et alors l'expression de la racine serait ou un nombre entier ou un nombre fractionnaire ; donc cette racine est *irrationnelle* et *incommensurable*.

---

* C'est-à-dire une des quantités que l'on obtient en partageant l'unité en un nombre quelconque de parties égales.

Le raisonnement précédent pouvant s'appliquer à tout nombre entier dont la racine carrée n'est pas un nombre entier, nous en conclurons que, *quand la racine carrée d'un nombre entier n'est pas entière, elle est incommensurable.*

194. Occupons-nous maintenant de l'extraction de la racine carrée d'un nombre plus grand que 100.

Cette racine devra, comme nous l'avons vu (**191**), renfermer des dizaines et des unités. Il convient donc d'examiner d'abord quelle doit être la composition du carré d'un nombre qui contient des dizaines et des unités.

Concevons le nombre dont il s'agit décomposé en dizaines et en unités, et multiplions-le par lui-même, ce qui se fera évidemment en multipliant chaque partie du multiplicande successivement par chacune de celles du multiplicateur. Or, en multipliant le nombre proposé par ses unités, nous trouverons évidemment

le carré des unités et *le produit des dizaines par les unités.*

Ensuite, en multipliant le nombre proposé par ses dizaines, nous obtiendrons d'abord le produit des unités par les dizaines, ou, ce qui est la même chose,

le produit des dizaines par les unités, puis *le carré des dizaines.*

Donc le carré d'un nombre qui contient des dizaines et des unités se compose du carré des dizaines, du double du produit des dizaines par les unités, et du carré des unités *.

195. Revenons maintenant à l'extraction de la racine carrée

---

* On peut encore dire : Représentons les dizaines d'un nombre par a, et ses unités par b ; ce nombre sera représenté par $(a + b)$; et pour avoir son

d'un nombre plus grand que 100. Sa racine contiendra, comme nous l'avons déjà dit, des dizaines et des unités; et comme un nombre doit toujours être considéré comme le carré de sa racine carrée, nous pourrons regarder le nombre proposé comme composé de trois parties, savoir : du carré des dizaines de sa racine, du double des dizaines multiplié par les unités, et du carré des unités de cette racine (**194**).

Si l'on pouvait détacher du nombre proposé le carré des dizaines de sa racine, en en extrayant la racine carrée, on obtiendrait les dizaines de cette racine. Mais le carré des dizaines de la racine étant un nombre exact de centaines (**34**), ne peut se trouver que dans les centaines du nombre proposé, lesquelles peuvent encore contenir quelques centaines qui auraient reflué des deux autres parties du carré de la racine, plus du reste s'il y en a un : par conséquent, si l'on extrait la racine carrée du plus grand carré contenu dans les centaines du nombre proposé, on n'obtiendra pas un nombre plus petit que les dizaines de la racine. On ne pourra pas non plus en trouver un plus grand, sans quoi cette racine du plus grand carré contenu dans les centaines du nombre proposé surpasserait au moins d'une unité *la racine totale**, c'est-à-dire *la racine du plus grand*

---

carré, il faudra multiplier $(a+b)$ par $(a+b)$ ce qui donnera lieu au calcul suivant :

$$a + b$$
$$a + b$$

Produit du multiplicande par a.. $a^2 + a.b$
Produit du multiplicande par b.. $ + a.b + b^2$

Carré.. $a^2 + 2a.b + b^2$

Or a^2 représente le carré des dizaines, $a.b$ le produit des dizaines par les unités, et b^2 le carré des unités ; donc le carré d'un nombre qui contient des dizaines et des unités se compose, etc.

* Si par exemple le nombre des dizaines de la racine étant 2, la racine du plus grand carré contenu dans les centaines du nombre proposé était 3 dizaines, il est évident que la racine de ce plus grand carré surpasse-

carré contenu dans le nombre tout entier, ce qui est absurde. Donc, en extrayant la racine carrée du plus grand carré contenu dans les centaines du nombre proposé, on trouvera exactement les dizaines de la racine. Maintenant, si l'on retranche de ce nombre le carré des dizaines de la racine, le reste ne contiendra plus que le double des dizaines multiplié par les unités, et le carré des unités. Or, si l'on pouvait détacher du reste la première de ces deux parties, il est clair qu'en la divisant par le double des dizaines de la racine, on trouverait les unités. Mais le double produit des dizaines de la racine par les unités étant un nombre exact de dizaines (34), ne peut se trouver que dans les dizaines du reste, lesquelles peuvent contenir en outre des dizaines provenant du carré des unités, et du reste s'il y en a un ; donc, si l'on divise les dizaines du reste par le double des dizaines de la racine, on ne pourra pas trouver un nombre plus petit que les unités de cette racine; mais on courra le risque d'en trouver un plus grand [on verra d'ailleurs (199) que le reste seul peut contenir autant de dizaines qu'il y en a dans le double de celles de la racine]. Pour s'assurer que le chiffre des unités n'est pas trop grand, on l'écrira à la droite du double des dizaines, et l'on multipliera le nombre ainsi formé par les unités ce qui donnera le double des dizaines multiplié par les unités, plus le carré des unités. Mais, comme ces deux parties doivent être contenues dans le reste, leur somme devra pouvoir s'en retrancher. Si cela ne se peut pas, c'est une preuve que le chiffre qu'on a trouvé est trop grand, et alors il faudra le diminuer d'une ou de plusieurs unités. On aurait pu encore vérifier le chiffre trouvé pour les unités en élevant la racine totale au carré : car ce carré doit pouvoir se retrancher du nombre proposé.

196. Concluons de là que, *pour extraire la racine carrée d'un nombre plus grand que* 100, *on extraira d'abord la racine*

---

rait la racine demandée qui, dans notre hypothèse, est au plus égale à 29 unités.

du plus grand carré contenu dans les centaines de ce nombre, ce qui donnera les dizaines de la racine; on retranchera le carré de ces dizaines du nombre proposé, et, en divisant les dizaines du reste par le double des dizaines de la racine, on obtiendra les unités de cette racine, ou du moins un nombre qui ne sera pas plus petit. Pour vérifier si ce nombre n'est pas plus grand, on l'écrira à la droite du double des dizaines, on multipliera le nombre ainsi formé par les unités, et le produit devra pouvoir se retrancher du reste.

197. La règle que nous venons d'établir, pour extraire la racine carrée d'un nombre, exige que l'on sache extraire la racine du plus grand carré contenu dans les centaines de ce nombre. Voyons si nous pouvons y parvenir dans tous les cas. Supposons d'abord que le nombre proposé ne renferme pas plus de *quatre* chiffres : ses centaines en contiendront deux au plus; mais alors on extraira facilement, d'après la règle du n° **192**, la racine du plus grand carré contenu dans ces centaines, ce qui donnera les dizaines de la racine, et il sera facile ensuite de trouver les unités.

Si le nombre proposé n'a pas plus de *six* chiffres, ses centaines n'en contiendront pas plus de *quatre*; mais alors on pourra déterminer, comme nous venons de le voir, la racine du plus grand carré contenu dans ces centaines, ce qui fera connaître les dizaines de la racine, et par suite les unités.

Ce raisonnement s'étendra successivement aux nombres composés au plus de *huit*, de *dix*, de *douze*, etc., chiffres : de sorte que notre règle pourra s'appliquer à tous les nombres possibles.

198. Comme les différents chiffres de la racine se déterminent, à l'exception du premier, par la division, on sent que la crainte de mettre à la racine un chiffre trop grand expose à en écrire un trop petit. Comment s'assurer alors que le chiffre que l'on a mis à la racine n'est pas trop petit? Supposons que la racine trouvée soit trop faible d'une unité : alors le nombre proposé devra contenir le carré de cette racine augmentée d'une unité, c'est-à-dire, comme il est facile de le voir*, le carré de la racine trouvée, plus le double de cette racine, plus une unité. Mais comme on en soustrait le carré de la racine trouvée, le reste devra contenir encore le double de cette racine, plus une unité : on sera donc sûr que *le chiffre mis à la racine ne sera pas trop faible, lorsque le reste correspondant sera moindre que le double de la racine trouvée, plus une unité.*

199. Il suit de là que *le reste que l'on obtient, en extrayant la racine carrée d'un nombre entier, vaut au plus le double de cette racine, et que la différence des carrés de deux nombres entiers consécutifs est égale au double du plus petit de ces nombres, plus une unité.*

---

* Considérons un nombre quelconque, et ajoutons-y une unité : pour former le carré du nombre ainsi trouvé, il faudra le multiplier successivement par ses deux parties ; or, en le multipliant par 1, nous aurons

le nombre proposé, plus une unité.

En le multipliant ensuite par son autre partie, c'est-à-dire par le nombre proposé, nous trouverons évidemment

le carré du nombre proposé, plus le nombre proposé.

Donc, *le carré d'un nombre plus* 1 *se compose du carré de ce nombre, plus du double de ce nombre, plus* 1.

On pourrait dire encore : Représentons la racine trouvée par a : la vraie racine sera donc exprimée par $(a+1)$, de sorte que, pour avoir son carré, il faudra multiplier $(a+1)$ par $(a+1)$, ce qui donnera lieu au calcul suivant :

$$
\begin{array}{r}
a + 1 \\
a + 1 \\
\hline
\end{array}
$$

Produit du multiplicande par a.. $\quad a^2 + a$
Produit du multiplicande par 1.. $\quad + a + 1$

Carré.. $\quad a^2 + 2a + 1$

Donc le carré de la vraie racine se compose du carré de la racine trouvée, plus du double de cette racine, plus d'une unité.

EXTRACTION DES RACINES.

200. Appliquons les principes que nous avons développés à la recherche de la racine carrée du nombre 421861. On disposera les calculs comme ci-dessous :

42.18.61	649
36	
61.8	
496	124
1226.1	4
11601	1289
660	9

Le nombre étant plus grand que 100, sa racine contiendra des dizaines et des unités; et, pour avoir les dizaines, il faudra séparer les deux derniers chiffres à droite, et extraire la racine du plus grand carré contenu dans les 4218 centaines qui restent à gauche. Mais ce nombre 4218 est aussi plus grand que 100 : donc sa racine carrée contiendra des dizaines et des unités; et, pour déterminer ces dizaines, il faudra séparer les deux derniers chiffres à droite, et extraire la racine du plus grand carré contenu dans les 42 centaines qui restent à gauche. Le plus grand carré contenu dans 42 est 36, dont la racine est 6 : ainsi la racine carrée de 4218 contient 6 dizaines, que j'écris à la place réservée pour la racine. Pour obtenir les unités de cette racine, je retranche du nombre 4218 le carré des 6 dizaines, ce qui revient à retrancher 36 centaines de 42 centaines, et à abaisser à la droite du reste la tranche 18, ce qui fait 618; je divise les 61 dizaines de ce nombre par 12, double des 6 dizaines de la racine, et le quotient 4 exprime les unités de cette racine. Pour vérifier si ce chiffre 4 n'est pas trop grand, je l'écris à la droite du double des dizaines, ce qui fait 124; je multiplie ce nombre par 4, et je retranche le produit 496 de 618, ce qui donne pour reste 122. Ainsi le chiffre 4 n'est pas trop grand; mais nous pourrions craindre qu'il ne fût trop petit, puisque nous l'avons obtenu en divisant 61 par 12, et que le véritable quotient de cette division est 5. Pour le vérifier, j'ajoute 4 à 124, ce qui donne 128 pour le double de la racine trouvée ; et, comme le reste 122 est moindre que 128, et par conséquent que 128 + 1, j'en conclus que le chiffre 4 n'est pas trop petit (**198**). Mais d'ailleurs nous avons vérifié qu'il n'était pas trop grand : donc il est exact. Donc 64 est la racine du plus grand carré contenu dans 4218. Ainsi la racine demandée contient 64 dizaines. Il faudra, pour en trouver les unités, retrancher du nombre proposé le carré de ces 64 dizaines ; or ce carré sera un nombre exact de centaines : donc il suffira de le retrancher des 4218 centaines du nombre proposé, et de descendre à la droite du reste la tranche 61. Mais nous avons précisément retranché le carré de 64 du nombre 4218 ; car nous avons d'abord soustrait de ce nombre le carré des 6 dizaines, ce qui a donné pour reste 618, et de ce reste nous avons soustrait 496, qui exprime le produit du double des 6 dizaines par les 4 unités, plus le carré de ces 4 unités. Abaissons donc à la droite du reste 122 la tranche 61, ce qui donnera 12261, et divisons les dizaines de ce nombre par 128, double des 64 dizaines de la racine : le quotient 9 sera le chiffre des unités. Il est évident qu'il n'est pas trop petit. Pour vérifier s'il n'est pas trop grand, on l'écrira à la droite de 128, ce qui donnera 1289 ; on multipliera ce nombre par 9 ; et, en retranchant le produit de 12261, on trouvera 660 pour reste, ce qui prouve que le chiffre 9 n'est pas trop grand, et qu'ainsi 649 est la racine carrée de 421861 à moins d'une unité.

201. Il est facile de dire si cette racine est erronée de plus ou de moins d'une demi-unité. En effet, supposons que la racine trouvée soit trop faible d'une demi-unité : alors le nombre proposé devra contenir le carré de cette racine augmentée d'une demi-unité, c'est-à-dire, comme il est facile de le voir, le carré de la racine trouvée, plus cette racine, plus $\frac{1}{4}$*. Mais comme on

---

* Soit a la racine trouvée, supposée erronée de $\frac{1}{2}$: la vraie racine sera représentée par $(a + \frac{1}{2})$; et en raisonnant comme dans la note du n° **194**, on trouvera que son carré est $a^2 + a + \frac{1}{4}$.

EXTRACTION DES RACINES.   163

a soustrait de ce nombre le carré de la racine trouvée, le reste devra contenir encore cette racine, plus $\frac{1}{4}$: donc, puisque ce reste est un nombre entier, on sera sûr que *la racine trouvée ne sera pas trop petite d'une demi-unité lorsque le reste ne surpassera pas cette racine; mais, s'il la surpasse, elle sera erronée de plus d'une demi-unité : donc, en forçant l'unité sur son dernier chiffre, on l'aura encore à moins d'une demi-unité.*

Il suit de là que, le calcul de l'exemple précédent ayant donné 649 pour racine et 660 pour reste, la racine carrée du nombre 421861 est 650 à moins d'une demi-unité.

202. Ce n'est que dans des cas très-rares que l'on obtiendra exactement la racine carrée du nombre proposé ; car dans le premier million par exemple, il n'y a que mille nombres dont la racine carrée soit entière; et nous avons prouvé au n° **193** que, quand la racine carrée d'un nombre entier n'est pas entière, elle est incommensurable. On n'aura donc alors la racine demandée qu'à moins d'une unité, ou à moins d'une demi-unité (**201**); mais, si l'on a besoin d'un plus grand degré d'approximation, on pourra l'obtenir par la méthode suivante.

Supposons, par exemple, qu'on demande la racine carrée de 7 à moins de $\frac{1}{5}$. J'observe que *la racine carrée du produit de deux nombres est égale au produit des racines carrées de ces deux nombres; car, pour élever un produit au carré, il suffit de carrer chacun de ses facteurs** ; de sorte que, pour revenir du

---

* Soit, en effet, proposé de former le carré du produit 3.4.6 : il faut pour cela multiplier ce produit par lui-même, ce qui revient à le multiplier successivement par chacun de ses facteurs (38). Ce carré sera donc 3.4.6.3.4.6, ou, en intervertissant l'ordre des facteurs, 3.3.4.4.6.6; or 3.3 est le carré de 3; multiplier ce carré par 4 et ensuite par 4, c'est le multiplier par le carré de 4; enfin multiplier $3^2.4^2$ par 6 et encore par 6, revient à le multiplier par le carré de 6 : donc le carré du produit 3.4.6 est bien $3^2.4^2.6^2$, ce qui démontre le principe énoncé.

Remarquons que cette démonstration convient au cas où les facteurs du produit que l'on veut élever au carré seraient incommensurables, car le principe du n° 38, sur lequel elle est fondée, ne dépend que de celui du n° 37, et

carré à la racine, il suffira d'extraire la racine carrée de chaque facteur, et de multiplier ces racines entre elles. Si donc on multiplie le nombre proposé 7 par le carré du dénominateur 5 de la fraction $\frac{1}{5}$, et qu'on extraye la racine carrée du produit 7.5^2, la racine que l'on obtiendra sera égale à la racine demandée multipliée par 5 :

$$\sqrt{7.5^2} = \sqrt{7}.5 ;$$

donc, en divisant la racine carrée de 7.5^2 par 5, on aura *exactement* celle de 7,

$$\frac{\sqrt{7.5^2}}{5} = \sqrt{7}.$$

Or $7.5^2 = 175$, et la racine carrée de 175 tombe entre les deux nombres entiers consécutifs 13 et 14 ; donc la racine demandée est comprise entre ces deux nombres divisés par 5, c'est-à-dire entre $\frac{13}{5}$ et $\frac{14}{5}$; donc elle diffère de chacun d'eux de moins qu'ils ne diffèrent l'un de l'autre, c'est-à-dire de moins de $\frac{1}{5}$. Donc, en prenant $\frac{13}{5}$ ou $\frac{14}{5}$ pour la valeur de la racine carrée de 7, l'erreur que l'on commettra sera moindre que $\frac{1}{5}$.

Concluons de là que, *pour extraire la racine carrée d'un nombre à moins d'une unité fractionnaire donnée, il faut multiplier le nombre proposé par le carré du dénominateur de cette unité fractionnaire, extraire la racine carrée du produit à moins d'une unité, et diviser cette racine par le dénominateur de la fraction proposée* *.

203. Il suit de là que, pour extraire la racine carrée d'un nombre à moins de $\frac{1}{10}$, $\frac{1}{100}$, $\frac{1}{1000}$, etc., il faut multiplier ce

---

il sera prouvé plus loin (238) que *l'on peut intervertir l'ordre des facteurs d'un produit, lors même qu'ils sont incommensurables.*

* On parviendra encore à cette règle de la manière suivante :

Si l'on peut trouver deux nombres entiers consécutifs tels, qu'en les multipliant par $\frac{1}{5}$, on obtienne deux autres nombres entre lesquels la racine carrée de 7 se trouve comprise, chacun de ces deux derniers nombres satisfera à la question, puisque leur différence étant $\frac{1}{5}$, chacun d'eux différera par consé-

EXTRACTION DES RACINES.

nombre par 10^2, 100^2, 1000^2, etc., ce qui revient à écrire à sa droite deux, quatre, six, etc., zéros; extraire la racine carrée du résultat à moins d'une unité, et diviser cette racine par 10, 100, 1000, etc., ce qui se fait en séparant sur sa droite, une, deux, trois, etc., décimales.

Donc, en général, *pour obtenir la racine carrée d'un nombre entier à moins d'une unité décimale donnée, il faut écrire à la droite de ce nombre deux fois plus de zéros que l'on ne veut avoir de décimales à la racine, extraire la racine du nombre ainsi formé à moins d'une unité, et séparer sur la droite de cette racine autant de décimales qu'on en a demandé.*

204. Lorsqu'on veut extraire la racine carrée d'un nombre décimal, il faut distinguer deux cas, selon que le nombre des chiffres décimaux est pair ou impair.

1° *Si le nombre des chiffres décimaux est pair, extrayez la racine carrée du nombre proposé, abstraction faite de la virgule, et séparez sur la droite du résultat deux fois moins de décimales que n'en contient le nombre proposé.*

En effet, supposons, par exemple, qu'il y ait six décimales dans

---

quent de cette racine de moins de $\frac{1}{5}$. Soient donc x et $x+1$ deux nombres entiers tels, que l'on ait

$$x.\tfrac{1}{5} < \sqrt{7} \quad \text{et} \quad \sqrt{7} < (x+1).\tfrac{1}{5};$$

si l'on élève au carré les deux membres de chacune de ces inégalités, on trouvera (**116**)

$$\frac{x^2}{5^2} < 7 \quad \text{et} \quad 7 < \frac{(x+1)^2}{5^2};$$

et, en multipliant les deux membres de chacune de celles-ci par 5^2, il viendra

$$x^2 < 7.5^2 \quad \text{et} \quad 7.5^2 < (x+1)^2;$$

ce qui nous apprend que 7.5^2 étant plus grand que le carré de x, et plus petit que celui de $(x+1)$, la racine carrée de ce nombre sera comprise entre x et $(x+1)$, de sorte que x est la racine carrée de 7.5^2 à moins d'une unité. D'où l'on conclut que *pour extraire la racine carrée d'un nombre à moins, etc.*

le nombre proposé : en faisant abstraction de la virgule, on aura multiplié ce nombre par l'unité suivie de six zéros ; donc la racine carrée du résultat sera égale à la racine demandée, multipliée par la racine carrée d'un million (**202**), c'est-à-dire par mille : donc on aura la racine demandée en divisant la racine trouvée par mille, ce qui se fera en séparant sur la droite de cette racine trois décimales, c'est-à-dire deux fois moins qu'il n'y en avait dans le nombre proposé.

2° *Si le nombre des chiffres décimaux est impair, vous ajouterez un zéro à la droite du nombre proposé, et vous retomberez ainsi dans le cas précédent.* Ce qui fait qu'on ajoute un zéro à la droite du nombre proposé, c'est que ce nombre, devant être considéré comme le carré de sa racine, doit contenir deux fois plus de décimales que cette racine (**157**), c'est-à-dire un nombre pair de décimales.

Exemple. 1° Quelle est la racine carrée de 42,1861 ?

Réponse : 6,49.

2° Quelle est la racine carrée de 2,345 ?

Réponse : 1,53.

205. Proposons-nous maintenant d'extraire la racine carrée d'une fraction.

Si les deux termes de la fraction proposée sont des carrés parfaits, il suffira, pour obtenir sa racine, d'extraire séparément les racines carrées de ces deux termes. Il résulte, en effet, de la règle donnée pour multiplier deux fractions l'une par l'autre, que pour former le carré d'une fraction il faut carrer ses deux termes, et que par conséquent on reviendra du carré d'une fraction à sa racine en extrayant séparément les racines carrées de chacun de ses deux termes*. Ainsi $\sqrt{\frac{49}{56}} = \frac{7}{16}$.

---

* M. *Bourdon* a observé que cette démonstration ne peut s'appliquer qu'à une fraction dont les deux termes sont des carrés parfaits : car elle repose sur la règle donnée pour multiplier deux fractions entre elles, et le raisonnement qui nous a conduit à cette règle suppose que la fraction multiplicateur est commensurable (**116**).

EXTRACTION DES RACINES. 167

Si les deux termes d'une fraction irréductible $\frac{a}{b}$ ne sont pas des carrés parfaits, sa racine carrée est incommensurable. Supposons, en effet, que cette racine puisse être commensurable, et représentons-la par la fraction irréductible $\frac{a'}{b'}$. On devra donc avoir $\frac{a}{b} = \frac{a'^2}{b'^2}$. Mais la fraction $\frac{a'^2}{b'^2}$ est irréductible (**83**); donc il faut que l'on ait $a = a'^2$ et $b = b'^2$ (**103**), ce qui est contraire à l'hypothèse.

206. *Si des deux termes de la fraction le dénominateur seul est un carré parfait, l'application de la règle précédente donnera la racine demandée à moins d'une unité de l'ordre marqué par la racine carrée du dénominateur*; car, supposons par exemple que l'on demande la racine carrée de $\frac{12}{25}$: si l'on multiplie cette fraction par son dénominateur 25, et que l'on extraye la racine du produit 12 (**97**, 3°), la racine que l'on obtiendra sera égale à celle de $\frac{12}{25}$ multipliée par $\sqrt{25}$, c'est-à-dire par 5 : donc, en divisant la racine carrée de 12 par 5, on aura exactement celle de $\frac{12}{25}$. Or la racine carrée de 12 tombe entre 3 et 4 : donc la racine demandée sera comprise entre $\frac{3}{5}$ et $\frac{4}{5}$. Ainsi $\frac{3}{5}$ sera la valeur de cette racine à moins de $\frac{1}{5}$.

207. *Si le dénominateur de la fraction proposée n'est pas un carré parfait, on ramènera ce cas au précédent en multipliant les deux termes de cette fraction par son dénominateur, et alors on obtiendra la racine demandée à moins d'une unité fractionnaire de l'ordre marqué par son dénominateur.*

Soit proposé, par exemple, d'extraire la racine carrée de la fraction $\frac{5}{13}$: on multipliera les deux termes de cette fraction par 13, ce qui donnera la fraction équivalente $\frac{65}{13^2}$. On extraira les racines carrées de ses deux termes, et l'on trouvera $\frac{8}{13}$, valeur exacte à moins de $\frac{1}{13}$ près.

208. Il n'est pas toujours nécessaire de multiplier les deux termes de la fraction proposée par son dénominateur, pour la transformer en une autre dont le dénominateur soit un carré parfait. Il suffit, pour cela, de décomposer le dénominateur en ses facteurs premiers et de multiplier les deux termes de la fraction par ceux de ces facteurs premiers dont les exposants sont impairs. On extraira ensuite la racine carrée du nouveau dénominateur, en divisant par 2 les exposants de ses facteurs premiers.

Exemple. Extraire la racine carrée de $\frac{17}{360}$. On trouvera (88) que $360 = 2^3.3^2.5$: ainsi l'on multipliera les deux termes de la fraction $\frac{17}{360}$ par 2.5, ce qui donnera $\frac{170}{2^4.3^2.5^2}$. La racine carrée du numérateur est 13 à moins d'une unité; celle du dénominateur est $2^2.3.5 = 60$: donc $\sqrt{\frac{17}{360}} = \frac{13}{60}$ à moins de $\frac{1}{60}$.

209. En rendant le numérateur un carré parfait, on n'aurait également qu'une racine à extraire; mais on ne saurait pas *immédiatement* sur quel degré d'exactitude on pourrait compter. Si l'on demandait, par exemple, la racine carrée de $\frac{5}{13}$, en rendant le numérateur un carré parfait, on trouverait que cette racine tombe entre $\frac{5}{8}$ et $\frac{5}{9}$; qu'ainsi l'erreur commise en prenant $\frac{5}{8}$ pour sa valeur est moindre que la différence de ces deux fractions, c'est-à-dire moindre que $\frac{5}{72}$.

Remarquons que, dans le cas même où le numérateur de la fraction serait un carré parfait, on pourrait commettre une erreur de plus d'une unité, si l'on se bornait à extraire la racine carrée de ses deux termes. Supposons, en effet, que l'on demande la racine de $\frac{900}{7}$: on trouvera ainsi $\frac{30}{2} = 15$, ou $\frac{30}{3} = 10$. Mais $\frac{900}{7} = 128\frac{4}{7}$ est compris entre le carré de 11 et celui de 12; donc, en prenant l'un des nombres 10 ou 15 pour la racine carrée de $\frac{900}{7}$, on commettra une erreur de plus d'une unité.

210. *Si l'on voulait extraire la racine carrée d'une fraction à moins d'une unité fractionnaire donnée*, on verrait, en raisonnant comme au n° **202**, qu'*il faudrait multiplier cette fraction par le carré du dénominateur de l'unité fractionnaire donnée, extraire la racine carrée du produit à moins d'une unité, et pour cela extraire à moins d'une unité la racine carrée du plus grand nombre entier contenu dans ce produit; enfin diviser cette racine par le dénominateur de l'unité fractionnaire donnée.*

Exemple. Calculer la racine carrée de $\frac{5}{14}$ à moins de $\frac{1}{20}$. Je multiplie $\frac{5}{14}$ par le carré de 20, c'est-à-dire par 400, ce qui donne $\frac{1000}{7}$; j'extrais les entiers de ce produit, et je trouve 142, dont la racine est 11 à moins d'une unité près : c'est donc là aussi la racine carrée de $\frac{1000}{7}$ à moins d'une unité, car le carré de 12 surpasse 142 au moins d'une unité, et est par conséquent plus grand que $\frac{1000}{7}$. Donc $\frac{11}{20}$ est, à moins de $\frac{1}{20}$, la racine carrée de $\frac{5}{14}$.

Si l'on demandait la racine d'un nombre quelconque à moins d'une fraction donnée, on commencerait par rendre le numérateur de cette fraction égal à l'unité en divisant ses deux termes par ce numérateur, et on rentrerait ainsi dans le cas précédent.

Veut-on, par exemple, la racine carrée de $20\frac{10}{11}$ à moins de $\frac{3}{5}$? on observera que $\frac{3}{5} = \frac{1}{\frac{5}{3}}$; on multipliera donc $20\frac{10}{11}$ par le carré de $\frac{5}{3}$, ce qui donnera $\frac{5720}{99} = 57\frac{7}{9}$; on extraira la racine carrée du plus grand carré contenu dans 57, et en la divisant par $\frac{5}{3}$ on trouvera $\frac{21}{5}$, qui est le nombre demandé.

211. Il suit de ce qui précède que, *pour trouver la racine carrée d'une fraction ordinaire à moins d'une unité décimale donnée, on convertira cette fraction en décimales, en ayant soin de continuer le calcul relatif à cette conversion jusqu'à ce qu'on ait deux fois plus de décimales qu'on n'en demande à la racine ; et la racine carrée de la fraction résultante sera la racine demandée.* Ainsi, si l'on veut avoir la racine carrée de $\frac{5}{14}$ à moins d'un centième, on convertira cette fraction $\frac{5}{14}$ en décimales, en poussant le calcul jusqu'au chiffre des dix-millièmes, ce qui donnera 0,3571; et, en extrayant la racine carrée de cette fraction, on trouvera 0,60 pour la valeur de la racine demandée à moins d'un demi-centième.

***212.** Nous avons vu (**91**) qu'un nombre a autant de diviseurs qu'il y a d'unités dans le produit des exposants de ses facteurs premiers, augmentés chacun d'une unité. Il suit de là 1° que *tout nombre qui est un carré parfait a un nombre impair de diviseurs :* car les exposants de ses facteurs premiers étant tous pairs (première note du n° **202**), si on les augmente d'une unité, ils deviendront tous impairs, et par conséquent leur produit sera impair (note du n° **66**); 2° que *tout nombre qui n'est pas un carré parfait a un nombre pair de diviseurs* : car l'un au moins des exposants de ses facteurs premiers étant impair, si on l'augmente d'une unité, il deviendra pair, et par conséquent le produit de ces exposants, augmentés chacun d'une unité, sera pair.

* **213.** Nous avons donné (**73**) le moyen de reconnaître si un nombre est premier; mais il n'est pas nécessaire pour cela d'essayer tous les diviseurs moindres que sa moitié; car on est certain qu'*un nombre est premier lorsque, n'étant pas un carré parfait, il n'est divisible par aucun des nombres moindres que sa racine carrée*. Si ce nombre, en effet, pouvait être divisible par un nombre plus grand que sa racine carrée, il le serait nécessairement par le quotient de cette division, c'est-à-dire par un nombre plus petit que cette racine, ce qui est contraire à notre hypothèse.

Il suit de là que, dans l'application de la méthode d'*Ératosthène* à la construction d'une table des nombres premiers (**74**), il suffit de pointer les nombres à partir seulement du carré du nombre premier dont on veut supprimer les multiples; car tous les nombres qui restent dans la table avant ce carré sont nécessairement premiers. Ainsi, quand, dans la suite des nombres impairs, on a supprimé tous les multiples de 3, les nombres qui précèdent $5^2 = 25$ sont premiers, et par conséquent le plus simple multiple de 5 que renferme cette suite est 25.

214. Lorsqu'on sait extraire la racine carrée d'un nombre, on peut extraire toute racine dont l'indice est une puissance parfaite de 2. En effet, si l'on extrait la racine carrée d'un nombre, puis la racine carrée de cette racine carrée, on obtiendra la racine quatrième de ce nombre : car la seconde racine carrée est deux fois facteur dans la première; mais cette première est deux fois facteur dans le nombre proposé : donc la seconde racine est deux fois deux fois, c'est-à-dire quatre fois facteur dans ce nombre; donc elle en est la racine quatrième.

Si de la racine quatrième d'un nombre on extrait la racine

carrée, on aura la racine huitième de ce nombre; car la racine carrée de la racine quatrième est deux fois facteur dans cette racine quatrième; mais celle-ci est quatre fois facteur dans le nombre proposé : donc la racine carrée de la racine quatrième d'un nombre est quatre fois deux fois, c'est-à-dire huit fois facteur dans ce nombre; donc elle en est la racine huitième.

En continuant de raisonner ainsi, on verra qu'en extrayant la racine carrée de la racine huitième on aura la racine seizième; qu'en extrayant la racine carrée de la racine seizième, on aura la racine trente-deuxième, et ainsi de suite.

Concluons de là que si l'on extrait d'un nombre

2 racines carrées successives, on a la racine	4me, c.-à-d. une racine du degré	2^2
3...	8me............................	2^3
4...	16me...........................	2^4
5...	32me...........................	2^5
etc.......................................	etc...............................	etc.

Ainsi, *lorsque l'indice de la racine à extraire sera une puissance parfaite de* 2, *il suffira, pour l'obtenir, d'extraire du nombre proposé un nombre de racines carrées successives marqué par l'exposant que* 2 *a dans l'indice de cette racine.*

§ II. RACINE CUBIQUE.

215. *On appelle* CUBE *d'un nombre le produit de trois facteurs égaux à ce nombre*, ou, ce qui revient au même, le produit de ce nombre multiplié par son carré. Ainsi, le cube de 6 est $6.6.6 = 216$.

On appelle RACINE CUBIQUE *d'un nombre le nombre qui, élevé au cube, reproduit le nombre proposé.* Ainsi la racine cubique de 216 est 6.

Pour indiquer que l'on doit extraire la racine cubique d'un nombre, on écrit ce nombre (**190**) sous le signe $\sqrt{}$ entre les branches duquel on place le chiffre 3. Ainsi $\sqrt[3]{126}$ signifie que l'on doit extraire la racine cubique de 126.

216. La racine cubique de 1000 étant 10, on voit que la racine cubique de tout nombre plus petit que 1000 est moindre que 10, et se trouve par conséquent exprimée par un seul chiffre; qu'au contraire, la racine cubique de tout nombre plus grand que 1000 sera plus grande que 10, et renfermera par conséquent des dizaines et des unités.

Nous distinguerons donc deux cas dans l'extraction de la racine cubique des nombres entiers, selon que le nombre proposé sera moindre ou plus grand que 1000.

217. *Pour extraire la racine cubique d'un nombre plus petit que* 1000, *on formera un tableau contenant sur une première ligne horizontale les neuf premiers nombres, et au-dessous leurs cubes respectifs :*

$$1, \quad 2, \quad 3, \quad 4, \quad 5, \quad 6, \quad 7, \quad 8, \quad 9,$$
$$1, \quad 8, \quad 27, \quad 64, \quad 125, \quad 216, \quad 343, \quad 512, \quad 729.$$

Cela fait, on cherchera dans ce tableau le plus grand cube contenu dans le nombre proposé, et sa racine cubique sera la racine demandée, à moins d'une unité.

Si l'on voulait, par exemple, la racine cubique de 400, on dirait : Le plus grand cube contenu dans 400 est 343, dont la racine cubique est 7 : ainsi 7 est la racine cubique de 400, à moins d'une unité (**192**).

En raisonnant comme on l'a fait au n° **193**, on verra que, *quand la racine cubique d'un nombre entier n'est pas entière*, elle n'est pas non plus fractionnaire, de sorte que, ne pouvant pas être exprimée exactement en nombre, *elle est incommensurable.*

218. Voyons maintenant comment on pourra obtenir la racine cubique d'un nombre plus grand que 1000. Comme elle doit renfermer des dizaines et des unités, nous allons auparavant étudier la composition du cube d'un pareil nombre. Représentons par a les dizaines de ce nombre et par b ses unités : ce nombre sera représenté par $a+b$. Pour former son cube, nous l'élèverons d'abord au carré, ce qui donnera (note du n° **194**)

$$a^2 + 2a.b + b^2,$$

et il restera à multiplier ce dernier nombre par $a+b$.

EXTRACTION DES RACINES. 173

Pour y parvenir, nous multiplierons chaque partie du multiplicande successivement par chaque partie du multiplicateur; et, en observant que $2a.b.a$ peut s'écrire $2a.a.b = 2a^2.b$, que de même $2a.b.b = 2a.b^2$ (38), nous aurons le calcul suivant :

$$a^2 + 2a.b + b^2$$
$$a + b$$

Produit du multiplicande par a.. $a^3 + 2a^2.b + a.b^2$
Produit du multiplicande par b.. $\qquad a^2.b + 2a.b^2 + b^3$
$$a^3 + 3a^2.b + 3a.b^2 + b^3$$

En comparant cette expression à celle $(a+b)$ du nombre proposé, on voit que *le cube d'un nombre qui renferme des dizaines et des unités se compose de quatre parties, savoir : du cube des dizaines, du triple carré des dizaines multiplié par les unités, du triple des dizaines multiplié par le carré des unités, et du cube des unités.*

219. Revenons maintenant à l'extraction de la racine cubique d'un nombre plus grand que 1000. Sa racine contiendra, comme nous l'avons vu, des dizaines et des unités; de sorte qu'on pourra considérer le nombre proposé comme formé de quatre parties, savoir : du cube des dizaines de sa racine, du triple carré de ses dizaines par ses unités, du triple de ses dizaines par le carré de ses unités, et du cube de ses unités.

Cela posé, si nous pouvions détacher du nombre proposé le cube des dizaines de la racine, en en extrayant la racine cubique, nous obtiendrions les dizaines de la racine demandée. Mais le cube de ces dizaines étant un nombre exact de mille (34), ne peut se trouver que dans les mille du nombre proposé, lesquels peuvent contenir, en outre, des mille qui auraient reflué des trois autres parties du cube de la racine, plus du reste s'il y en a un. Par conséquent, si l'on extrait la racine du plus grand cube contenu dans les mille du nombre proposé, on n'obtiendra pas un nombre plus petit que les dizaines de la racine. On ne pourra pas non plus en trouver un plus grand, sans quoi cette racine du plus grand cube contenu dans les mille du nombre proposé surpasserait au moins d'une unité *la racine totale* (note du n° 195), c'est-à-dire *la racine du plus grand cube contenu dans le nombre tout entier*, ce qui est évidemment absurde : donc, en extrayant la racine du plus grand cube contenu dans les mille du nombre proposé, on trouvera exactement les dizaines de la racine demandée.

Si maintenant on retranche du nombre proposé le cube des dizaines de la racine, le reste ne contiendra plus que le triple carré des dizaines de la racine par les unités, le triple des dizaines par le carré des unités, et le cube des unités. Mais la première de ces deux parties étant un nombre exact de centaines, ne peut se trouver que dans les centaines du reste, lesquelles peuvent contenir en outre quelques centaines qui auraient reflué des deux autres parties du cube et du reste s'il y en a un : donc, si l'on divise les centaines du reste par le triple carré des dizaines de la racine, on ne pourra pas trouver un nombre plus petit que les unités de cette racine; mais on courra le risque d'en trouver un plus grand [on verra d'ailleurs (**223**) que le reste seul peut contenir autant de centaines qu'il y en a dans le triple des dizaines de la racine].

Pour vérifier si le chiffre trouvé n'est pas plus grand que celui des unités, on n'aura qu'à élever la racine totale au cube, et ce cube devra pouvoir se retrancher du nombre proposé.

On pourra s'assurer, et même plus simplement, que le chiffre mis à la racine n'est pas trop grand, de la manière suivante : à la droite du triple des dizaines, écrivez le chiffre des unités; multipliez le nombre ainsi formé par les unités; ce qui donnera le triple des dizaines par les unités, plus le carré des unités; ajoutez ce produit au triple carré des dizaines, ce qui vous donnera le triple carré des dizaines, le triple produit des dizaines par les unités, et le carré des unités; multipliez cette somme par les unités, et vous aurez le triple carré des dizaines par les unités, le triple des dizaines par le carré des unités, et le cube des unités. Comme ces trois parties se trouvent dans le reste, leur somme doit pouvoir s'en retrancher : donc, si la

EXTRACTION DES RACINES.   175

soustraction n'est pas possible, on sera certain que le chiffre trouvé pour les unités de la racine est trop grand, et par conséquent on devra le diminuer d'une ou de plusieurs unités.

220. Ainsi, *pour extraire la racine cubique d'un nombre plus grand que* 1000, *extrayez la racine du plus grand cube contenu dans les mille de ce nombre, ce qui vous donnera les dizaines de la racine demandée ; retranchez le cube de ces dizaines du nombre proposé, et divisez les centaines du reste par le triple carré des dizaines trouvées ; vous obtiendrez ainsi un nombre qui ne sera pas plus petit que les unités de la racine. Pour vérifier si ce nombre n'est pas plus grand, vous pourrez élever la racine totale au cube, et ce cube devra pouvoir se retrancher du nombre proposé. Mais il sera plus simple d'écrire le chiffre des unités à la droite du triple des dizaines, de multiplier le nombre ainsi formé par les unités, d'ajouter le produit au triple carré des dizaines et de multiplier la somme par les unités : le produit devra pouvoir se retrancher du reste.*

221. On verra, comme au n° **197**, que la règle que nous venons d'énoncer pourra s'appliquer successivement à des nombres qui ne contiendront pas plus de 6, 9, 12, etc., chiffres, et que par conséquent elle est générale.

222. Comme le chiffre des unités s'obtient par une division, on sent que la crainte d'écrire à la racine un chiffre trop grand expose à en mettre un trop faible. Comment donc s'assurer que le chiffre qu'on aura écrit pour les unités n'est pas trop petit?

Représentons la racine trouvée par a : si elle est trop faible d'une unité, la véritable valeur de la racine sera $a+1$; de sorte que le nombre dont on extrait cette racine doit contenir le cube de $a+1$, c'est-à-dire a^3+3a^2+3a+1. Mais on en a retranché le cube de la racine trouvée, c'est-à-dire a^3 : donc le reste doit encore contenir $3a^2+3a+1$, c'est-à-dire le triple carré de la racine trouvée, plus le triple de cette racine, plus 1.

On sera donc certain que *le chiffre qu'on aura écrit à la racine ne sera pas trop faible quand le reste correspondant sera*

176 EXTRACTION DES RACINES.

moindre que le triple carré de la racine trouvée, plus trois fois cette racine, plus une unité.

223. Il suit de là que *le reste qu'on obtient en extrayant la racine cubique d'un nombre entier vaut au plus le triple carré de cette racine, plus trois fois cette racine,* et que *la différence des cubes de deux nombres entiers consécutifs est égale au triple carré du plus petit, plus le triple de ce plus petit, plus une unité.*

224. Appliquons la méthode que nous venons de développer à la recherche de la racine cubique du nombre 50651889. On disposera les calculs comme ci-dessous :

```
5 0.6 5 1.8 8 9 | 369
2 7             | 27............  96
  2 3 6.5 1    |  576   )         6
  1 9 6 5 6    | 3276   )        ——
  ——————        |   36   )
  3 9 9 5 8.8 9 |
  3 5 8 7 4 0 9 | 3888.........  1089
  —————————     | 9801              9
    4 0 8 4 8 0 | ——————          ——
                | 398601
```

Le nombre proposé étant plus grand que mille, sa racine cubique contiendra des dizaines et des unités; et, pour avoir les dizaines de cette racine, il faudra extraire la racine cubique du plus grand cube contenu dans les 50651 mille de ce nombre. Mais 50651 étant plus grand que 1000, sa racine cubique contiendra des dizaines et des unités : de sorte que, pour déterminer ses dizaines, il faudra extraire la racine du plus grand cube contenu dans 50 mille. Le plus grand cube contenu dans 50 est 27, dont la racine est 3 : ainsi la racine cubique de 50651 contient 3 dizaines, que j'écris à la place réservée pour la racine, à la droite du nombre proposé. Pour obtenir les unités de cette racine, je retranche du nombre 50651 le cube de trois dizaines, ce qui revient à retrancher 27 mille de 50 mille et à abaisser à la droite du reste la tranche 651, ce qui fait 23651. Je divise les 236 centaines de ce nombre par 27 centaines, triple carré des trois dizaines de la racine, et le quotient 6 exprime les unités de cette racine. Pour vérifier si ce chiffre 6 n'est pas trop grand, je l'écris à la droite du triple des dizaines, ce qui donne 96 ; je multiplie ce nombre par 6, et j'ajoute le produit 576 à 27 centaines, triple carré des dizaines de la racine; je multiplie enfin la somme 3276 par 6, et je retranche le produit 19656 de 23651, ce qui donne pour reste 3995. Ainsi le chiffre 6 n'est pas trop grand ; mais nous pourrions craindre qu'il ne fût trop petit, puisque nous l'avons obtenu en divisant 236 par 27, et que le quotient de cette division est réellement 8. Pour lever tous les doutes à cet égard, nous allons examiner si le reste 3995 est moindre que le triple carré de la racine trouvée 36, plus le triple de cette racine, plus une unité (222). Formons donc d'abord le triple carré de 36.

Or.................. 576 se compose du triple produit des dizaines de 36 par ses unités, plus du carré de ses unités ;

d'un autre côté........ 3276 se compose du triple carré des dizaines de 36, du triple produit de ses dizaines par ses unités et du carré de ses unités ;

si à ces deux nombres nous ajoutons......... 36, carré des unités de 36, la

somme.............. 3888 se composera du triple carré des dizaines de 36, de six fois le produit de ses dizaines par ses unités, et du triple carré de ses unités, c'est-à-dire du triple carré de 36 (194). Si à cette somme nous ajoutons le triple de 36 et encore une unité, le résultat 3997 surpassera le reste 3995 : donc le chiffre 6 n'est pas trop faible ; mais d'ailleurs nous avons reconnu qu'il n'est pas trop grand : donc il est exact; donc 36 est la racine du plus grand cube contenu dans 50651. Ainsi la racine demandée contient 36 dizaines. Il faudra, pour en trouver les unités, retrancher du nombre proposé le cube de ces 36 dizaines. Or ce cube est un nombre exact de mille : donc il suffira de le retrancher des 50651 mille du nombre proposé, et d'abaisser à la droite du reste la tranche 889. Mais nous avons précisément retranché le cube de 36 de

50651 : car nous avons d'abord soustrait de ce nombre le cube de 3 dizaines, ce qui a donné pour reste 23651 ; et de ce reste nous avons retranché 19656, c'est-à-dire le triple carré des 3 dizaines par les 6 unités, plus le triple produit de ces dizaines par le carré de ces unités, plus le cube de ces unités. Abaissons donc la tranche 889 à la droite du reste 3995, ce qui donnera 3995889, et divisons les centaines de ce nombre par 3888, triple carré des trente-six dizaines de la racine. Le quotient 9 sera le chiffre des unités. Il est évident qu'il n'est pas trop petit. Pour vérifier s'il n'est pas trop grand, on l'écrira à la droite du triple des 36 dizaines ; on multipliera le nombre ainsi formé 1089 par ce nombre 9 ; on ajoutera le produit 9801 à 3888 centaines ; on multipliera la somme 398601 par 9, et en retranchant le produit 3587409 de 3995889, on trouvera pour reste 408480, ce qui prouve que le chiffre 9 n'est pas trop grand, et qu'ainsi 369 est la racine cubique de 50651889 à moins d'une unité.

225. Ce n'est que dans des cas très-rares que l'on obtiendra exactement la racine cubique du nombre proposé : car dans le premier million par exemple il n'y a que cent cubes parfaits. Alors on trouvera la racine demandée à moins d'une unité ; mais si l'on a besoin d'un plus grand degré d'approximation, on pourra l'obtenir par la méthode suivante :

Supposons par exemple qu'on demande la racine cubique de 7 à moins de $\frac{1}{5}$. J'observe que, *si l'on multiplie un nombre par un autre, la racine cubique de leur produit sera égale au produit de leurs racines cubiques* : car, pour élever un produit au cube, il suffit d'y élever chacun de ses facteurs (la démonstration est la même que celle donnée dans la première note du n° **202**) ; de sorte que *pour extraire la racine cubique d'un produit, il suffit d'extraire la racine cubique de chaque facteur, et de multiplier ces racines entre elles.* Donc, si l'on multiplie le nombre 7 par le cube de 5 et qu'on extraye la racine cubique du produit 7.5^3, la racine qu'on obtiendra sera égale à la racine demandée multipliée par 5 :

$$\sqrt[3]{7.5^3} = \sqrt[3]{7} . 5 ;$$

donc, en divisant la racine cubique de 7.5^3 par 5, on aura *exactement* celle de 7 :

$$\frac{\sqrt[3]{7.5^3}}{5} = \sqrt[3]{7};$$

or $7.5^3 = 875$, et la racine cubique de 875 tombe entre les deux nombres entiers consécutifs 9 et 10 : donc la racine demandée tombe entre ces deux nombres divisés par 5, c'est-à-dire entre $\frac{9}{5}$ et $\frac{10}{5}$; donc elle diffère de chacun d'eux de moins qu'ils ne diffèrent entre eux, c'est-à-dire de moins de $\frac{1}{5}$; donc, en prenant $\frac{9}{5}$ pour la racine demandée, on aura cette racine à moins de $\frac{1}{5}$.

Concluons de là que, *pour extraire la racine cubique d'un nombre à moins d'une unité fractionnaire donnée, il faut multiplier ce nombre par le cube du dénominateur de cette unité fractionnaire, extraire la racine cubique du produit à moins d'une unité, et diviser cette racine par le dénominateur de la fraction proposée* *.

226. Il suit de là que, *pour extraire la racine cubique d'un nombre entier à moins d'une unité décimale donnée, il faut écrire à sa droite trois fois plus de zéros qu'on ne veut avoir de décimales à la racine, extraire la racine cubique du résultat à moins d'une unité, et séparer sur la droite de cette racine autant de décimales qu'on en a demandé* (**203**).

227. Lorsqu'on veut extraire la racine cubique d'un nombre décimal, on distingue deux cas, selon que le *nombre* des décimales est ou n'est pas multiple de 3.

1° *Si le nombre des chiffres décimaux est un multiple de* 3, *extrayez la racine cubique, abstraction faite de la virgule; puis séparez sur la droite de cette racine trois fois moins de décimales qu'il n'y en a dans le nombre proposé.* Le raisonnement est le même qu'au n° **204**, 1°.

---

* On parviendra encore à cette règle en remplaçant, dans la démonstration qui fait le sujet de la seconde note du n° **202**, les mots *carré* et *racine carrée* par ceux-ci : *cube* et *racine cubique*.

2° *Si le nombre des chiffres décimaux n'est pas un multiple de* 3, *écrivez à la droite du nombre proposé un ou deux zéros, selon qu'il sera nécessaire, pour rendre le nombre des décimales divisible par* 3, *et vous retomberez ainsi sur le cas précédent* (**204**, 2°).

Exemples : 1° Quelle est la racine cubique de 50,651889? *Réponse :* 3,69. — 2° Quelle est la racine cubique de 2,6518? *Réponse :* 1,38.

228. Proposons-nous maintenant d'extraire la racine cubique d'une fraction.

Si les deux termes sont des cubes parfaits, il suffira, pour avoir la racine cubique, d'extraire séparément celle de ces deux termes. Ainsi :

$$\sqrt[3]{\tfrac{27}{216}} = \frac{\sqrt[3]{27}}{\sqrt[3]{216}} = \tfrac{3}{6} = \tfrac{1}{2}\ (\mathbf{205}).$$

On démontrera, comme au n° **205**, que *si les deux termes d'une fraction irréductible ne sont pas des cubes parfaits, sa racine cubique est incommensurable.*

229. *Si des deux termes d'une fraction le dénominateur seul est un cube parfait, l'application de la règle précédente donnera la racine demandée à moins d'une unité de l'ordre marqué par la racine cubique du dénominateur.* Car, si l'on demande par exemple la racine cubique de $\tfrac{55}{343}$, on devra extraire la racine cubique de 55 (**206**), laquelle tombe entre 3 et 4, et celle de 343, qui est 7; de sorte que la racine demandée tombera entre $\tfrac{3}{7}$ et $\tfrac{4}{7}$: donc $\tfrac{3}{7}$ est la valeur de cette racine à moins de $\tfrac{1}{7}$.

230. *Si le dénominateur de la fraction proposée n'est pas un cube parfait, on ramènera ce cas au précédent en multipliant les deux termes de cette fraction par le carré de son dénominateur, et alors on obtiendra la racine demandée à moins d'une unité fractionnaire de l'ordre marqué par son dénominateur.*

Soit proposé par exemple d'extraire la racine cubique de la fraction $\tfrac{235}{528}$. On multipliera les deux termes de cette fraction par le carré de 528, qui est 278784, ce qui donnera $\tfrac{65514240}{528^3}$; on

EXTRACTION DES RACINES. 181

extraira les racines cubiques des deux termes de cette fraction ; et comme celle du numérateur tombe entre 403 et 404, on en conclura que $\frac{403}{528}$ est la valeur de la racine à moins de $\frac{1}{528}$.

*251. Il n'est pas toujours nécessaire de multiplier les deux termes de la fraction proposée par le carré de son dénominateur pour la transformer en une autre dont le dénominateur soit un cube parfait. On observe que, lorsqu'un nombre est un cube exact, les exposants de ses facteurs premiers sont des multiples de 3 ; en conséquence on n'aura qu'à décomposer le dénominateur en ses facteurs premiers et multiplier les deux termes de la fraction par ceux de ces facteurs premiers dont les exposants ne sont pas divisibles par 3, et autant de fois par ces facteurs qu'il le faudra pour qu'ils aient dans le nouveau dénominateur des exposants qui soient des multiples de 3. On extraira ensuite la racine cubique de ce nouveau dénominateur en divisant par 3 les exposants de ses facteurs premiers.

Exemple. Extraire la racine cubique de $\frac{17}{4320}$. On trouve (88) que $4320 = 2^5 . 3^3 . 5$: ainsi on multipliera les deux termes de la fraction $\frac{17}{4320}$ par 2.5^2, ce qui donnera $\frac{850}{2^6.3^3.5^3}$; la racine cubique du numérateur est 9 à moins d'une unité ; celle du dénominateur est $2^2.3.5 = 60$: donc $\sqrt[3]{\frac{17}{4320}} = \frac{9}{60} = \frac{3}{20}$ à moins de $\frac{1}{60}$.

252. Pour extraire la racine cubique d'une fraction à moins d'une unité fractionnaire donnée, il faudra multiplier cette fraction par le cube du dénominateur de cette unité fractionnaire, extraire à moins d'une unité la racine cubique du plus grand nombre entier contenu dans le produit, et diviser cette racine par le dénominateur de l'unité fractionnaire donnée.

Exemple. Calculer la racine cubique de $5\frac{5}{13}$, à moins de $\frac{1}{20}$. Je multiplie $5\frac{5}{13}$ par le cube de 20, c'est-à-dire par 8000, ce qui donne $43076\frac{12}{13}$; la racine du plus grand cube contenu dans 43076 est 35 : donc $\frac{35}{20} = \frac{7}{4}$ est la racine cubique de $5\frac{5}{13}$ à moins de $\frac{1}{20}$ (**210**).

233. Il suit de ce qui précède que, *pour trouver la racine cubique d'une fraction ordinaire à moins d'une unité décimale donnée, on convertira cette fraction en décimales, en ayant soin de continuer le calcul relatif à cette conversion jusqu'à ce qu'on ait trois fois plus de décimales que l'on n'en demande à la racine, et la racine cubique de la fraction résultante sera la racine demandée.*

Ainsi, si l'on veut avoir la racine cubique de $\frac{235}{528}$ à moins de $\frac{1}{10}$, on réduira cette fraction en décimales en s'arrêtant au chiffre des millièmes, ce qui donnera 0,446 ; et, en extrayant la racine cubique de cette fraction, on trouvera 0,7 pour valeur de la racine demandée à moins de $\frac{1}{10}$.

* **234.** En raisonnant comme au n° **214**, on verra que *lorsque l'indice d'une racine à extraire sera une puissance parfaite de 3, il suffira, pour obtenir cette racine, d'extraire du nombre proposé un nombre de racines cubiques successives marqué par l'exposant que 3 a dans l'indice de cette racine.*

***235.** Nous sommes maintenant en état d'extraire d'un nombre toute racine dont l'indice n'a pas d'autres facteurs premiers que 2 et 3, et même d'extraire cette racine avec tel degré d'approximation que l'on voudra. Supposons en effet, pour fixer les idées, que l'on demande d'extraire d'un nombre la racine du degré $2^3 \cdot 3^2 = 72$. Si nous extrayons d'abord de ce nombre la racine du degré $2^3 = 8$ (**214**), et que de cette racine nous extrayions la racine du degré $3^2 = 9$ (**234**), nous obtiendrons la racine 72e du nombre proposé : car la racine 9e de la racine 8e entrera 9 fois comme facteur dans cette racine 8e ; mais celle-ci est 8 fois facteur dans le nombre proposé : donc la racine 9e de la racine 8e est 9 fois 8 fois ou 72 fois facteur dans ce nombre ; donc elle en est bien la racine 72e.

Demande-t-on maintenant la racine sixième de 7 à moins d'un dixième : on verra, en raisonnant comme au n° **202**, que pour l'obtenir *il faut multiplier ce nombre par* 10^6, *extraire la racine sixième du produit* 7000000 *à moins d'une unité, et diviser ensuite cette racine par* 10. Extrayons donc la racine

EXTRACTION DES RACINES. 183

sixième de 7000000, et pour cela extrayons d'abord la racine carrée de ce nombre. Nous trouverons 2645 pour résultat. Extrayons actuellement la racine cubique de 2645. Cette racine est 13, et je dis que 13 est la racine sixième de 7000000 à moins d'une unité. En effet, il est d'abord évident que le carré du cube de 13, c'est-à-dire la sixième puissance de 13, est moindre que 7000000. D'un autre côté, le cube de 14 surpasse 2645 au moins d'une unité, et comme le carré de 2646 est plus grand que 7000000, il s'ensuit que le carré du cube de 14, c'est-à-dire la sixième puissance de 14, surpasse aussi 7000000 ; donc *la racine sixième de ce nombre est comprise entre 13 et 14, et par conséquent la racine de 7 tombe entre 1,3 et 1,4 ; donc 1,3 est la racine sixième de 7 à moins d'un dixième.*

*236. Nous avons démontré aux n°s 37 et 113 que l'on pouvait intervertir l'ordre des facteurs d'un produit sans altérer sa valeur, lorsque ces facteurs étaient commensurables ; il convient actuellement d'examiner si ce principe est encore vrai, quand les facteurs que l'on considère sont incommensurables ; mais il faut auparavant établir un principe qui est d'une grande importance, et d'abord définir ce qu'on entend par *limite d'une quantité variable.*

On appelle LIMITE *d'une quantité* VARIABLE, *une quantité* FIXE *dont elle s'approche indéfiniment, c'est-à-dire de manière que leur différence puisse devenir moindre que toute grandeur donnée, sans cependant se réduire jamais rigoureusement à zéro.* Ainsi nous avons vu au n° 164 que la fraction décimale 0,99999... différera de l'unité d'aussi peu que l'on voudra, si on la compose d'un nombre suffisant de chiffres 9, mais qu'elle ne sera jamais rigoureusement égale à 1 tant que le nombre de ces chiffres sera limité.

*237. Il suit immédiatement de cette définition, que *si deux quantités variables restent constamment égales entre elles, dans tous les états de grandeur par lesquels elles passent, leurs limites seront égales.*

Soient, en effet, a et b deux grandeurs variables, et A et B les limites vers lesquelles elles tendent respectivement : on pourra assigner à a et par conséquent à b ; qu'on suppose y être constamment égale, une valeur qui diffère de A d'aussi peu qu'on voudra ; donc A est aussi une limite de b ; donc A égale B, puisqu'il est évident qu'une même quantité ne peut pas tendre en même temps vers deux limites inégales.

* **238**. Nous pouvons maintenant démontrer que *la valeur d'un produit de facteurs incommensurables ne change pas si l'on intervertit l'ordre de ces facteurs*. J'observe d'abord que l'on peut toujours trouver une quantité commensurable qui diffère d'aussi peu que l'on veut d'une grandeur incommensurable donnée ; en second lieu, que la définition du n° **25** n'ayant aucun sens si le multiplicateur est incommensurable, *on doit regarder un produit de facteurs incommensurables comme la limite vers laquelle tendent les produits que l'on obtient, lorsqu'on remplace les facteurs irrationnels par des facteurs rationnels qui en approchent indéfiniment*. Or ces produits successifs de facteurs commensurables ne changent pas de valeur lorsqu'on intervertit l'ordre de leurs facteurs : donc il en est de même du produit des facteurs incommensurables proposés, puisque les limites de deux quantités égales sont égales (**210**); ainsi a et b désignant deux nombres commensurables variables qui s'approchent indéfiniment de deux quantités incommensurables A et B, on aura constamment $a.b = b.a$; donc les limites A.B et B.A de ces deux produits sont égales (**237**); donc A.B = B.A.

CHAPITRE XII.

RAPPORTS ET PROPORTIONS.

§ I. DÉFINITIONS.

239. *On appelle* RAPPORT *ou* RAISON *le résultat de la comparaison de deux quantités.*

Lorsque l'on compare deux quantités, on a pour but de savoir de combien l'une surpasse l'autre, ou combien de fois l'une contient l'autre. Ainsi, dans le premier cas, le rapport de 15 à 5 est $15 - 5 = 10$, et dans le second il est $\frac{15}{5} = 3$.

On voit donc qu'il y a deux sortes de rapports : *le rapport par différence* ou *arithmétique*, et *le rapport par quotient* ou *géométrique*.

240. *On appelle* PROPORTION *l'expression de l'égalité de deux rapports de même espèce.* Comme il y a deux sortes de rapports, il y a aussi deux sortes de proportions : la proportion par différences ou l'*équidifférence*, et la proportion par quotients ou simplement la *proportion*.

Ainsi l'égalité des deux rapports 15—5 et 12—2 forme une équidifférence qu'on écrit ainsi :

$$15 \,.\, 5 : 12 \,.\, 2.$$

Elle s'énonce : 15 *est à* 5 *comme* 12 *est à* 2.

De même l'égalité des rapports $\frac{15}{5}$ et $\frac{12}{4}$ forme une proportion qu'on écrit

$$15 : 5 :: 12 : 4,$$

et qui s'énonce : 15 *est à* 5 *comme* 12 *est à* 4.

241. Le premier terme d'un rapport se nomme *antécédent* et le second *conséquent*. Ainsi toute proportion a deux antécédents et deux conséquents, aussi bien que deux *moyens* et deux *extrêmes*; dans la proportion 15 : 5 :: 12 : 4, 15 et 12 sont les deux antécédents, 5 et 4 sont les deux conséquents; 5 et 12 sont les deux moyens, 15 et 4 sont les deux extrêmes.

242. *Lorsque les deux moyens d'une proportion sont égaux, on dit que la proportion est* CONTINUE, *et le terme moyen s'appelle* MOYENNE DIFFÉRENTIELLE *ou* MOYENNE PROPORTIONNELLE, suivant que la proportion est par différences ou par quotients. On voit ainsi qu'*une moyenne différentielle ou proportionnelle entre deux nombres est un nombre qui forme les deux moyens d'une proportion par différences ou par quotients dont les deux nombres donnés sont les deux extrêmes.* Ainsi 9 est une moyenne différentielle entre 6 et 12, et 10 est une moyenne proportionnelle entre 5 et 20, car on a :

$$6 . 9 : 9 . 12,$$

$$5 : 10 :: 10 : 20.$$

243. Désormais nous désignerons sous le nom de *raison* le rapport effectué. Ainsi *la* RAISON *d'un rapport par différence sera l'excès de l'antécédent sur le conséquent, ou du conséquent sur l'antécédent, suivant que celui-ci sera plus grand ou plus petit que l'autre, et la raison d'un rapport par quotient sera* TOUJOURS *le quotient de l'antécédent divisé par le conséquent.*

§ II. DES ÉQUIDIFFÉRENCES.

244. *Dans toute équidifférence, la somme des extrêmes est égale à celle des moyens,* c'est-à-dire que dans l'équidifférence

$$15 . 5 : 12 . 2,$$

on aura $\qquad 15 + 2 = 5 + 12.$

En effet, si chaque conséquent était égal à son antécédent, le principe serait évident de lui-même; car la somme des extrêmes et celle des moyens seraient composées des mêmes parties.

Or, si l'on ajoute la raison à chaque conséquent, les conséquents deviendront égaux à leurs antécédents (**243**) : ainsi on aura

$$15.15 : 12.12;$$

et alors la somme des extrêmes sera égale à celle des moyens. Mais en ajoutant la raison à chaque conséquent, nous avons augmenté la somme des extrêmes et celle des moyens chacune de cette raison ; donc, puisque après cette augmentation elles sont égales, elles l'étaient nécessairement auparavant ; donc dans toute équidifférence la somme des extrêmes est égale à celle des moyens.

245. Ce principe fournit le moyen de trouver un terme d'une équidifférence lorsqu'on connaît les trois autres.

Supposons par exemple qu'on donne un extrême et deux moyens, nous dirons : Si de la somme des deux extrêmes nous retranchons un extrême, il restera évidemment l'autre ; mais comme la somme des extrêmes est égale à celle des moyens, *il n'y aura qu'à retrancher l'extrême connu de la somme des deux moyens, et l'on trouvera l'autre extrême.*

On verrait de même que *pour calculer un moyen il faut de la somme des deux extrêmes retrancher le moyen connu.*

246. Si l'équidifférence est continue, la somme des extrêmes est égale alors au double du terme moyen : donc celui-ci vaut la demi-somme des extrêmes ; donc, *pour prendre une moyenne différentielle entre deux nombres, il faut prendre la moitié de la somme de ces nombres.* On trouvera ainsi que la moyenne différentielle entre 5 et 15 est $\frac{5+15}{2} = 10$; et, en effet, on a

$$5.10 : 10.15.$$

247. Nous avons prouvé que dans toute équidifférence la

somme des extrêmes est égale à celle des moyens. Réciproquement, *lorsque quatre nombres sont tels, que la somme des extrêmes est égale à celle des moyens, ces quatre nombres forment une équidifférence.*

Il suffit pour le démontrer de faire voir que, *si quatre nombres ne forment pas une équidifférence, la somme des extrêmes n'est pas égale à celle des moyens.*

Considérons, en effet, quatre nombres, 15, 5, 12 et 3, tels que le rapport des deux premiers ne soit pas égal à celui des deux derniers : si à chaque conséquent on ajoute la raison du premier rapport, le premier conséquent deviendra égal à son antécédent ; mais il n'en sera pas de même du second, puisque les raisons des deux rapports sont supposées différentes. Donc après cette addition la somme des extrêmes ne sera pas égale à celle des moyens, car elles auront une partie commune et une partie différente.

Mais en ajoutant la raison du premier rapport à chaque conséquent, on a augmenté la somme des extrêmes et celle des moyens chacune de cette raison : donc, puisque après cette augmentation ces deux sommes sont inégales, elles l'étaient nécessairement auparavant ; donc, lorsque quatre nombres ne forment pas une équidifférence, la somme des extrêmes n'est pas égale à celle des moyens ; donc, lorsque quatre nombres sont tels que la somme des extrêmes est égale à la somme des moyens, ces quatre nombres forment une équidifférence.

248. Il suit de là qu'*on pourra toujours faire subir aux termes d'une équidifférence tous les changements qui n'altéreront pas l'égalité entre la somme des extrêmes et celle des moyens* : ainsi *on pourra intervertir l'ordre des extrêmes ou celui des moyens, mettre les moyens à la place des extrêmes et réciproquement, augmenter ou diminuer d'une même quantité un extrême et un moyen.*

§ III. DES PROPORTIONS PAR QUOTIENTS.

249. *Dans toute proportion, le produit des extrêmes est égal à celui des moyens*, c'est-à-dire que dans la proportion

$$15 : 5 :: 12 : 4,$$

on aura $\quad 15 \times 4 = 5 \times 12.$

En effet, si chaque conséquent était égal à son antécédent, le principe serait évident de lui-même : car le produit des extrêmes et celui des moyens seraient composés des mêmes facteurs. Or, si l'on multiplie chaque conséquent par la raison, chacun d'eux deviendra égal à son antécédent (**243**) : ainsi on aura

$$15 : 15 :: 12 : 12,$$

et alors le produit des extrêmes sera égal à celui des moyens. Mais, en multipliant chaque conséquent par la raison, nous avons multiplié le produit des extrêmes et celui des moyens chacun par cette raison (**39**) : donc, puisque après cette multiplication ces deux produits sont égaux, ils l'étaient nécessairement auparavant; donc dans toute proportion le produit des extrêmes est égal à celui des moyens.

Donc, *si quatre nombres sont tels que le produit des extrêmes ne soit pas égal à celui des moyens, ces quatre nombres ne forment pas une proportion*, sans quoi le produit des extrêmes serait égal à celui des moyens.

250. Il suit de ce principe que, *si l'on veut calculer l'un des extrêmes d'une proportion dont on connaît les trois autres termes, il suffira de diviser le produit des moyens par l'extrême connu.*

En effet, si l'on divise le produit des extrêmes par l'extrême connu, on aura évidemment l'autre; mais, comme le produit des extrêmes est égal à celui des moyens, en divisant le produit des moyens par l'extrême connu, on trouvera le même résultat.

Exemple. Calculer le quatrième terme de la proportion $15 : 5 :: 12 : x$. On aura $x = \frac{5 \cdot 12}{15} = 4$.

On verra de même que, *pour calculer un des moyens, il n'y a qu'à diviser le produit des extrêmes par le moyen connu.*

251. Si la proportion est continue, le produit des extrêmes est égal au carré du terme moyen : donc ce terme est égal à la racine carrée du produit des extrêmes; donc, *pour prendre une moyenne proportionnelle entre deux nombres, il faut extraire la racine carrée de leur produit*. Ainsi pour trouver une moyenne proportionnelle entre 4 et 9, nous multiplierons 4 par 9, ce qui donnera 36; nous extrairons la racine carrée de 36, et le résultat 6 de cette opération sera la moyenne proportionnelle demandée.

252. *Si quatre nombres sont tels que le produit des deux moyens est égal au produit des deux extrêmes, ces quatre nombres forment une proportion.*

Il suffit, pour démontrer ce principe, de faire voir que, *si quatre nombres ne forment pas une proportion, le produit des extrêmes n'est pas égal à celui des moyens*. Considérons donc quatre nombres 15, 5, 12 et 3, tels que le rapport des deux premiers ne soit pas égal à celui des deux derniers. Si l'on multiplie chaque conséquent par la raison du premier rapport, le premier conséquent deviendra égal à son antécédent : mais il n'en sera pas de même du second, puisque les raisons des deux rapports sont supposées différentes : donc, après cette multiplication le produit des extrêmes ne sera pas égal à celui des moyens, car les deux produits auront un facteur commun et un facteur différent. Mais, en multipliant chaque conséquent par la raison du premier rapport, nous avons multiplié le produit des extrêmes et celui des moyens chacun par cette raison : donc, puisque après cette multiplication ces deux produits sont inégaux, ils l'étaient nécessairement auparavant; donc, lorsque quatre nombres ne forment pas une proportion, le produit des extrêmes n'est pas égal à celui des moyens; donc, si quatre nombres sont tels que le produit des extrêmes soit égal à celui des moyens, ces quatre nombres formeront une proportion.

253. Il suit de là qu'*on peut faire subir aux termes d'une proportion tous les changements qui n'altèrent pas l'égalité entre le produit des extrêmes et celui des moyens. Ainsi on pourra intervertir l'ordre des extrêmes ou celui des moyens, mettre les extrêmes à la place des moyens et réciproquement, multiplier ou diviser par un même nombre un extrême et un moyen.*

Ce principe permet de faire évanouir les dénominateurs qui pourraient se trouver dans une proportion. Que l'on ait par exemple la proportion

$$\tfrac{3}{4} : \tfrac{2}{3} :: \tfrac{5}{6} : x;$$

on multipliera d'abord les antécédents par leur plus petit dénominateur commun 12, ce qui donnera

$$9 : \tfrac{2}{3} :: 10 : x;$$

et en multipliant ensuite les deux termes du premier rapport par 3, il viendra enfin

$$27 : 2 :: 10 : x = \tfrac{20}{27}.$$

254. *Quand deux proportions ont un rapport commun, les deux autres rapports forment une proportion.*

Car ces deux autres rapports étant égaux au rapport commun sont égaux entre eux. Ainsi les proportions

$$\left.\begin{array}{l} 5:7::15:21 \\ 5:7::10:14 \end{array}\right\} \text{ donnent } 15:21::10:14.$$

255. *Lorsque deux proportions ont les mêmes antécédents ou les mêmes conséquents, les quatre autres termes forment une proportion.*

Cette propriété se déduit de la précédente en intervertissant dans chaque proportion l'ordre des moyens. Ainsi des proportions

$$\left.\begin{array}{l}5:15::7:21\\5:10::7:14\end{array}\right\} \text{ on tire } (255) \left\{\begin{array}{l}5:7::15:21\\5:7::10:14,\end{array}\right.$$

et comme ces deux dernières proportions sont liées par un rapport commun, elles donnent $15:21::10:14$.

256. *Dans toute proportion, la somme ou la différence des deux premiers termes est à la somme ou à la différence des deux derniers comme le premier est au troisième, ou comme le second est au quatrième.*

C'est-à-dire que la proportion

$$10:5::12:6$$

donnera $\quad 10\pm5:12\pm6::10:12::5:6.$

En effet, si l'on augmente ou si l'on diminue chaque antécédent de son conséquent, les nouveaux antécédents contiendront les conséquents primitifs une fois de plus ou de moins : donc les raisons des deux rapports seront chacune augmentées ou diminuées d'une unité (**243**). Mais elles étaient d'abord égales : donc elles le seront encore, donc il y aura proportion entre les *nouveaux* antécédents et les conséquents *primitifs*; donc on aura la proportion

$$10\pm5:5::12\pm6:6,$$

ou, en intervertissant l'ordre des moyens,

$$10\pm5:12\pm6::5:6.$$

Mais si l'on change aussi l'ordre des moyens dans la proportion proposée, elle deviendra

$$10:12::5:6,$$

ce qui montre que le rapport de 5 à 6 est le même que celui de

RAPPORTS ET PROPORTIONS. 193

10 à 12 : donc le rapport $10\pm 5 : 12\pm 6$, qui est égal au rapport 5 : 6, le sera aussi au rapport 10 : 12 ; donc on aura enfin

$$10\pm 5 : 12\pm 6 :: 10 : 12 :: 5 : 6,$$

ce qu'il fallait démontrer.

257. Il est facile de déduire de là que, *dans toute proportion, la somme des deux premiers termes est à leur différence comme la somme des deux derniers est à leur différence.*

258. *Dans toute proportion, la somme ou la différence des antécédents est à la somme ou à la différence des conséquents comme un antécédent est à son conséquent.*

C'est-à-dire que la proportion

$$10 : 5 :: 12 : 6$$

donnera $\quad 12\pm 10 : 6\pm 5 :: 10 : 5 :: 12 : 6.$

En effet, si dans la proportion proposée on intervertit l'ordre des moyens, on aura

$$10 : 12 :: 5 : 6.$$

Mais on sait que, dans toute proportion, la somme ou la différence des deux premiers termes est à la somme ou à la différence des deux derniers comme le premier est au troisième, ou comme le second est au quatrième (**256**) : donc la proportion précédente donnera

$$12\pm 10 : 6\pm 5 :: 10 : 5 :: 12 : 6.$$

259. *Dans une suite de rapports égaux, la somme d'un certain nombre d'antécédents est à la somme de leurs conséquents comme un antécédent quelconque est à son conséquent.*

C'est-à-dire que si l'on a la suite de rapports égaux

$$2 : 4 :: 3 : 6 :: 5 : 10 :: 7 : 14 :: \text{etc.},$$

13

on en déduira

$$2+3+5+7 : 4+6+10+14 :: 7 : 14.$$

En effet, les deux premiers rapports de la suite proposée forment la proportion

$$2 : 4 :: 3 : 6.$$

Mais comme nous venons de démontrer que dans toute proportion la somme des antécédents est à la somme des conséquents comme un antécédent est à son conséquent, cette proportion donnera

$$2+3 : 4+6 :: 3 : 6.$$

Or, au rapport de 3 à 6 on peut substituer le rapport équivalent de 5 à 10 : ainsi l'on aura

$$2+3 : 4+6 :: 5 : 10.$$

Si on applique à cette proportion le principe du numéro précédent, il viendra

$$2+3+5 : 4+6+10 :: 5 : 10;$$

ou en substituant au rapport 5 : 10 le rapport équivalent 7 : 14, on aura

$$2+3+5 : 4+6+10 :: 7 : 14.$$

En appliquant enfin à cette dernière proportion le principe du numéro précédent, nous aurons

$$2+3+5+7 : 4+6+10+14 :: 7 : 14,$$

ce qu'il fallait démontrer.

260. *Si l'on multiplie plusieurs proportions par ordre, c'est-à-dire terme à terme, les produits qu'on obtiendra formeront une proportion.*

Ainsi des proportions

$$2 : 4 :: 3 : 6,$$
$$5 : 15 :: 7 : 21,$$
$$8 : 16 :: 9 : 18,$$

on tirera la proportion

$$2.5.8 : 4.15.16 :: 3.7.9 : 6.21.18.$$

Pour démontrer que ces quatre produits forment une proportion, il suffit de prouver que le produit des deux extrêmes est égal au produit des deux moyens (**252**).

Or le premier extrême 2.5.8 est le produit des premiers extrêmes des proportions données; de même le second extrême 6.21.18 est le produit des seconds extrêmes de ces mêmes proportions; donc le produit des deux extrêmes 2.5.8 et 6.21.18 est le produit de tous les extrêmes des proportions données (**38**). On verra de même que le produit des deux moyens 4.15.16 et 3.7.9 est le produit de tous les moyens de ces mêmes proportions. Mais dans chacune le produit des extrêmes est égal à celui des moyens : donc le produit de tous leurs extrêmes est égal à celui de tous leurs moyens; donc dans la proportion que nous voulons établir, le produit des extrêmes est égal au produit des moyens; donc cette proportion est vraie.

261. Concluons de là que *les carrés, les cubes, et en général les puissances semblables de quatre quantités en proportion sont aussi en proportion*, c'est-à-dire que de la proportion

$$2 : 4 :: 5 : 10,$$

on déduira par exemple

$$2^3 : 4^3 :: 5^3 : 10^3.$$

En effet, nous obtiendrons cette proportion en multipliant la première deux fois par elle-même, et nous venons de prouver que les produits seraient en proportion.

262. *Les racines carrées, cubiques, et en général les racines semblables de quatre quantités en proportion sont aussi en proportion.*

Soit, en effet, la proportion

$$16 : 12 :: 8 : 6,$$

je dis qu'on aura par exemple

$$\sqrt[3]{16} : \sqrt[3]{12} :: \sqrt[3]{8} : \sqrt[3]{6}.$$

En effet, on tire de la proposition énoncée (**249**)

$$16 \times 6 = 12 \times 8.$$

Mais nous avons vu que la racine cubique d'un produit s'obtient en extrayant séparément les racines cubiques de chacun de ses facteurs (**225**), et en multipliant ces racines entre elles; nous aurons donc, d'après cela,

$$\sqrt[3]{16} \times \sqrt[3]{6} = \sqrt[3]{12} \times \sqrt[3]{8},$$

ce qui prouve que dans la proportion à démontrer, le produit des extrêmes est égal au produit des moyens, et que par conséquent cette proportion est vraie (**252**).

263. *Si l'on divise deux proportions terme à terme, les quotients formeront une proportion.*

C'est-à-dire que des deux proportions

$$5 : 15 :: 4 : 12,$$
$$2 : 8 :: 6 : 24,$$

on tirera $\frac{5}{2} : \frac{15}{8} :: \frac{4}{6} : \frac{12}{24}.$

En effet, le produit des extrêmes de la proportion à démontrer est une fraction $\frac{5 \cdot 12}{2 \cdot 24}$ qui a pour numérateur le produit des extrêmes de la première des proportions proposées, et pour dénominateur le produit des extrêmes de la seconde. Le produit des moyens de cette même proportion est une fraction $\frac{15 \cdot 4}{8 \cdot 6}$ qui a pour numérateur le produit des moyens de la première, et pour dénominateur le produit des moyens de la seconde; mais dans chacune des proportions énoncées, le produit des extrêmes est égal à celui des moyens : donc les deux fractions $\frac{5.12}{2.24}$ et $\frac{15.4}{8.6}$ qui expriment le produit des extrêmes et le produit des moyens de la proportion à démontrer, ont des numérateurs égaux et des dénominateurs aussi égaux ; donc elles sont égales, donc cette proportion est vraie.

264. Quoique les principes que nous venons d'établir l'aient été en considérant des quantités *commensurables*, ils n'en sont pas moins applicables à des quantités *incommensurables*. Il suffit, pour s'en convaincre, de bien définir ce qu'on entend par le rapport de deux grandeurs irrationnelles. Or, puisqu'on peut toujours assigner une quantité commensurable qui diffère d'aussi peu que l'on veut d'une quantité incommensurable donnée, *on regarde le rapport de deux quantités incommensurables comme la limite* (**256**) *vers laquelle tendent les rapports successifs que l'on obtient, en remplaçant ces quantités incommensurables par des valeurs commensurables qui en approchent de plus en plus*. Donc les propriétés dont jouissent les rapports de quantités commensurables conviennent également aux rapports de quantités incommensurables, car les limites vers lesquelles tendent deux grandeurs qui sont constamment égales, dans tous les états de grandeur par lesquels elles passent, sont aussi égales (**257**).

265. Nous avons dit qu'on appelait *rapport par quotient* le résultat de la comparaison de deux quantités, faite dans le but de savoir combien de fois l'une contient l'autre. Si la première quantité contient la seconde un nombre exact de fois, le rapport de ces deux quantités est évidemment ce nombre lui-même, c'est-à-dire le quotient de leur division; ainsi 18 contient 3 fois 6; le rapport de 18 à 6 est $3 = \frac{18}{6}$. Si la première quantité ne contient pas exactement la seconde, on les compare toutes les deux à une troisième quantité prise pour commune mesure; soient, par exemple, les deux quantités 18 et 7;

l'unité est contenue 18 fois dans la première, et 7 fois dans la seconde : donc la première quantité vaut 18 fois la septième partie ou les $\frac{18}{7}$ de la seconde; c'est-à-dire que leur rapport est une fraction dont les deux termes sont les nombres de mesures communes contenues dans les deux quantités que l'on a comparées. Or, une fraction exprime le quotient de son numérateur par son dénominateur (**94**); on voit donc que les expressions *fraction, quotient, rapport*, peuvent être considérées comme signifiant la même chose, et les mots *numérateur, dénominateur*, comme synonymes d'*antécédent* et de *conséquent*.

En considérant les rapports sous ce nouveau point de vue, rien ne sera plus facile que d'arriver aux propriétés démontrées aux nos **249** et suivants. Ainsi la proposition fondamentale du n° **249** se démontrera immédiatement en réduisant les deux rapports considérés au même dénominateur. Le principe important du n° **259** se démontrera avec la même facilité : soient, en effet, les rapports égaux

$$\frac{a}{b} = \frac{a'}{b'} = \frac{a''}{b''} \text{etc.},$$

on a évidemment

$$a = \frac{a}{b} b,$$

$$a' = \frac{a'}{b'} b' = \frac{a}{b} b',$$

$$a'' = \frac{a''}{b''} b'' = \frac{a}{b} b'',$$

d'où l'on tire, en ajoutant ces égalités membre à membre,

$$a + a' + a'' = \frac{a}{b}(b + b' + b''),$$

et, par suite,

$$\frac{a + a' + a''}{b + b' + b''} = \frac{a}{b}.$$

C'est d'ailleurs le même principe que nous avions déjà démontré au n° **105**.

CHAPITRE XIII.

PROGRESSIONS.

§ I. PROGRESSIONS PAR DIFFÉRENCES.

266. *On appelle* PROGRESSION PAR DIFFÉRENCES *ou* ARITHMÉTIQUE *une suite de nombres tels que chacun d'eux surpasse celui qui le précède ou en est surpassé d'une quantité constante, qu'on appelle* RAISON *de la progression.*

Ainsi chaque terme est moyen différentiel entre celui qui le précède et celui qui le suit (**242**) :

$\div$ 2 . 5 . 8 . 11 . 14 . 17 . 20 . etc.,
$\div$ 30 . 27 . 24 . 21 . 18 . 15 . 12 . etc.,

sont deux progressions par différences, l'une croissante, l'autre décroissante, qui toutes deux ont 3 pour raison.

La première s'énonce : 2 *est à* 5 *comme* 5 *est à* 8, *comme* 8 *est à* 11, *comme* 11 *est à* 14, *comme*, etc. La seconde s'énoncerait de la même manière.

267. Il suit de la définition précédente que
le 2e terme est égal au 1er plus ou moins la raison ;
le 3e............ au 1er plus ou moins la raison, plus ou moins la raison, c'est-à-dire est égal au 1er plus ou moins 2 fois la raison ;
le 4e............ au 1er plus ou moins 2 fois la raison, plus ou moins la raison, c'est-à-dire est égal au 1er plus ou moins 3 fois la raison ;
le 5e............ au 1er plus ou moins 3 fois la raison, plus ou moins la raison, c'est-à-dire est égal au 1er plus ou moins 4 fois la raison ;
etc.

Donc, en général, *un terme quelconque d'une progression par différences est égal au premier augmenté ou diminué d'autant de fois la raison qu'il y a de termes avant lui.*

Cette règle donne le moyen de calculer un terme quelconque d'une progression, sans qu'on soit obligé de former tous ceux qui le précèdent. Veut-on par exemple calculer le cent cinquantième terme de la progression $\div 2.5.8.11$. etc.; on voit, à l'inspection de cette progression, que la raison est 3 et le premier terme 2 : ainsi pour calculer le cent cinquantième terme, lequel en a par conséquent 149 avant lui, il faut multiplier 3 par 149, ce qui donne 447; et en ajoutant 2 à ce produit, on trouve 449 pour valeur du cent cinquantième terme.

268. *Insérer des moyens différentiels entre deux nombres donnés, c'est trouver des nombres qui forment une progression par différences dont les deux nombres donnés soient les deux extrêmes.*

Proposons-nous d'insérer entre deux nombres donnés un certain nombre de moyens différentiels. Il est clair que, si l'on connaissait la raison de la progression dont ces moyens doivent faire partie, il suffirait de l'ajouter au plus petit des deux nombres donnés pour avoir le premier moyen, de l'ajouter au premier moyen pour obtenir le second, et ainsi de suite. Cherchons donc à déterminer cette raison.

Or il suit du numéro précédent que le plus grand des deux nombres donnés est égal au plus petit, augmenté d'autant de fois la raison qu'il y a de moyens à insérer plus un : car c'est précisément là le nombre des termes qui précèdent le plus grand des deux nombres. Donc, si du plus grand nombre on retranche le plus petit, le reste sera égal à la raison multipliée par le nombre des moyens à insérer plus un; donc, *pour obtenir la raison de la progression demandée, il suffit de diviser la différence des deux nombres donnés par le nombre des moyens à insérer plus un.*

Exemple. Insérer six moyens différentiels entre 2 et 23. Pour cela je retranche 2 de 23, ce qui donne 21 pour reste; je divise ce reste par le nombre des moyens à insérer plus un, c'est-à-dire par 7; le quotient 3 exprime la raison de la progression cherchée, qui est ainsi $\div 2.5.8.11.14.17.20.23$.

269. *Si entre tous les termes d'une progression par différences on insère le même nombre de moyens différentiels, toutes les progressions partielles ainsi formées composeront une seule et même progression.*

En effet, le nombre des moyens insérés entre les différents termes de la progression étant le même, ainsi que la différence de deux termes consécutifs quelconques de cette progression, la raison sera la même dans toutes les progressions partielles (**268**); et comme d'ailleurs le dernier terme de la première est le premier de la seconde, que le dernier de la seconde est le premier de la troisième, et ainsi de suite, il est évident que toutes les progressions partielles formeront une seule et même progression.

270. *Dans toute progression par différences, la somme de deux termes équidistants des extrêmes est égale à celle des extrêmes.*

Considérons, en effet, deux termes moyens également distants des deux extrêmes, et supposons, pour fixer les idées, que la progression soit croissante; le premier de ces deux moyens sera égal au premier terme de la progression, augmenté d'autant de fois la raison qu'il y a de termes intermédiaires plus un (**267**): par conséquent, la différence qui existe entre le premier terme de la progression et le premier moyen sera égale à autant de fois la raison qu'il y a de termes intermédiaires plus un. De même la différence du second moyen au dernier terme de la progression sera égale à autant de fois la raison qu'il y a de termes intermédiaires plus un : donc, puisque les deux moyens sont équidistants des extrêmes, ces deux différences sont égales; donc ces quatre termes forment une équidifférence, et par conséquent la somme des deux moyens est égale à celle des deux extrêmes (**244**); ce qu'il fallait démontrer.

271. Proposons-nous actuellement de *calculer la somme des termes d'une progression par différences*, et considérons par exemple la progression

$$\div 2 \,.\, 5 \,.\, 8 \,.\, 11 \,.\, 14 \,.\, 17 \,.\, 20 \,.\, 23 \,.\, 26.$$

Supposons qu'on écrive la progression sous elle-même, en renversant l'ordre de ses termes, ce qui donnera

$$\div 26.\ 23.\ 20.\ 17.\ 14.\ 11.\ 8.\ 5.\ 2.$$

Il résultera de cette disposition que les termes qui se correspondront dans les deux progressions étaient équidistants des extrêmes dans la première; que par conséquent si l'on additionne ces deux progressions terme à terme, leur somme se composera d'autant de fois la somme des extrêmes (**270**) qu'il y a de termes dans la progression primitive. Mais cette somme est évidemment le double de celle qu'on cherche : donc, pour avoir celle-ci, il faut diviser l'autre par 2. Donc *la somme des termes d'une progression par différences est égale à la moitié du produit qu'on obtient en multipliant la somme des deux extrêmes par le nombre des termes.*

Exemple. Calculer la somme des n premiers termes de la progression formée par les nombres impairs 1, 3, 5, 7, etc.

Il faut d'abord calculer le $n^{\text{ième}}$ terme : en observant que la raison est 2, on trouvera pour sa valeur $1+2(n-1) = 2n-1$; donc la somme des deux extrêmes est $2n$; par conséquent, *la somme demandée est* $\dfrac{2n.n}{2} = n^2$, c'est-à-dire *est égale au carré du nombre des termes additionnés.*

Ce résultat fournit le moyen de *trouver deux carrés dont la somme soit elle-même un carré.* Il suffit, en effet, pour cela de prendre dans la progression $\div$ 1. 3. 5. 7. 9. etc., un terme qui soit un carré parfait et le carré du nombre des termes qui le précèdent; car leur somme sera égale au carré du nombre qui exprime le rang du terme carré que l'on a choisi. Ainsi prenons 49 qui est le 25ᵉ terme, ajoutons-y le carré de 24, et nous aurons le carré de 25[*].

---

[*] La formule qui résout ce problème est $\left(\dfrac{a^2+1}{2}\right)^2 + a^2 - \left(\dfrac{a^2+1}{2}\right)^2$, a représentant un nombre impair quelconque.

§ II. PROGRESSIONS PAR QUOTIENTS.

272. *On appelle* PROGRESSION PAR QUOTIENTS *ou* GÉOMÉTRIQUE *une suite de nombres tels que chacun d'eux est égal à celui qui le précède multiplié par une quantité constante, qu'on appelle* RAISON *de la progression.*

Ainsi chaque terme est moyen proportionnel entre celui qui le précède et celui qui le suit (**242**).

La progression est croissante ou décroissante, suivant que la raison est plus grande ou plus petite que l'unité (**266**) :

$$\div 6 : 18 : 54 : 162 : 486 : 1458 : \text{etc.},$$
$$\div 27 : 9 : 3 : 1 : \tfrac{1}{3} : \tfrac{1}{9} : \text{etc.},$$

sont des progressions par quotients : l'une croissante, dont la raison est 3, l'autre décroissante, dont la raison est $\tfrac{1}{3}$. Ces progressions s'énoncent d'ailleurs comme les progressions par différences (**266**).

273. Il suit de cette définition que

le 2ᵉ terme est égal au 1ᵉʳ multiplié par la raison ;

le 3ᵉ............. au 1ᵉʳ multiplié par la raison, et encore par la raison, c'est-à-dire est égal au 1ᵉʳ multiplié par la seconde puissance de la raison ;

le 4ᵉ............. au 1ᵉʳ multiplié par la seconde puissance de la raison, et encore par la raison, c'est-à-dire est égal au 1ᵉʳ multiplié par la troisième puissance de la raison ;

le 5ᵉ............. au 1ᵉʳ multiplié par la troisième puissance de la raison, et encore par la raison, c'est-à-dire est égal au 1ᵉʳ multiplié par la quatrième puissance de la raison ;

etc.

Donc, en général, *un terme quelconque est égal au premier multiplié par la raison élevée à une puissance marquée par le nombre des termes qui le précèdent.*

Exemple. Calculer le onzième terme de la progression

$$\div 6 : 18 : 54 : 162 : \text{etc.},$$

dont la raison est 3.

On élèvera la raison 3 à la dixième puissance, ce qui donnera 59049 ; on multipliera ce nombre par le premier terme 6, et l'on trouvera que le terme demandé est 354294.

274. *Insérer des moyens proportionnels entre deux nombres donnés, c'est trouver des nombres qui forment une progression par quotients dont les deux nombres donnés sont les deux extrêmes.*

Proposons-nous d'insérer entre deux nombres donnés un certain nombre de moyens proportionnels.

Si l'on connaissait la raison de la progression dont ces moyens doivent faire partie, il suffirait de multiplier le plus petit nombre par cette raison pour avoir le premier moyen ; de multiplier ce premier moyen par la raison pour obtenir le second, et ainsi de suite. Cherchons donc cette raison.

Il suit du numéro précédent que le plus grand des deux nombres donnés est égal au plus petit multiplié par la raison élevée à une puissance marquée par le nombre des moyens à insérer plus un, car c'est précisément là le nombre des termes qui précèdent le plus grand des deux nombres : donc, si l'on divise le plus grand nombre par le plus petit, le quotient qu'on obtiendra sera égal à la raison élevée à une puissance marquée par le nombre des moyens à insérer plus un ; donc, *pour obtenir la raison de la progression demandée, il faut diviser le plus grand nombre par le plus petit, et extraire du quotient une racine d'un degré égal au nombre des moyens à insérer plus un.*

Exemple. Insérer deux moyens proportionnels entre 2 et 54. On divisera 54 par 2, ce qui donnera pour quotient 27 ; on ex-

PROGRESSIONS.

traira la racine troisième de ce quotient, et on trouvera 3 pour la raison de la progression, qui sera ainsi

$$\div 2 : 6 : 18 : 54.$$

Les deux moyens sont donc 6 et 18.

Puisque nous ne savons extraire que des racines dont l'indice n'a pas d'autres facteurs premiers que 2 et 3 (**255**), il semble que le problème de l'insertion des moyens proportionnels n'est possible que dans certains cas particuliers; mais nous donnerons bientôt la méthode à suivre pour extraire d'une quantité donnée une racine d'un degré quelconque (**284**).

275. *Si entre tous les termes d'une progression par quotients on insère le même nombre de moyens proportionnels, toutes les progressions partielles ainsi formées composeront une seule et même progression.*

La démonstration est la même que celle du n° **269**.

276. Proposons-nous maintenant de *calculer la somme des termes d'une progression par quotients*.

Nous supposerons d'abord que la progression soit croissante, et qu'elle soit par exemple

$$\div 6 : 18 : 54 : 162 : 486.$$

Si l'on multiplie chaque terme de la progression proposée par la raison, ce qui donnera

$$\div 18 : 54 : 162 : 486 : 486 \times 3,$$

on reproduira tous les termes de cette progression, excepté le premier; mais on aura de plus le produit du dernier terme par la raison. Par conséquent, la différence entre la somme des termes de cette seconde progression et celle des termes de la première sera égale à l'excès ($486 \times 3 - 6$) du produit du dernier terme de la progression donnée par la raison sur son premier terme. Or, du produit de la somme des termes de la progression multipliée par la raison nous venons de retrancher cette somme de termes : le reste sera donc encore égal au produit de cette somme multipliée par l'excès $(3-1)$ de la raison sur l'unité*; donc, en divisant ce reste par cet excès, ce qui donnera $\frac{486 \cdot 3 - 6}{3-1}$, nous aurons la somme des termes de la progression donnée.

Donc, *pour calculer la somme des termes d'une progression croissante par quotients, il faut multiplier son dernier terme par la raison, retrancher du produit le premier terme de la progression, et diviser le reste par l'excès de la raison sur l'unité.*

Exemple. Calculer la somme des onze premiers termes de la progression ∺ 6 : 18 : 54 : 162 : etc. Nous avons vu (**273**) que le onzième terme était 354294, dont le produit par la raison est 1062882 : donc l'expression de la somme demandée sera $\frac{1062882-6}{3-1} = \frac{1062876}{2} = 531438$.

277. Supposons maintenant que la progression soit décroissante, c'est-à-dire que la raison soit plus petite que l'unité, et prenons pour exemple la progression

$$\because 25 : 15 : 9 : \tfrac{27}{5} : \tfrac{81}{25} : \tfrac{243}{125}.$$

Si nous multiplions chaque terme par la raison $\tfrac{3}{5}$, ce qui donnera

$$\because 15 : 9 : \tfrac{27}{5} : \tfrac{81}{25} : \tfrac{243}{125} : \tfrac{243}{125} \times \tfrac{3}{5},$$

nous reproduirons tous les termes de la progression excepté le premier; mais nous aurons de plus le produit du dernier terme par la raison. Donc, en retranchant la somme des termes de cette seconde progression de celle des termes de la première, on aura pour reste l'excès $(25 - \tfrac{243}{125} \times \tfrac{3}{5})$ du premier terme de la progression donnée sur le produit de son dernier terme par

---

* Si la raison est un nombre entier, la chose est évidente; supposons qu'elle soit fractionnaire, $\tfrac{12}{5}$ par exemple; en multipliant la somme des termes par $\tfrac{12}{5}$, nous en avons pris les $\tfrac{12}{5}$: ainsi des $\tfrac{12}{5}$ de la somme des termes nous avons retranché cette somme, donc il nous en est resté les $\tfrac{7}{5}$, c'est-à-dire le produit de cette somme par $\tfrac{7}{5}$, ou par l'excès de $\tfrac{12}{5}$ sur l'unité.

la raison. Mais de la somme des termes de la progression nous venons de retrancher le produit de cette somme multipliée par la raison : donc le reste sera égal au produit de cette somme multipliée par l'excès ($1 - \frac{3}{5}$) de l'unité sur la raison*; donc, en divisant ce reste par cet excès, ce qui donnera $\dfrac{25 - \frac{243}{125} \times \frac{3}{5}}{1 - \frac{3}{5}}$, nous aurons la somme des termes de la progression donnée.

Donc, *pour calculer la somme des termes d'une progression décroissante par quotients, il faut du premier terme retrancher le produit du dernier multiplié par la raison, et diviser le reste par l'excès de l'unité sur la raison.*

*278. D'après cela, si nous représentons le premier terme d'une progression décroissante par a, le dernier par l, la raison par r, et la somme des termes par s, nous aurons pour expression de la somme des termes de cette progression :

$$s = \frac{a - l.r}{1 - r}.$$

Or, puisque la progression est décroissante, il est évident que le dernier terme sera d'autant plus petit qu'il sera plus éloigné du premier, c'est-à-dire que le nombre des termes sera plus considérable ; et nous démontrerons plus loin qu'il tend vers zéro quand le nombre de ces termes tend vers l'infini (**331**) : donc, en prenant un nombre de termes suffisamment grand, la valeur de l et, à plus forte raison, celle du produit $l.r$ (r est une fraction) sera assez petite pour que la quantité $a - l.r$ diffère de a d'aussi peu qu'on voudra ; de sorte que la quantité $\dfrac{a - l.r}{1 - r}$ différera elle-même d'aussi peu qu'on voudra de la quantité $\dfrac{a}{1 - r}$. Cette dernière quantité est donc une *limite* dont la somme des termes approche d'autant plus qu'on la compose

---

* En effet, en multipliant la somme des termes par $\frac{3}{5}$, nous en avons pris les $\frac{3}{5}$: donc, en retranchant ces $\frac{3}{5}$ de la somme des termes, il nous en est resté les $\frac{2}{5}$, c'est-à-dire le produit de cette somme par $\frac{2}{5}$, ou par l'excès de l'unité sur la raison $\frac{3}{5}$.

d'un plus grand nombre de termes (**236**), mais qu'elle ne peut atteindre qu'autant que la progression se prolonge à l'infini : c'est alors seulement que son dernier terme l est nul, et que par conséquent le produit $l.r$ devient aussi nul. Donc l'expression de la somme des termes d'une progression décroissante à l'infini est $\frac{a}{1-r}$: donc, *pour calculer la somme des termes d'une progression par quotients décroissante à l'infini, il faut diviser son premier terme par l'excès de l'unité sur la raison.*

* **279.** Considérons la fraction décimale périodique

$$0,25252525\ldots :$$

elle est la somme des fractions partielles

$$0,25$$
$$0,0025$$
$$0,000025$$
$$\text{etc.}$$

Or on voit que chacune de ces fractions est cent fois plus petite que la précédente (**134**); de sorte que la fraction décimale périodique proposée n'est autre chose que la somme des termes d'une progression par quotients décroissante à l'infini, dont le premier terme est 0,25, et dont la raison est 0,01. Ainsi, pour calculer la valeur de cette fraction périodique, il faudra, conformément à ce que nous venons de voir, diviser son premier terme 0,25 par l'excès de 1 sur 0,01, c'est-à-dire par 0,99 : la valeur de cette fraction sera donc $\frac{0,25}{0,99}$, ou, en multipliant ses deux termes par 100, $\frac{25}{99}$; ce qui s'accorde avec la règle du n° **159**.

CHAPITRE XIV.

LOGARITHMES.

§ I. PROPRIÉTÉS DES LOGARITHMES.

280. *On appelle* LOGARITHMES *une suite de nombres en progression par différences commençant par zéro, qui correspondent terme pour terme à une pareille suite de nombres en progression par quotients commençant par l'unité.*

Le logarithme d'un nombre est donc le terme de la progression par différences qui correspond au nombre que l'on considère dans la progression par quotients.

Ainsi soient les deux progressions

$$\ddot{\div}\ 1:2:4:8:16:32:64: \text{etc.},$$
$$\div\ 0\ .\ 3\ .\ 6\ .\ 9\ .\ 12\ .\ 15\ .\ 18\ .\ \text{etc.};$$

les nombres 0, 6, 15, 18 sont les logarithmes des nombres respectifs 1, 4, 32, 64.

Il semble résulter de cette définition que les nombres moindres que l'unité n'ont pas de logarithmes, si la progression géométrique est croissante, comme dans l'exemple ci-dessus, et que ce seraient au contraire les nombres >1 qui n'auraient pas de logarithmes, si elle était décroissante. Alors, pour comprendre à la fois les nombres plus petits et plus grands que l'unité dans la progression par quotients, on n'aura qu'à la prolonger vers la gauche, en divisant l'unité par la raison, puis divisant le terme ainsi obtenu par la raison, et ainsi de suite.

Pour obtenir les logarithmes de ces nombres, on prolongera de même la progression arithmétique vers la gauche, en retranchant d'abord la raison du premier terme *zéro;* mais comme cette soustraction ne peut s'effectuer, on l'indiquera en écrivant le signe — devant cette raison; on retranchera encore la raison de ce terme, ce qui donnera un second terme équivalent à *moins* la raison *moins* la raison, c'est-à-dire à *moins* deux fois la raison, et ainsi de suite.

De cette manière on aura les deux progressions indéfinies dans les deux sens :

$$\div\div\ldots\ \tfrac{1}{16}:\ \tfrac{1}{8}:\ \tfrac{1}{4}:\ \tfrac{1}{2}:1:2:4:8:16:\ldots ;$$
$$\div\ldots\ -12.-9.-6.-3.0.3.6.9.12\ldots ;$$

et les termes de la seconde seront les logarithmes des termes correspondants de la première.

281. Il résulte des principes établis aux n°^{s} **267** et **275** que, dans une progression par quotients commençant par l'unité, un terme quelconque est égal à la raison élevée à une puissance marquée par le nombre des termes qui le précèdent, et qu'un terme quelconque d'une progression par différences commençant par zéro est égal à la raison répétée autant de fois qu'il y a de termes avant lui.

Donc, autant de fois la raison est facteur dans un terme quelconque de la progression par quotients, autant la raison de la progression par différences est contenue de fois dans le terme correspondant de cette progression : par conséquent, si l'on multiplie entre eux plusieurs termes de la progression par quotients, et qu'on ajoute les termes correspondants de la progression par différences, autant de fois la raison de la progression par quotients entrera comme facteur dans le produit, autant de fois la raison de la progression par différences sera contenue dans la somme. Donc le produit et la somme feront partie de ces deux progressions; car l'un sera une puissance de la raison de la première progression, et l'autre un multiple de celle de la deuxième, et de plus ils s'y correspondront mutuellement : donc la somme sera le logarithme du produit. Mais les nombres additionnés sont les logarithmes de ceux qu'on a multipliés : donc *le logarithme d'un produit de plusieurs facteurs est égal à la somme des logarithmes de ces facteurs* *.

---

* *Ce principe suppose essentiellement que les deux progressions géomé-*

LOGARITHMES. 211

Cette démonstration convient à des facteurs qui sont tous situés dans la partie de la progression par quotients qui s'étend à droite ou à gauche de l'unité *.

Elle s'étend également bien à un produit de facteurs situés d'une manière quelconque dans cette progression, en regardant un terme quelconque de la partie descendante, dans la progression géométrique, comme égal au quotient de l'unité divi-

---

trique et arithmétique commencent respectivement par l'unité et par zéro; et comme c'est sur ce théorème et sur les conséquences qui en découlent qu'est fondé l'usage des logarithmes, voilà pourquoi nous avons introduit cette restriction dans la définition du n° 280.

En effet, il suit du n° 273 que, si le premier terme de la progression par quotients n'est pas l'unité, le produit de deux termes quelconques de cette progression sera égal au carré du premier terme multiplié par une certaine puissance de la raison : donc ce produit ne pourra faire partie de la progression qu'autant qu'elle commencera par une puissance de la raison. On verra de même que, pour que la somme de deux termes de la progression par différences soit un terme de cette progression, il faut qu'elle commence par un multiple de la raison. Maintenant je dis que pour que le produit et la somme puissent se correspondre, il faut que la raison de la progression arithmétique soit contenue, dans son premier terme, autant de fois que la raison de la progression géométrique sera facteur dans le premier terme de cette progression : de sorte que ces deux termes pourront être considérés comme deux termes correspondants de deux progressions par quotients et par différences, commençant l'une par l'unité et l'autre par zéro.

Représentons, en effet, par q et par r les raisons des deux progressions géométrique et arithmétique; supposons que q soit m fois facteur dans le premier terme de la première, et que r soit contenu n fois dans le premier terme de la seconde. Les $(s+1)^{ième}$ et $(t+1)^{ième}$ termes de la progression par quotients seront q^{m+s} et q^{m+t}, et leur produit sera $q^{m+m+s+t}$, ou, ce qui revient au même, $q^m \cdot q^{m+s+t}$: donc ce produit aura $(m+s+t)$ termes avant lui. Les $(s+1)^{ième}$ et $(t+1)^{ième}$ termes de la progression par différences seront $nr+sr$ et $nr+tr$, et leur somme sera $nr+nr+sr+tr$; ou, ce qui revient au même, $nr+(n+s+t).r$: donc cette somme a $(n+s+t)$ termes avant elle; donc, pour qu'elle corresponde au produit, il faut que $m+s+t=n+s+t$, c'est-à-dire que $m=n$; ce qu'il fallait démontrer.

* *Pour ajouter deux quantités* NÉGATIVES (on appelle ainsi celles qui sont précédées du signe —, tandis qu'on nomme *positives* celles qui n'ont pas de signe ou que l'on regarde comme affectées du signe +), *on fait la somme de ces deux quantités sans s'occuper du signe, et on met le signe* — *devant la somme.*

sée par une puissance de la raison marquée par le nombre de termes qui le précèdent, à partir de 1, et un terme quelconque de la partie à gauche de *zéro*, dans la progression arithmétique, comme égal à *moins* autant de fois la raison qu'il y a de termes avant lui, à partir de zéro. Considérons, en effet, le 12ᵉ terme à gauche et le 7ᵉ à droite de 1 dans la progression par quotients : le 1ᵉʳ de ces termes sera égal à l'unité divisée par la 11ᵉ puissance de la raison, et le second sera égal à la 6ᵉ puissance de cette raison; donc leur produit sera le quotient de la 6ᵉ puissance de la raison divisée par la 11ᵉ (**115**), c'est-à-dire qu'il sera égal au quotient de l'unité divisée par la 5ᵉ puissance de cette raison (**99, 2°**); donc il est le 6ᵉ terme, à partir de 1, dans la partie descendante de la progression géométrique. On verra de même que la somme du 12ᵉ terme à gauche et du 7ᵉ à droite de zéro, dans la progression par différences, est égale au 6ᵉ terme à gauche dans cette progression*, et qu'ainsi cette somme et ce produit se correspondent encore dans les deux progressions.

282. Il suit de là que *le logarithme du quotient de la division de deux nombres est égal au logarithme du dividende moins le logarithme du diviseur.*

En effet, le dividende étant le produit du diviseur multiplié par le quotient, son logarithme est la somme des logarithmes du diviseur et du quotient : par conséquent, si du logarithme du dividende on retranche celui du diviseur, on aura le logarithme du quotient.

283. *Le logarithme d'une puissance quelconque d'un nombre est égal au logarithme de ce nombre, multiplié par l'exposant de la puissance.*

En effet, une puissance d'un nombre est le produit d'autant

---

* Pour ajouter une quantité positive avec une quantité négative, on retranche la plus petite de la plus grande, sans faire attention aux signes, puis on écrit devant le reste le signe de la plus grande.

de facteurs égaux à ce nombre qu'il y a d'unités dans l'exposant de cette puissance : par conséquent, le logarithme d'une puissance d'un nombre est égal au logarithme de ce nombre répété autant de fois qu'il y a d'unités dans l'exposant de cette puissance (**281**).

284. *Le logarithme d'une racine d'un nombre est égal au logarithme de ce nombre divisé par l'indice de cette racine.*

En effet, le nombre dont on demande la racine peut être considéré comme une puissance de sa racine d'un degré marqué par l'indice de cette racine : donc, d'après ce que nous venons de voir, le logarithme du nombre dont on demande la racine est égal au logarithme de sa racine multiplié par l'indice de cette racine; par conséquent, on obtiendra le logarithme de la racine d'un nombre en divisant le logarithme de ce nombre par l'indice de cette racine.

285. Il suit des quatre principes que nous venons d'établir que, si parmi les termes de la progression par quotients se trouvaient tous les nombres entiers possibles (je dis entiers, car le logarithme d'une quantité fractionnaire est égal (**282**) à la différence des logarithmes de deux nombres entiers), on pourrait au moyen de ces principes changer les multiplications, divisions, élévations aux puissances et extractions de racines, respectivement en additions, soustractions, multiplications et divisions, ce qui simplifierait considérablement les calculs.

Mais les nombres 1, 2, 3, 4, etc., forment une progression par différences : comment donc les faire entrer dans une progression par quotients? tel est l'objet de la construction des *tables de logarithmes*.

§ II. CONSTRUCTION D'UNE TABLE DE LOGARITHMES.

286. *Une table de logarithmes est un tableau à deux colonnes verticales : dans la première se trouve la suite naturelle des nombres* 1, 2, 3, 4, *etc., jusqu'à une certaine limite, et à côté,*

214 LOGARITHMES.

dans la seconde, leurs logarithmes, c'est-à-dire les termes correspondants d'une progression par différences commençant par zéro. Voyons comment on a dû s'y prendre pour construire une pareille table.

Parmi le nombre infini de progressions par quotients commençant par l'unité et de progressions par différences commençant par zéro, on a choisi les deux suivantes :

$$\div\div 1 : 10 : 100 : 1000 : \text{etc.,}$$
$$\div 0 . \ 1 . \ 2 . \ 3 . \text{ etc.}$$

Cela posé, si entre tous les termes de la première progression on insère le même nombre de moyens proportionnels, et qu'entre tous les termes de la progression par différences on insère autant de moyens différentiels, on formera deux nouvelles progressions (**269** et **275**), dont les termes jouiront des propriétés énoncées précédemment. Or, si le nombre des moyens insérés est très-considérable, on s'élèvera de 1 à 10, de 10 à 100, de 100 à 1000, etc., par degrés très-resserrés, et d'autant plus resserrés que le nombre de ces moyens sera plus grand. On conçoit même que si ce nombre était infini, les termes de la nouvelle progression géométrique présenteraient toutes les nuances de la grandeur, à partir de l'unité (**355**): de sorte que tous les nombres plus grands que l'unité seraient compris dans cette progression ; et comme on en peut dire autant des nombres moindres que 1, en considérant la progression $\div\div 1 : \frac{1}{10} : \frac{1}{100} : \frac{1}{1000}$, etc., on conclut que *tout nombre a un logarithme*[*].

---

[*] Il suit de là qu'*un nombre a une infinité de logarithmes*, car on peut faire correspondre à la progression géométrique qui renferme tous les nombres une infinité de progressions arithmétiques commençant par zéro. Toutefois le système que l'on considère est déterminé à l'instant où l'on fixe le logarithme d'un nombre donné; car on peut le regarder comme formé, en partant de deux progressions par quotients et par différences qui auraient respectivement pour raison le nombre donné et son logarithme.

On est convenu d'appeler BASE *d'un système de logarithmes le nombre qui a l'unité pour logarithme ; de sorte que ce système est défini par sa*

Cela posé, si les nombres

$$2, 3, 4, 5\ldots\ldots\ldots\ldots\ldots\ldots\quad 9,$$
$$11, 12, 13, 14\ldots\ldots\ldots\ldots\ldots\quad 99,$$
$$101, 102, 103, 104,\ldots\ldots\ldots\ldots\quad 999,$$
etc.

ne se trouvent pas parmi les moyens proportionnels qu'on aura insérés, du moins il y aura parmi ces moyens des nombres qui en différeront très-peu : de sorte qu'en prenant pour logarithmes des nombres 2, 3, 4, etc., ceux des moyens qui en approcheront le plus, l'erreur que l'on commettra sera moindre que la raison de la progression par différences ; et comme cette raison est d'autant plus petite que le nombre des moyens différentiels qu'on aura insérés sera plus grand (268), on voit qu'on pourra toujours déterminer de cette manière les logarithmes des nombres 2, 3, 4, etc., avec tel degré d'approximation qu'on le voudra. Cela fait, on écrira dans une colonne verticale successivement tous les nombres entiers 1, 2, 3, 4, 5, 6, etc., jusqu'à la limite convenue ; puis dans une autre colonne verticale et à côté, les logarithmes correspondants qu'on aura trouvés, et la table des logarithmes sera construite.

Voyons maintenant comment on pourra effectuer l'insertion des moyens proportionnels et différentiels.

L'insertion des moyens différentiels n'offre aucune difficulté : car, pour trouver la raison de la progression qu'ils doivent former, il suffit de diviser la raison de la progression donnée par le nombre de ces moyens, plus un (268). Mais il n'en est pas ainsi du calcul des moyens proportionnels : nous avons vu en effet que pour trouver la raison de la progression dont ils feront partie, il faut extraire de la raison de la progression donnée

---

base. La base du système que nous considérons ici est 10. Le système de logarithmes dont la base est 7 serait donné par les deux progressions :

$$\div 1 : 7 : 49 : 343 : \text{etc.},$$
$$\div 0 . 1 . 2 . 3 . \text{etc.}$$

une racine d'un degré marqué par le nombre des moyens à insérer, plus un (**274**), et nous ne savons extraire que des racines dont l'indice n'a pas d'autres facteurs premiers que 2 et 3. Comme cet indice est arbitraire, nous éluderons la difficulté en insérant un nombre de moyens qui soit une puissance parfaite de *deux*, diminuée d'une unité ; de sorte que nous n'aurons ainsi que des racines carrées à extraire (**214**). Seulement il faudra avoir soin d'extraire la première racine avec un très-haut degré d'approximation, puisque la racine carrée d'un nombre décimal contient deux fois moins de décimales que ce nombre.

Supposons par exemple qu'on propose de calculer une table de logarithmes, de manière que chacun d'eux soit exact à moins d'un millième.

Il suit de la règle du n° **268** que, la raison de la progression par différences étant l'unité, le nombre des moyens à insérer, plus un, devra être mille ou plus grand que mille, car alors la raison de la progression que formeront les moyens différentiels sera un millième ou plus petite qu'un millième. On élèvera donc 2 à toutes les puissances successives à partir de la seconde, jusqu'à ce qu'on soit arrivé à un nombre au moins égal à 1000. On trouvera ainsi que la neuvième puissance de 2 est 512, et que la dixième est 1024 : par conséquent, 1024 sera le degré de la racine qu'il faudra extraire de la raison de la progression par quotients ; et conséquemment 1024—1, c'est-à-dire 1023, sera le nombre des moyens à insérer. En insérant donc 1023 moyens proportionnels entre tous les termes de la progression par quotients, et pareil nombre entre tous les termes de la progression par différences ; écrivant ensuite, dans une colonne verticale, la suite naturelle des nombres 1, 2, 3, 4, etc., et dans une seconde colonne verticale, et à côté, les logarithmes de ceux des moyens proportionnels qui approchent le plus de ces nombres respectifs, en s'arrêtant toutefois dans chacun au chiffre des millièmes, on aura construit la table de logarithmes demandée.

287. Si l'on voulait calculer seulement le logarithme d'un nombre déterminé, on pourrait y parvenir bien plus simplement de la manière suivante.

Supposons, pour fixer les idées, que l'on demande le logarithme de 7 à moins d'un centième. Ce nombre étant compris entre 1 et 10, son logarithme se trouvera entre 0 et 1 (286), de sorte qu'en prenant zéro pour sa valeur, on commettra une erreur moindre qu'une unité. Pour en approcher davantage, on cherchera une moyenne proportionnelle entre 1 et 10, et une moyenne différentielle entre 0 et 1 (251 et 246). La première est 3,162, et la seconde est 0,5; d'où il suit que, comme 7 tombe entre 3,162 et 10, son logarithme est compris entre 0,5 et 1, de sorte que 0,5 est sa valeur à moins de 0,5 près. On prendra ensuite une moyenne géométrique 5,623 entre 3,162 et 10, et une moyenne arithmétique 0,75 entre 0,5 et 1. Comme 7 est compris entre 5,623 et 10, son logarithme tombera entre 0,75 et 1, et 0,75 est ainsi sa valeur à moins de 0,25. On continuera ainsi jusqu'à ce que l'on ait trouvé deux moyens proportionnels, l'un plus grand, l'autre plus petit que 7, et tels que les deux moyens différentiels correspondants diffèrent de moins de 0,01. Alors, en rejetant les décimales d'un ordre inférieur aux centièmes, on aura résolu la question :

7,499 moyenne proportionnelle entre 5,623 et 10.
0,875.........différentielle........0,75....1.
6,494.........proportionnelle......5,623...7,499.
0,812.........différentielle........0,75....0,875.
6,978.........proportionnelle......6,494...7,499.
0,843.........différentielle........0,812...0,875.
7,234.........proportionnelle......6,978...7,499.
0,859.........différentielle........0,843...0,875.
7,105.........proportionnelle......6,978...7,234.
0,851.........différentielle........0,843...0,859.

On voit par là que 7 tombe entre les deux moyens géométriques 6,978 et 7,105, et qu'ainsi son logarithme est compris entre les deux moyens arithmétiques correspondants 0,843 et 0,851; et comme ces deux derniers moyens diffèrent de moins d'un centième, en prenant l'un d'eux pour le logarithme de 7, on résoudra le problème.

Remarquons que *pour être* SUR *du chiffre des centièmes, on ne devra s'arrêter que quand on aura obtenu deux moyens arithmétiques dont les deux premières décimales seront les mêmes.* Ainsi dans notre exemple il faudrait prendre encore une moyenne proportionnelle entre 6,978 et 7,105., laquelle est 7,041, et une moyenne différentielle entre 0,843 et 0,851, laquelle est 0,847; donc les deux premières décimales du logarithme de 7 forment 0,84.

Si l'on calcule de cette manière les logarithmes de tous le nombres premiers moindres que 10000, il sera facile ensuite d'obtenir les logarithmes de tous les autres nombres entiers inférieurs à cette limite : car il suffira pour cela d'additionner les logarithmes des facteurs premiers de ces nombres (**281**), et alors la table de logarithmes sera construite.

Mais si les logarithmes des nombres premiers n'étaient calculés qu'à moins d'un centième, ceux des nombres composés pourraient être erronés de plus d'un centième : *avec quelle approximation faudrait-il donc déterminer les logarithmes des nombres premiers?* J'observe que la puissance de 2, qui est immédiatement supérieure à 10000, est la quatorzième, de sorte qu'un nombre moindre que 10000 renferme au plus 13 facteurs; donc, pour que son logarithme ne soit pas erroné d'un centième, il *suffira* que ceux de ses facteurs premiers ne le soient pas de $\frac{1}{13}$ de centième, c'est-à-dire d'un demi-millième.

§ III. USAGE DES TABLES DE LOGARITHMES.

288. Il résulte du choix des deux progressions

$$\div 1 : 10 : 100 : 1000 : \text{etc.},$$
$$\div 0 \,.\, 1 \,.\, 2 \,.\, 3 \,.\, \text{etc.},$$

que, *parmi les nombres entiers*, les nombres 1, 10, 100, 1000, etc., c'est-à-dire *les seules puissances de* 10, *ont pour logarithmes des nombres entiers, et que ces logarithmes se com-*

posent d'autant d'unités qu'il y a de zéros dans les nombres auxquels ils appartiennent.

Si, de plus, on observe que tout nombre est compris entre l'unité suivie d'autant de zéros qu'il a de chiffres moins un et l'unité suivie d'autant de zéros qu'il a de chiffres, on verra que son logarithme tombe entre deux nombres entiers consécutifs, dont le plus petit indique combien le nombre proposé contient de chiffres moins 1. Ainsi *la* CARACTÉRISTIQUE, *c'est-à-dire la partie entière du logarithme d'un nombre entier quelconque, renferme autant d'unités qu'il y a de chiffres moins un dans ce nombre.* Nous pourrons, d'après cela, déterminer à l'inspection d'un nombre, quelle sera la caractéristique de son logarithme ; et réciproquement, à l'inspection du logarithme d'un nombre, dire de combien de chiffres entiers ce nombre est composé. C'est pour cela que la partie entière du logarithme d'un nombre a été appelée *caractéristique*, et que *dans les tables de logarithmes on n'écrit pas la caractéristique.*

289. Un principe fondamental dans l'usage des tables de logarithmes, c'est que, *quand deux nombres plus grands que l'unité sont composés des mêmes chiffres écrits dans le même ordre, et qu'ils ne diffèrent ainsi que par la position de la virgule, leurs logarithmes ont la même partie décimale et ne diffèrent que par la caractéristique.*

En effet, supposons, pour fixer les idées, que le plus grand des deux nombres renferme trois chiffres entiers de plus que l'autre, ce plus grand nombre sera égal au plus petit multiplié par mille : par conséquent, son logarithme est égal à celui de ce plus petit augmenté de celui de mille, c'est-à-dire de 3 unités. Donc la partie décimale des logarithmes des deux nombres proposés est la même, et la différence de leurs caractéristiques contient autant d'unités qu'il y a de chiffres entiers de plus dans l'un que dans l'autre.

290. Il faut savoir résoudre les deux problèmes suivants pour pouvoir se servir des tables de logarithmes : 1° *Un nombre étant* donné, trouver son logarithme; 2° étant donné le logarithme d'un nombre, trouver ce nombre.

Occupons-nous d'abord de résoudre le premier problème, et supposons que nous ayons une table qui, comme celle de *Lalande*, renferme les logarithmes des dix mille, premiers nombres entiers, chacun à moins d'un demi-cent-millième. Si le nombre proposé est moindre que dix mille, on le cherchera dans la table, et on trouvera la partie décimale de son logarithme à côté. Ainsi la partie décimale du logarithme de 9485 est 97704, et comme d'ailleurs la caractéristique est 3, puisque ce nombre est composé de quatre chiffres (**288**), il s'ensuit que $\log 9485 = 3{,}97704$.

Supposons maintenant que le nombre proposé excède la limite des tables, c'est-à-dire qu'il soit plus grand que dix mille, et prenons, pour fixer les idées, le nombre 721367. Nous voyons d'abord que la caractéristique est 5 : quant à la partie décimale du logarithme, elle est la même que celle du logarithme du nombre 7213,67, formé en séparant par une virgule les *quatre* premiers chiffres à gauche du nombre proposé. Tâchons donc de déterminer celle-ci. Le nombre 7213 a pour partie décimale de son logarithme 85812; de sorte qu'il s'agit de trouver de combien cette partie décimale doit augmenter lorsqu'on augmente le nombre correspondant de 0,67. Or on démontre dans l'algèbre que *les différences des nombres sont à moins d'un cent-millième près proportionnelles à celles de leurs logarithmes, lorsque les différences des nombres ne surpassent pas l'unité et que ces nombres sont plus grands que mille*: mais nous avons ici trois nombres : 7213, 7213,67 et 7214, qui se trouvent dans le cas dont il s'agit; ainsi nous pourrons leur appliquer le principe que nous venons d'énoncer, et poser la proportion suivante :

1 (*différence des deux nombres extrêmes*) : 0,67 (*différence des deux premiers nombres*) :: 6 *cent-millièmes* (*différence des logarithmes des deux nombres extrêmes*) : x (*différence des logarithmes des deux premiers*).

La valeur de x tirée de cette proportion exprimera donc de combien il faut augmenter le logarithme de 7213 pour avoir celui de 7213,67.

On en tire $x = 6 \times 0,67 = 4,02 = 4$ cent-millièmes, en négligeant les décimales du produit (on forcerait l'unité s'il y avait lieu).

Le logarithme de 7213,67 a donc pour partie décimale 85812 $+ 4 = 85816$ cent-millièmes : donc enfin log $721367 = 5,85816$.

Remarquons que *le calcul qui a fourni la valeur de* x *revient à multiplier la différence tabulaire* 6 *cent-millièmes par la fraction décimale qui reste sur la droite du nombre proposé, quand on a séparé les* QUATRE *premiers chiffres à gauche par une virgule :* ainsi on pourra calculer la valeur de x sans poser de proportion.

* **291.** Nous avons dit qu'on démontre dans l'algèbre que les différences des nombres sont à moins d'un cent-millième proportionnelles à celles de leurs logarithmes, quand les différences des nombres ne surpassent pas l'unité et que ces nombres sont plus grands que mille ; mais on peut facilement *concevoir* la vérité de ce principe par les considérations suivantes.

En effet, les différences des logarithmes des nombres 1, 10, 100, 1000, etc., sont exactement égales à l'unité: or de 1 à 10, cette différence 1 est répartie entre 9 nombres ; de 10 à 100, elle l'est entre 90 nombres ; de 100 à 1000, entre 900 ; et enfin de 1000 à 10000, entre 9000 ; de sorte que *la différence des logarithmes de deux nombres consécutifs est d'autant plus petite que ces nombres sont plus grands*. On conçoit, d'après cela, qu'il doit arriver un point à partir duquel les différences des différences entre les logarithmes de plusieurs nombres consécutifs seront moindres qu'un cent-millième et seront par conséquent constantes, puisque nous supposons qu'on a négligé les unités décimales de l'ordre inférieur aux cent-millièmes. C'est ce qu'on peut vérifier en consultant la colonne intitulée *différence*, dans la partie de la table qui s'étend de 1000 à 10000. Si donc on considère trois nombres dont les deux extrêmes ne diffèrent que d'une unité, on pourra concevoir que la différence des logarithmes de ces deux extrêmes soit répartie proportionnellement sur les logarithmes des nombres intermédiaires : par conséquent, les différences de nos trois nombres seront, à moins d'un cent-millième, proportionnelles aux différences de leurs logarithmes.

292. Proposons-nous maintenant de trouver le logarithme d'un nombre décimal, de 72,1367 par exemple. La caractéristique est 1 ; quant à la partie décimale, nous séparerons, pour la déterminer, *quatre* chiffres sur la gauche du nombre proposé, ce qui nous ramènera à chercher la partie décimale du logarithme de 7213,67 (**290**), et nous venons de résoudre cette question tout à l'heure : donc le logarithme demandé sera 1,85816.

Ainsi, *pour trouver le logarithme d'un nombre décimal, on déplace la virgule de manière à séparer quatre chiffres sur la gauche de ce nombre*, ce qui ramène au cas du numéro précédent; quant à la caractéristique, on la détermine à l'inspection seule de la partie entière du nombre proposé.

293. *Supposons actuellement que l'on veuille trouver le logarithme d'une fraction décimale*, et prenons pour exemple la fraction 0,00721367. Si l'on porte la virgule à droite du premier chiffre significatif, et qu'on cherche le logarithme du nombre résultant 7,21367, on trouvera 0,85816. Or, en avançant la virgule de 3 rangs, nous avons multiplié le nombre proposé par l'unité suivie de 3 zéros, et par conséquent nous avons augmenté son logarithme de 3 unités, c'est-à-dire *d'autant d'unités qu'il est marqué par le rang du premier chiffre décimal significatif :* il faut donc le diminuer d'autant. Mais comme la caractéristique est zéro, nous ne pourrons qu'indiquer la soustraction de ces 3 unités, et nous le ferons en plaçant le signe — au-dessus de 3, pour marquer que ce signe ne porte que sur 3 et non sur la partie décimale, de sorte que le logarithme demandé sera $\bar{3},85816$, c'est-à-dire qu'il sera composé de *moins* 3 unités, *plus* la fraction décimale 0,85816.

LOGARITHMES. 223

On voit donc que *la caractéristique du logarithme d'une fraction décimale se compose d'autant d'unités négatives qu'il est marqué par le rang du premier chiffre décimal significatif.*

294. Proposons-nous actuellement de trouver le logarithme d'une fraction ordinaire, par exemple de $\frac{215}{721367}$. Comme une fraction exprime la division de son numérateur par son dénominateur, nous trouverons le logarithme de cette fraction en retranchant le logarithme du dénominateur de celui du numérateur, ce qui nous donnera le calcul suivant :

$$\log\ 215 = 2{,}33244$$
$$\log 721367 = 5{,}85816$$
$$\log \tfrac{215}{721367} = \overline{4}{,}47428$$

Ainsi le logarithme demandé est $\overline{4}{,}47428$, c'est-à-dire qu'il se compose de *moins* 4 unités *plus* la fraction décimale 0,47428.

Telle est la méthode la plus commode d'employer les logarithmes des fractions dans le calcul ; cependant on peut encore obtenir ces logarithmes en retranchant le logarithme du numérateur de celui du dénominateur ; mais comme la soustraction devrait être effectuée dans un ordre inverse, on affecte le reste du signe *moins*, de sorte que le logarithme de la fraction est entièrement négatif[*]. Calculons ainsi le logarithme de la fraction précédente :

$$\log 721367 = \ \ 5{,}85816$$
$$\log\ \ \ 215 = \ \ 2{,}33244$$
$$\log \tfrac{215}{721367} = -3{,}52572$$

295. Lorsqu'on veut appliquer le calcul logarithmique à l'ex-

---

[*] On peut encore observer que la fraction $\frac{215}{721367}$ par exemple est évidemment égale à 1 : $\frac{721367}{215}$ (**126**), et qu'ainsi son logarithme est égal à log 1 — log $\frac{721367}{215}$ (**282**), c'est-à-dire à — log $\frac{721367}{215}$, puisque log 1 = 0.

traction des racines des fractions, il arrive souvent que la caractéristique négative du logarithme de cette fraction n'est pas exactement divisible par l'indice de la racine à extraire. On ajoute alors à cette caractéristique autant d'unités qu'il est nécessaire pour rendre la division possible, mais on retient le même nombre d'unités pour les ajouter à la partie décimale. De cette manière la difficulté est éludée, et le logarithme n'a pas été altéré, puisqu'on a ajouté le même nombre d'unités à la partie négative et à la partie positive de ce logarithme. Ainsi, si nous voulons extraire la racine cubique de la fraction $\frac{215}{721367}$, il faudra d'abord chercher son logarithme, et l'on trouvera $\bar{4},47428$ qu'on doit diviser par 3 ; pour cela on ajoute 2 unités négatives à la caractéristique $\bar{4}$, ce qui fait $\bar{6}$; on divise -6 par 3 et on a pour quotient -2 ; maintenant on ajoute à la fraction décimale 2 unités positives qui valent 20 dixièmes, et l'on trouve ainsi que

$$\log \sqrt[3]{\tfrac{215}{721367}} = \bar{2},82476.$$

296. Cherchons maintenant à résoudre le second des deux problèmes que nous avons énoncés au n° **290**, c'est-à-dire *proposons-nous de revenir d'un logarithme au nombre auquel il correspond*, et prenons pour exemple le logarithme 2,56526. Puisque la caractéristique ne fait qu'indiquer le nombre des chiffres entiers du nombre correspondant au logarithme donné, nous ne nous en occuperons pas ; seulement, lorsque nous aurons trouvé les chiffres qui entrent dans l'expression de ce nombre, nous en séparerons sur la gauche autant qu'il y a d'unités plus une dans la caractéristique, et le problème sera résolu.

Cherchons donc la partie décimale 56526 dans nos tables. Si nous considérons la première série, qui s'étend de 1 à 10, nous voyons que cette partie décimale tombe entre les logarithmes de 3 et de 4 ; et comme le nombre demandé doit avoir trois chiffres entiers, il s'ensuit qu'il est compris entre 300 et 400, et que par conséquent la première série des tables ne donne ce nombre qu'à moins d'une centaine près.

En cherchant 56526 dans la seconde série, qui s'étend de 10 à 100, on voit que le nombre demandé tombe entre 36 dizaines et 37 dizaines, et qu'ainsi cette seconde série ne donne ce nombre qu'à moins d'une dizaine près.

En cherchant 56526 dans la troisième série, c'est-à-dire de 100 à 1000, on voit que le nombre demandé est compris entre 367 et 368, et qu'en conséquence cette troisième série ne donne ce nombre qu'à moins d'une unité près.

Enfin, si nous cherchons 56526 dans la quatrième série, c'est-à-dire de 1000 à 10000, nous trouverons que cette partie décimale correspond *exactement* à 3675, et que par conséquent le nombre demandé est 367,5.

Ainsi la considération de la quatrième série nous a donné exactement le nombre demandé ; mais cela n'arrivera qu'autant que le logarithme donné se trouvera dans la table. Cependant il y aura toujours de l'avantage à chercher le logarithme dans la quatrième série : car nous trouverons ainsi les quatre premiers chiffres à gauche du nombre demandé, tandis que par les autres séries nous n'en trouverions qu'un, deux ou trois.

297. Soit encore proposé de trouver le nombre correspondant au logarithme 5,85816. Nous chercherons la partie décimale 85816 dans la quatrième série, c'est-à-dire entre les logarithmes de 1000 et de 10000, et nous verrons qu'elle tombe entre les logarithmes des nombres 7213 et 7214, et qu'elle surpasse le logarithme du premier de 4 cent-millièmes. Nous obtiendrons donc le nombre demandé si nous pouvons calculer la différence qui existe entre 7213 et le nombre dont le logarithme est 3,85816 (**289**). Or, si nous appelons x cette différence, les trois nombres 7213, 7213 $+x$ et 7214 sont plus grands que mille, et la différence des deux extrêmes ne surpasse pas l'unité ; nous pourrons donc appliquer le principe que *les différences des nombres sont proportionnelles aux différences de leurs logarithmes*, et établir la proportion :

1 (*différence des deux nombres extrêmes*) : x (*différence des deux premiers*) :: 6 *cent-millièmes* (*différence des logarithmes*

des deux nombres extrêmes) : 4 cent-millièmes (*différence des logarithmes des deux premiers nombres*).

On tire de cette proportion $x = \frac{4}{6} = 0,7$; d'où l'on voit que, pour avoir la différence entre 7213 et le nombre correspondant au logarithme 3,85816, il faut diviser la différence des logarithmes de ces deux nombres par la différence tabulaire qui correspond au logarithme donné.

Ainsi le nombre qui a pour logarithme 3,85816 est 7213,7; et par conséquent le nombre demandé devant être composé de six chiffres entiers sera 721370. Telle est sa valeur à moins d'une dizaine : car la différence x a été calculée seulement à moins d'un dixième, et nous l'avons multipliée par 100. Nous avons vu en effet, au n° **290**, que 5,85816 était le logarithme de 721367, de sorte que l'erreur est de 3 unités, et par conséquent moindre qu'une dizaine.

298. *Si la caractéristique du logarithme est négative*, on agira comme dans l'exemple précédent, c'est-à-dire qu'*on cherchera les chiffres qui composent tous les nombres correspondant à la partie décimale du logarithme, et l'on placera ensuite la virgule de manière que le premier chiffre significatif décimal soit de l'ordre marqué par la caractéristique.*

Exemple. Quel est le nombre qui a pour logarithme $\bar{2},82476$? La partie décimale répond à tous les nombres dont les cinq premiers chiffres sont 66797; mais la caractéristique étant $\bar{2}$, le premier chiffre significatif doit être du second ordre décimal (**293**), c'est-à-dire de l'ordre des centièmes, de sorte que la fraction décimale correspondant au logarithme donné est 0,066797 à moins d'un millionième.

En effet, en ajoutant deux unités au logarithme donné (autant qu'il y en a dans la caractéristique $\bar{2}$), il devient 0,82476, et le nombre correspondant est 6, 6797; mais, en ajoutant deux unités à la caractéristique, on a multiplié le nombre correspondant par l'unité suivie de deux zéros : donc il faut reculer la virgule de deux rangs vers la gauche, ce qui donne bien 0,066797. Telle est donc la racine cubique de la fraction $\frac{216}{721367}$ (**294**).

299. *Si le logarithme est entièrement négatif, on cherche le nombre correspondant à ce logarithme pris positivement, et l'on fait de ce nombre le dénominateur d'une fraction dont l'unité est le numérateur, ce qui donne la fraction ordinaire correspondant au logarithme négatif proposé.*

En effet, le produit de deux termes situés à égale distance de *l'unité* dans la progression géométrique, est évidemment égal à *une* unité : donc, si un certain nombre, $15\frac{3}{4}$ par exemple, se trouve à une certaine distance de 1, dans la partie ascendante de cette progression, le nombre $\frac{1}{15\frac{3}{4}}$ occupera le même rang dans la partie descendante ; donc leurs logarithmes sont égaux et de signes contraires, c'est-à-dire que $\log \frac{1}{15\frac{3}{4}} = -\log 15\frac{3}{4}$. Donc enfin un logarithme négatif appartient à une fraction qui a pour numérateur l'unité, et pour dénominateur le nombre correspondant au logarithme donné, abstraction faite du signe *moins*.

Exemple. Quel est le nombre dont le logarithme est $-3,52572$? Je fais abstraction du signe —, et je cherche le nombre correspondant au logarithme $3,52572$. Ce nombre est $3355,2$; par conséquent le nombre correspondant au logarithme $-3,52572$ est $\frac{1}{3355,2}$ ou bien $\frac{10}{33552} = \frac{5}{16776}$, en multipliant les deux termes de cette fraction par 10.

300. *Si l'on voulait obtenir en décimales la valeur de la fraction qui correspond à un logarithme négatif donné, on ajouterait à ce logarithme autant d'unités plus une qu'il y en a dans la caractéristique ; on chercherait le nombre correspondant au logarithme résultant, et l'on reculerait la virgule d'autant de rangs vers la gauche qu'on aurait ajouté d'unités au logarithme donné.*

Reprenons, en effet, le logarithme $-3,52572$; j'y ajoute 4 unités, ce qui fait $4 - 3,52572 = 0,47428$. Le nombre correspondant à ce logarithme est $2,9804$. Mais en ajoutant quatre unités au logarithme proposé, nous avons multiplié le nombre correspondant par 10000, de sorte qu'il faudra diviser le nombre trouvé par 10000, ce qui se fera en reculant la virgule de quatre rangs vers la gauche. Ainsi la fraction décimale équivalente au logarithme négatif proposé est 0,00029804.

Si, au contraire, on voulait obtenir en fraction ordinaire la valeur de la fraction correspondant à un logarithme dont la caractéristique est négative, on commencerait par prendre la différence entre la caractéristique, abstraction faite de son signe, et la partie décimale; on affecterait cette différence du signe —, et on chercherait enfin la fraction ordinaire qui correspond à ce logarithme entièrement négatif (**299**).

Soit par exemple le logarithme $\bar{2},82476$. En vertu de la règle posée dans la note du n° **281**, page 212, ce logarithme est égal à $-(2-0,82476) = -1,17524 = \log \frac{1}{14.971}$: ainsi la fraction ordinaire qui correspond au logarithme proposé est $\frac{1000}{14971}$.

501. Il arrive souvent que l'on a à retrancher un logarithme d'un autre : les calculateurs ont trouvé le moyen de changer cette soustraction en une addition. Supposons, en effet, que l'on veuille soustraire 36 de 584; il est clair que, si j'ajoute à 584 l'excès 64 de 100 sur 36, la somme 648 surpassera la différence demandée de 100 unités; de sorte qu'en en retranchant une centaine, j'obtiendrai cette différence. Le reste est donc 548. Cet excès de 100 sur 36 se nomme le *complément arithmétique de* 36; et *en général on appelle complément arithmétique d'un nombre la différence entre ce nombre et l'unité suivie d'autant de zéros qu'il a de chiffres.* Ainsi, *pour soustraire un nombre d'un autre, on ajoutera son complément à cet autre, mais on retranchera de la somme une unité de l'ordre de celle qui a fourni le complément.*

Exemple. Élever la fraction $\frac{79}{376}$ à la troisième puissance. En suivant le procédé ordinaire, il faudrait d'abord retrancher le logarithme de 376 de celui de 79 : au lieu d'opérer ainsi, je prends le complément du logarithme de 376 à 10 unités, et je l'ajoute au logarithme de 79 :

LOGARITHMES.

$$\log\ 79 = 1{,}89763$$
$$\text{compl. log}\ 376 = 7{,}42481$$
$$\text{somme}\ldots\ldots\ 9{,}32244$$

Je multiplie cette somme par 3, ce qui donne 27,96732 ; mais comme elle surpassait le logarithme de $\frac{79}{376}$ de 10 unités, ce produit surpasse le logarithme du cube de cette fraction de 30 unités ; donc il faudra diviser le nombre correspondant par l'unité suivie de 30 zéros, mais ce nombre correspondant aura 28 chiffres entiers (**288**) : donc le premier chiffre significatif décimal du cube demandé sera du troisième ordre. On trouve pour résultat 0,0092751.

302. On ne prend pas toujours, pour complément d'un nombre, la différence entre ce nombre et l'unité suivie d'autant de zéros qu'il a de chiffres, parce que, dans certains cas, on serait ainsi conduit à des calculs bien plus longs que ceux que l'on veut éviter en faisant usage des compléments. Supposons, par exemple, que l'on ait à calculer la racine cubique de la cinquième puissance de $\frac{2}{13}$. Si l'on suivait la méthode précédente, on devrait ajouter au logarithme de 2 le complément du logarithme de 13, et multiplier la somme par $\frac{5}{3}$; mais, comme cette somme surpasserait le logarithme de $\frac{2}{13}$ de 10 unités, on voit que l'on devrait diminuer le produit de $10 \times \frac{5}{3} = \frac{50}{3}$, de sorte qu'il faudrait diviser le nombre correspondant par le nombre qui a $\frac{50}{3}$ pour logarithme, c'est-à-dire par la racine cubique de la cinquantième puissance de 10[*], calcul extrêmement laborieux. La difficulté tient à ce que la quantité dont le logarithme final est trop grand n'est pas un nombre entier (**301**) : on l'éludera donc en prenant le complément du logarithme du dénominateur 13, relativement au multiple de l'indice 3 qui est

---

[*] Comme le logarithme de 10 est 1, celui de $\sqrt[3]{10^{50}}$ est par conséquent $\frac{50}{3}$ (**282** et **285**).

immédiatement supérieur à ce logarithme, c'est-à-dire à 3 dans notre exemple. Ainsi on exécutera le calcul suivant :

$$\begin{aligned} \log\ 2 &= 0{,}30103 \\ \text{compl. } \log\ 13 &= 1{,}88606 \\ \hline \text{somme} &\dots\ 2{,}18709 \end{aligned}$$

Multipliant cette somme par $\frac{5}{3}$, il viendra 3,64515; mais comme elle surpassait le logarithme de $\frac{2}{13}$ de 3 unités, ce produit surpasse le logarithme de $\sqrt[3]{(\frac{2}{13})^5}$ de $3 \times \frac{5}{3} = 5$: donc, en divisant par 100000 le nombre correspondant, le problème sera résolu. On trouvera ainsi que $\sqrt[3]{(\frac{2}{13})^5} = 0{,}044172$.

§ IV. RÈGLE A CALCUL.

303. Une des applications pratiques les plus ingénieuses des logarithmes consiste dans l'emploi des *Règles à calcul* ou *Règles logarithmiques*. Répandu en Angleterre dès la fin du XVIIe siècle, cet instrument si simple et si utile était encore peu connu en France il y a quelques années; mais tout porte à espérer qu'il ne tardera pas à y devenir usuel, comme chez les Anglais, pour tous les calculs *qui n'exigent pas trop de précision et que l'on désire effectuer promptement.*

304. La *Règle à calcul* est un instrument composé d'une partie fixe ou *Règle*, et d'une partie mobile appelée *Réglette*, qui glisse à l'intérieur de la première; l'une et l'autre peuvent d'ailleurs être en bois, en ivoire, en métal ou en carton. (Nous supposerons que l'on a sous les yeux une Règle à calcul, et plus particulièrement la *Règle à calcul à enveloppe de verre* de M. *Léon Lalanne*, ingénieur en chef des ponts et chaussées.)*

---

* Cette Règle, dont le prix est de beaucoup inférieur à celui de la règle en bois de *Lenoir-Gravet*, se trouve chez MM. *Hachette et C*[ie], avec une instruction très-complète, applicable d'ailleurs à *toutes* les Règles à calculs. Nous avons emprunté à cette instruction la majeure partie de ce qui va suivre; et nous ne pouvons mieux faire que d'y renvoyer le lecteur pour de plus amples détails.

305. Si l'on examine la *face principale* de la Règle, on remarque de suite une échelle graduée portant à sa gauche la désignation abrégée *nomb.* (nombres). Sur la première moitié à gauche de cette échelle que l'on nomme *échelle des nombres*, ou *échelle principale*, sont inscrits à des intervalles inégaux et décroissants les dix nombres :

$$1, 2, 3, 4, 5, 6, 7, 8, 9, 10;$$

la seconde moitié à droite est aussi divisée en neuf parties, respectivement égales aux neuf parties de la première; elle porte, à partir de 10, les nombres :

$$20, 30, 40, 50, 60, 70, 80, 90, 100.$$

Sur la Réglette est tracée une échelle identique à celle des nombres, portant les mêmes divisions et les mêmes chiffres. Si donc on amène le chiffre 1 de la Réglette sous le chiffre 1 de l'échelle des nombres, toutes les autres divisions principales numérotées 2, 3, 4,..., 90, 100 devront se correspondre parfaitement.

Les neuf parties de chacune des moitiés de l'échelle principale sont toutes subdivisées en dix autres; la subdivision de 1 à 2 est la même que celle de 10 à 20; celle de 3 à 4 est la même que celle de 30 à 40, et ainsi de suite. Les points de division entre 10 et 20 pourront être considérés comme correspondant aux chiffres :

$$11, 12, 13, 14, 15, 16, 17, 18, 19;$$

ceux entre 20 et 30, aux chiffres :

$$21, 22, 23, 24, 25, 26, 27, 28, 29,$$

etc.; de sorte que l'on pourra compter tous les nombres de 10 à 100 sur la moitié à droite de l'échelle.

Ces subdivisions peuvent être à leur tour partagées en un certain nombre de parties[*]; il n'y a d'autre limite que l'im-

---

[*] Sur une Règle de 0^m,25 de longueur, comme celle que nous considérons,

possibilité matérielle de tracer des divisions facilement appréciables à l'œil.

306. Ainsi, les nombres compris entre 1 et 10 seront lus exclusivement sur la moitié de gauche de la Règle et de la Réglette. Les nombres compris entre 10 et 100 seront lus sur la moitié de droite; mais ils pourront l'être aussi sur la moitié de gauche, en supposant que le 1 de cette moitié vaille 10, et que le 10 vaille 100. Or, en faisant cette supposition, le 10 de la moitié de droite vaudra 100, et le 100 vaudra 1000, de sorte qu'on pourra compter sur celle-ci les nombres suivants de 10 en 10 :

$$110, 120, 130, 140,\ldots\ldots, 190, 200,$$
$$210, 220, 230, 240,\ldots\ldots, 290, 300,$$
$$\ldots\ldots\ldots\ldots\ldots\ldots\ldots\ldots\ldots\ldots\ldots\ldots\ldots$$
$$910, 920, 930, 940,\ldots\ldots, 990, 1000;$$

à son tour, la moitié de gauche se prêtera à une semblable lecture, si l'on y considère le 1 comme valant 100, le 2 comme valant 200, et le 10 comme valant 1000.

Maintenant il est facile de voir qu'au moyen des dernières subdivisions (note du n° 305) on pourra lire les nombres entiers de deux en deux :

$$102,\ 104,\ 106,\ 108,\ 110,\ldots\ldots, 200,$$

et les nombres entiers de cinq en cinq :

$$205,\ 210,\ 215,\ 220,\ 225,\ldots\ldots, 500;$$

à partir de 500, il n'y a plus de subdivisions, et l'on ne lit les nombres que de dix en dix :

$$510,\ 520,\ 530,\ 540,\ 550,\ldots\ldots, 1000.$$

Les divisions entre 1 et 2, 2 et 3,..., 9 et 10 de la moitié à

---

elles sont partagées seulement en 5 parties entre les divisions principales 1 et 2, 10 et 20, et en deux parties entre les divisions principales 2 et 5, 20 et 50.

gauche de l'échelle, peuvent aussi être considérées comme donnant les nombres de dixième en dixième :

$$1,1,\ 1,2,\ 1,3,\ 1,4,\ldots\ldots,\ 1,9,\ 2,$$
$$2,1,\ 2,2,\ 2,3,\ 2,4,\ldots\ldots,\ 2,9,\ 3,$$
$$\ldots\ldots\ldots\ldots\ldots\ldots\ldots\ldots\ldots\ldots$$
$$9,1,\ 9,2,\ 9,3,\ 9,4,\ldots\ldots,\ 9,9,\ 10.$$

De même au moyen des subdivisions (note du n° 305) on pourra lire les nombres de deux en deux centièmes :

$$1,02,\ 1,04,\ 1,06,\ldots\ldots,\ 2,$$

et, de cinq en cinq centièmes :

$$2,05,\ 2,10,\ 2,20,\ldots\ldots,\ 5\ ;$$

à partir de 5, on ne lira que les nombres de dix en dix centièmes :

$$5,10,\ 5,20,\ 5,30,\ldots\ldots,\ 10.$$

307. Enfin, à la partie inférieure de la face principale de la Règle, on remarque une échelle portant la désignation abrégée *car.* (ligne des carrés). Sa longueur totale est la même que celle de l'échelle des nombres ; mais ses divisions principales sont doubles de celles tracées sur la Règle et la Réglette ; de sorte que son chiffre 1 étant placé sous le chiffre 1 de la Règle et de la Réglette, son chiffre 10 correspondra au chiffre 100 de celles-ci.

Les échelles que nous venons de décrire, suffisant pour tous les calculs de l'arithmétique, nous ne nous occuperons pas des échelles portant les dénominations abrégées : *cos*, *sin*, *tang*, *cot*.

308. Supposons, maintenant, que l'on ait pris pour *unité* la longueur commune aux deux moitiés de l'échelle principale, et que les distances respectives du chiffre 1 aux divisions 2, 3, 4,..., 9 aient été prises proportionnelles aux valeurs numériques des logarithmes des nombres 2, 3, 4,..., 9 ; que de même, les distances du chiffre 1 aux subdivisions (1,1), (1,2),...,(1,9) aient été prises proportionnelles aux logarithmes des nombres (1,1), (1,2),..., (1,9) ; et ainsi de suite

pour les centièmes. Il est évident que la distance du chiffre 1 à la division 21, par exemple, de la moitié de droite de l'échelle, représentera précisément le logarithme de 21. En effet :
$$21 = 10 \times 2,1,$$
$$\log 21 = \log 10 + \log 2,1.$$

Or, la distance du chiffre 1 au chiffre 21 se compose de deux parties, savoir : la distance du chiffre 1 au chiffre 10, qui, ayant été prise pour unité, représente le logarithme de 10, et la distance du chiffre 10 au chiffre 21, laquelle est égale, par suite de la construction de la Règle (305), à celle du chiffre 1 à la division 2,1, c'est-à-dire au logarithme de 2,1 ; donc la distance du chiffre 1 au chiffre 21 représente bien le logarithme de 21.

Ainsi, en considérant l'ensemble des deux moitiés de l'échelle principale, les longueurs successives comptées à partir du chiffre 1 jusqu'au chiffre 100 représentent les logarithmes des nombres de 1 à 100 pris avec leur caractéristique exacte. Quant aux nombres en dehors de ces limites, l'échelle donne la partie décimale de leurs logarithmes, abstraction faite de la caractéristique. Soient par exemple les nombres 0,75 et 340 ; les parties décimales des logarithmes de ces nombres sont les mêmes que celles des logarithmes des nombres 75 et 34 compris entre 1 et 100 ; elles sont donc représentées sur la Règle.

309. De ce qui précède, résulte évidemment cette propriété fondamentale de la Règle à calcul :

Pour trouver le PRODUIT *de deux nombres, il faut placer le chiffre 1 de la Réglette sous l'un des deux nombres lu sur la moitié à gauche de l'échelle principale de la Règle. Le produit cherché correspond, sur la Règle, au second nombre lu sur la Réglette.*

Il est clair, en effet, que l'on détermine ainsi sur la Règle un nombre dont la distance au chiffre 1 de la Règle, c'est-à-dire le logarithme, est égale à la somme des distances du premier nombre au chiffre 1 de la Règle, et du second nombre au chiffre

1 de la Réglette, c'est-à-dire à la somme des logarithmes des deux nombres donnés. Ce nombre est donc leur produit (**281**).

La manière d'opérer peut être indiquée d'une façon abrégée ainsi qu'il suit ; soit à multiplier 2 par 3, on aura :

Règle.	2 (1ᵉʳ facteur)		6 (produit)
Réglette.	1	→→	3 (2ᵉ facteur)

310. Nous allons appliquer, comme exercices, cette règle à différents exemples ; mais nous commencerons par énoncer un principe très-simple et très-général pour déterminer d'avance le nombre des chiffres d'un produit de deux nombres *entiers :*

Lorsque le produit obtenu (par le procédé du nº **309**) *se trouve sur la moitié à droite de l'échelle fixe de la Règle, ce produit a juste autant de chiffres qu'il y en a à la fois dans les deux facteurs ; lorsqu'il tombe sur la moitié à gauche, il a un chiffre de moins.*

311. Nous considérerons d'abord des facteurs n'ayant pas plus de *deux* chiffres chacun.

1° Soit 36 à multiplier par 25. On placera le chiffre 1 de la Réglette sous le point 36 de la moitié à gauche de la Règle, et on lira le chiffre auquel correspond sur la Règle le nombre 25 lu sur la Réglette. Ce chiffre est 9, et se trouve encore sur la moitié à gauche de la Règle ; or, le produit doit avoir *trois* chiffres ; donc, en ajoutant deux zéros à la droite de 9, on aura 900 pour le produit cherché.

2° Soit à multiplier 23 par 19. Ayant placé le 1 de la Réglette sous le point 23 de la Règle (moitié de gauche), on trouve que le point correspondant au nombre 19 lu sur la Réglette ne se trouve pas exactement être une division de la Règle, mais qu'il tombe entre les divisions 430 et 440, plus près de la seconde que de la première. Dans ce cas, et dans les cas analogues où le point correspondant au produit cherché tombe entre deux divisions consécutives de l'échelle, on imagine que l'intervalle entre ces deux divisions soit subdivisé en un nombre suffisant de parties égales, et on prend pour le troisième chiffre du produit cherché, le nombre de parties que l'on peut compter à vue entre le point correspondant au produit et la division la plus voisine à gauche*. Ainsi, les plus petits intervalles entre 1 et 2 étant partagés, *à vue*, chacun en deux, on lira les nombres entiers consécutifs :

$$100, 101, 102, 103, \ldots, \text{jusqu'à } 200;$$

les plus petits intervalles entre 2 et 5 étant partagés, *à vue*, chacun en cinq, on lira les nombres entiers consécutifs :

$$200, 201, 202, 203, \ldots, \text{jusqu'à } 500;$$

enfin, les plus petits intervalles entre 2 et 5 étant partagés, *à vue*, chacun en dix, on lira les nombres entiers consécutifs :

$$500, 501, 502, 503, \ldots, \text{jusqu'à } 1000.$$

De sorte qu'avec ces lectures *à vue*, on pourra déterminer d'une manière plus ou moins exacte tous les nombres possibles de trois chiffres.

Revenons à notre exemple. Les deux premiers chiffres du produit cherché sont 43; la distance qui sépare la division 430 du point correspondant au produit peut être évaluée à vue à 7 ou 8 dixièmes de l'intervalle total entre 430 et 440; on pourrait donc prendre 437 ou 438 pour valeur du produit. Mais nous observerons que le produit des nombres 23 et 19 se termine *nécessairement* par un 7, puisque 9 fois 3 font 27; le produit *exact* sera donc 437.

Ainsi, *il est toujours facile d'obtenir rigoureusement un produit de deux facteurs, quand ce produit ne doit pas avoir plus de trois chiffres.* Les deux premiers chiffres sont donnés par la Règle sans incertitude; et le troisième est donné par la multiplication, faite de mémoire, du dernier chiffre de l'un des facteurs par le dernier chiffre de l'autre.

---

* Remarquons que ceci revient à faire usage du principe énoncé au n° 290 : Les différences des logarithmes sont sensiblement proportionnelles à celles des nombres correspondants.

3° Soit à multiplier 24 par 33. On trouve que le point correspondant au produit tombe entre les divisions 126 et 128, plus près de la seconde que de la première; on en conclut que le nombre 127 forme les trois premiers chiffres du produit. Mais ce produit doit avoir quatre chiffres; de plus, son premier chiffre à droite est un 2; donc le produit cherché est 1272.

4° Soit à multiplier 79 par 84. Le point correspondant au produit tombe entre les divisions 66 et 67, à un intervalle qui *paraît* être de 3 *ou* 4 dixièmes à partir du point 66. D'un autre côté, le produit doit avoir quatre chiffres, et son dernier chiffre à droite est 6; on *supposera* donc que le point de rencontre est à 3 dixièmes et 6 centièmes de l'intervalle entre les deux points, et l'on prendra 6636 pour le produit cherché.

On voit donc que, lorsque le produit a quatre chiffres, on n'a plus la même certitude sur le résultat; il y a *erreur possible* sur le troisième chiffre, parce que sa détermination tient à une lecture dans l'appréciation de laquelle on peut se tromper d'une unité.

312. Supposons maintenant que les deux facteurs aient *trois* chiffres.

Soit à multiplier 627 par 384. Le facteur 627 sera pris sur la Règle fixe entre les divisions 62 et 63, par une évaluation à vue, à 7 dixièmes de l'intervalle qui les sépare. Le 1 de la Réglette étant placé sous le facteur 627 ainsi déterminé sur la Règle, on lit le second facteur 384 sur la Réglette, au delà du point 380, et à 4 cinquièmes de l'intervalle entre ce point et le point 385, par une seconde évaluation à vue. Ce second facteur correspond, sur la moitié à droite de l'échelle, au point 241. Le produit devant avoir six chiffres, on complétera ce nombre de chiffres en ajoutant trois zéros, et on prendra 241000 pour le produit cherché. Le produit exact est 240768; l'erreur relative commise est donc de 232 sur 240768, ou de 1 sur 1038.

313. Si nous supposons enfin que les deux facteurs soient composés d'un nombre quelconque de chiffres, on procédera de la même manière. On se bornera à opérer comme s'ils étaient l'un et l'autre réduits à leurs trois premiers chiffres ; on déterminera comme dans le cas précédent les trois premiers chiffres du produit, et on placera à leur droite un nombre de zéros suffisant pour compléter le nombre des chiffres du produit véritable, nombre connu d'avance par la règle du n° 310.

Si le premier chiffre après les trois chiffres conservés dans l'un des facteurs était égal à 5, ou plus grand que 5, on augmenterait d'une unité le dernier chiffre conservé. En général, on ne devra pas faire cette augmentation dans les deux facteurs à la fois.

Soit par exemple à multiplier 238607 par 31097. Au lieu de 238607, on prendra 238000 ou plutôt 238 ; au lieu de 31097, on prendra 31100 ou plutôt 311. Multipliant 238 par 311, on trouvera 742 pour les trois premiers chiffres du produit ; le produit doit d'ailleurs avoir dix chiffres ; nous aurons donc à écrire sept zéros à la droite de 742, ce qui donne 7 420 000 000 pour la valeur approchée du produit.

314. Nous n'avons considéré jusqu'à présent que des nombres entiers. Si l'on a à opérer sur des *nombres décimaux*, on *commence par substituer aux deux facteurs les nombres résultant de la suppression de tous les chiffres placés à droite de leurs trois premiers chiffres significatifs. On effectue ensuite la multiplication des deux nombres ainsi obtenus, abstraction faite de la virgule, comme s'ils étaient entiers ; puis, à la droite de leur produit complété par l'addition d'un nombre suffisant de zéros, on sépare autant de chiffres décimaux qu'il y en a à la fois dans les deux facteurs réduits l'un et l'autre à leurs trois premiers chiffres significatifs.*

Quelques exemples vont éclaircir cette règle :

1° Soit à multiplier 0,35 par 0,0025. Le produit de 35 par 25 est 875 ; ce produit est exact (**311**, 2°); séparant six décimales, autant qu'il y en a à la fois dans les deux facteurs, nous trouverons **0,000875** pour le produit cherché.

2° Soit à multiplier 0,03836 par 62,721. Nous remplacerons les deux facteurs par les nombres 0,0384 et 62,7. Multipliant 384 par 627, on trouve pour produit 241000 (**512**); séparant enfin cinq décimales, autant qu'il y en a à droite des deux nombres 0,0384 et 62,7, on trouve 2,41 pour le produit cherché.

3° Soit à multiplier 12,4745 par 8,0292. On prendra pour facteurs 12,5 et 8,03 ; le produit de 125 par 803 est 100400 ; séparant trois décimales, on aura 100,4 pour la valeur cherchée.

515. Nous savons maintenant effectuer dans tous les cas la multiplication de deux nombres quelconques entiers ou décimaux. Voyons comment on pourra procéder à l'opération inverse, la *division*. Or, si on considère le dividende comme un produit, le diviseur et le quotient comme les deux facteurs de ce produit, on verra que la division se fera en ajustant la Règle et la Réglette comme pour la multiplication. Soit à diviser 6 par 3, on aura :

Règle.	2 (Quotient)		6 (dividende)
Réglette.	1	↦	3 (diviseur)

Ainsi, *pour diviser deux nombres l'un par l'autre, il faut amener le point de la partie à gauche de la Réglette correspondant au diviseur, sous le point de la partie à droite de la Règle correspondant au dividende. Le point de l'échelle de la Règle sous lequel tombe le 1 de la Réglette indique la valeur du quotient.*

On déterminera d'ailleurs le nombre des chiffres du quotient par le principe suivant :

Lorsque le point correspondant au quotient tombe sur la moitié à gauche de la Règle, le nombre des chiffres du quotient s'obtient en retranchant le nombre des chiffres du diviseur du nombre des chiffres du dividende. Lorsque ce point tombe sur la moitié à droite, il y a au quotient un chiffre de plus que dans le cas précédent.

1° Soit à diviser 6636 par 84. Nous amènerons le nombre 84, pris sur la moitié à gauche de la Réglette, sous le nombre 664, pris sur la moitié à droite de la Règle. Le 1 de la Réglette tombera sensiblement au-dessous du nombre 79 de la Règle et sur la moitié de gauche de celle-ci. Le nombre des chiffres du quotient sera donc égal à deux, c'est-à-dire à l'excès de quatre, nombre des chiffres du dividende, sur deux, nombre des chiffres du diviseur. Le quotient cherché est donc 79.

2° Soit à diviser 7 419 961 879 par 31 097. Nous prendrons 742 pour dividende et 311 pour diviseur. En lisant le premier sur la moitié à droite de la Règle et le second sur la moitié à gauche de la Réglette, on voit que le 1 de la Réglette tombe sensiblement sous le chiffre 239 de la moitié à droite de la Règle. Le nombre des chiffres du quotient surpassera donc d'une unité l'excès du nombre des chiffres du dividende sur le nombre des chiffres du diviseur. Le dividende a dix chiffres, le diviseur en a cinq; le quotient en aura donc six; nous prendrons donc 239000 pour la valeur approchée du quotient.

316. Supposons maintenant qu'il s'agisse d'effectuer la division de deux nombres décimaux. Considérons d'abord le cas où le dividende contient le diviseur, et où par conséquent le quotient a une partie entière.

1° Diviser 0,0953 par 0,0006237. Avançons la virgule d'un même nombre de rangs dans le dividende et le diviseur, ce qui n'altère pas le quotient; la question sera ramenée à diviser 953 par 6,237. Les trois premiers chiffres du quotient sont 153, et le quotient tombe sur la moitié à droite de la Règle; il doit donc avoir à sa partie entière un chiffre de plus que le nombre des chiffres entiers du dividende (trois) diminué du nombre des chiffres entiers du diviseur (un), c'est-à-dire qu'il aura trois chiffres entiers; le quotient est donc 153.

2° Diviser 0,00953 par 0,0006237. Nous ramènerons encore la question à diviser 953 par 62,37; les trois premiers chiffres du quotient sont 153; le quotient doit d'ailleurs avoir à sa partie entière un chiffre de plus que l'excès de trois sur deux, c'est-à-dire deux chiffres ; ce quotient est donc 15,3.

317. Considérons maintenant le cas où le dividende est plus petit que le diviseur. On ramènera facilement ce cas au précédent, en avançant la virgule d'un nombre suffisant de rangs dans la droite sous le dividende ; on déterminera le quotient, comme dans le premier cas, puis on y reculera la virgule vers la gauche d'autant de rangs qu'on l'avait avancée vers la droite dans le dividende.

1° Diviser 0,6237 (ou 0,624) par 95,3. J'avance la virgule de trois rangs vers la droite dans le dividende, afin d'avoir un nombre plus grand que le diviseur, et j'ai 624,0 dont la division par 95,3 donne 6,54 (**316**) ; reculant la virgule de trois rangs vers la gauche, il vient 0,00654 pour le quotient cherché.

2° Diviser 2,4 par 62,721 (ou 62,7). J'avance la virgule de deux rangs vers la droite dans le dividende, et je divise 240 par 62,7. Les trois premiers chiffres du quotient sont 384 ; comme ce quotient tombe sur la moitié à gauche de l'échelle, il a un chiffre entier (trois moins deux), et est 3,84 ; en reculant la virgule de deux rangs à gauche, on aura 0,0384 pour le quotient cherché.

318. Ainsi, nous sommes actuellement en état d'effectuer la multiplication et la division de nombres quelconques entiers ou décimaux. Il nous reste à indiquer un autre procédé que l'on peut employer pour effectuer ces deux opérations, *au moyen de la Réglette renversée.*

Supposons qu'ayant retiré la Réglette de sa coulisse, on l'y introduise après l'avoir retournée bout pour bout, de manière que ses chiffres apparaissent à l'envers pour l'opérateur qui tient la Règle droite. Il est facile de voir que si l'on place le multiplicateur lu sur la Réglette au-dessous du multiplicande lu sur la Règle, le produit se trouvera soit sur la Règle au-dessus du 1 de la Réglette, soit sur la Réglette au-dessous du 1 de la Règle. Il est évident, en effet, que dans les deux cas la longueur correspondant au produit est égale à la somme des longueurs correspondant aux deux facteurs. Soit à multiplier, par exemple, 6 par 9. L'opération s'indique de la manière suivante :

Règle.   1   6 (multiplic^{de}) 9 (multiplic^{ur}) 54 (produit)
Réglette renversée. 54 (produit) 9 (multiplic^{ur}) 6 (multiplic^{de})   1
$\longleftarrow$

On effectuera la division avec la même facilité ; cette opération s'indiquera ainsi qu'il suit (division de 54 par 6) :

Règle.   1   6 (diviseur) 9 (quotient) 54 (divid^{e}).
Réglette renversée. 54 (divid^{e}) 9 (quotient) 6 (diviseur)   1

Ainsi, en opérant avec la Réglette renversée, on peut lire simultanément le résultat sur deux échelles différentes. Il y a un certain avantage dans cette double lecture, dont l'une sert à vérifier l'autre.

Les principes relatifs à la détermination du nombre des chiffres, soit du produit, soit du quotient, sont d'ailleurs applicables à la position renversée de la Réglette. Ainsi, lorsque la lecture du multiplicande et du produit se fait sur les deux moitiés différentes de la même échelle, le produit a autant de chiffres qu'il y en a à la fois dans les deux facteurs, etc.

519. La division avec la Réglette droite, lorsque le dividende et le diviseur ne correspondent ni l'un ni l'autre à un des traits de la graduation tracée sur les échelles, exige qu'on mette en regard l'un de l'autre deux points dont la position donne lieu à quelque incertitude. Avec la Réglette renversée, il sera plus facile d'ajuster le chiffre 1 sous le point qui correspond au dividende, et de lire ensuite le quotient correspondant au diviseur.

Au contraire, dans la multiplication, il sera plus commode de lire les deux facteurs avec la Réglette droite.

520. Proposons-nous comme exercices les questions suivantes :

1° *Multiplier un nombre constant par une suite de nombres variables.* Soit, par exemple, à former les neuf premiers multiples de 365. J'amène le 1 de la Réglette sous 365 de la Règle, et, *sans changer de place la Réglette supposée droite*, je lirai simultanément sur la Règle les nombres 365, 730, 1095, 1460, 1825, 2190, 2555, 2920 et 3285 au-dessus des nombres 1, 2, 3, 4, 5, 6, 7, 8 et 9 lus sur la Réglette.

Règle.	365	730	1095	1460	1825	2190	2555	2920	3285
Réglette. ››	1	2	3	4	5	6	7	8	9

2° *Diviser une suite de nombres variables par une même quantité.* Soit à diviser les nombres 12, 18, 24, 30, 36 par 6. Je place le 1 de la Réglette sous le 6 de la Règle, et, *sans changer de place la Réglette supposée droite*, je lirai simultanément sur la Réglette les quotients 2, 3, 4, 5 et 6 au-dessous des dividendes 12, 18, 24, 30 et 36 lus sur la Règle.

Règle.	6	12	18	24	30	36
Réglette. ››	1	2	3	4	5	6

Remarquons qu'en renversant la Réglette, il eût été impossible de résoudre ces deux questions au moyen d'une seule lecture simultanée.

3° *Diviser un nombre constant par une suite de quantités variables.* Soit à diviser successivement 360 par 2, 3, 4, 5, 6. Après avoir renversé la Réglette, j'amène son chiffre 1 sous le dividende 360 lu sur la Règle, et, *sans changer de place la Réglette renversée*, je lis simultanément sur la Règle les quotients successifs 180, 120, 90, 72, 60 correspondants aux diviseurs 2, 3, 4, 5, 6 lus sur la Réglette.

Règle.		60	72	90	120	180	360
Réglette renversée. ‹‹	6	5	4	3	2	1

521. Nous avons dit (**307**) qu'il existait, à la partie inférieure de la face principale de la Règle et au-dessous de la Réglette, une échelle portant la désignation *car*. Les divisions de cette échelle sont respectivement le double des divisions correspondantes des échelles de la Règle et de la Réglette. Il s'ensuit que, sur cette échelle, la distance du chiffre 1 à la division 3, par exemple, est égale à deux fois la distance sur la Réglette du chiffre 1 au même nombre 3, et que par conséquent elle représente le logarithme de $3^2 = 9$; donc le 3 de l'échelle des carrés doit correspondre au 9 de la Réglette. Ainsi :

Pour trouver le CARRÉ *d'un nombre donné, on cherche ce nombre sur l'échelle inférieure, et on lit son carré sur la Réglette immédiatement au-dessus.*

Il faut remarquer avec soin que, en ce qui concerne les carrés, les lectures sur la Réglette ne peuvent plus se faire comme dans la multiplication et la division, où l'on prenait à volonté les multiples ou les sous-multiples décuples des nombres inscrits sur l'échelle.

La règle que nous venons de donner ne présente aucune difficulté, lorsque le nombre dont on cherche le carré est compris entre 1 et 10. Quant aux autres cas, on les ramène tous à ce premier cas ; il suffit de multiplier ou de diviser le nombre proposé par 10, 100, 1000, etc., de manière à le rendre plus grand que 1 et plus petit que 10 ; on cherche le carré du nombre ainsi obtenu, et on *divise* ou on *multiplie* ce carré par le carré de 10, par le carré de 100, par le carré de 1000, etc., suivant que l'on a *multiplié* ou *divisé* le nombre proposé par 10, 100, 1000, etc.

Soit, par exemple, 0,008247 à élever au carré. Je *multiplie* par 1000, et je cherche le carré de 8,247 ou plutôt de 8,25, je trouve 68,0 ; en *divisant* ce résultat par $1000^2 = 1000000$, il vient 0,000068 pour le carré cherché.

322. *Pour trouver la* RACINE CARRÉE *d'un nombre donné, on cherche ce nombre sur la Réglette, et on lit sa racine sur l'échelle inférieure, immédiatement au-dessous.*

Cette règle s'applique à un nombre compris entre 1 et 100. Tous les autres cas se ramènent à celui-ci, en multipliant ou divisant le nombre proposé par 100, 10000, 1000000, etc., de manière à le rendre plus grand que 1 et plus petit que 100 ; on extrait la racine du nombre ainsi obtenu ; cette racine est comprise entre 1 et 10 ; puis on la *divise* ou on la *multiplie* par 10, 100, 1000, etc., suivant que l'on avait *multiplié* ou *divisé* le nombre proposé par 100, par 10000, par 1000000, etc.

Soit, par exemple, à extraire la racine carrée de 0,4. Je *multiplie* par 100, ce qui donne 40, dont la racine carrée est 6,32 ; *divisant* ce résultat par 10, il vient 0,632 pour la racine cherchée de 0,4.

CHAPITRE XV.

PROBLÈMES.

§ I. QUESTIONS SUR LES GRANDEURS QUI VARIENT DANS LE MÊME RAPPORT OU DANS UN RAPPORT INVERSE. — MÉTHODE DITE DE RÉDUCTION A L'UNITÉ.

Problème L. $2^L\,13^o$ *d'une certaine marchandise ont coûté* $18^f,75$: *quel est le prix de* $3^L\,2^o\,4^c$ *de la même marchandise ?*

Il est clair qu'un poids 2, 3, 4 fois plus grand de la marchandise coûterait 2, 3, 4 fois davantage ; *donc autant de fois le* SECOND *poids contiendra le* PREMIER, *autant de fois le* SECOND *prix contiendra le* PREMIER ; *ainsi on aura la proportion*

$$2^L\,13^o : 3^L\,2^o\,4^c :: 18^f,75 : x^f \qquad [1].$$

Si l'on voulait tirer de cette proportion la valeur de x par l'application immédiate de la règle du n° **250**, le calcul serait fort long (**185** et **186**). On l'abrégera beaucoup en substituant au rapport des deux premiers termes de la proportion, le rapport équivalent de deux nombres abstraits. Pour cela je réduis $2^L\,13^o$ et $3^L\,2^o\,4^c$ en gros, et je trouve que $2^L\,13^o = 360^o$ et que $3^L\,2^o\,4^c = 404^c$, de sorte que le rapport de $2^L\,13^o$ à $3^L\,2^o\,4^c$ est égal à celui de 360 à 404, ou de 90 à 101. Nous aurons donc ainsi

$$90 : 101 :: 18^f,75 : x^f = 21^f,04.$$

LI. *Un tapis a* $7\frac{1}{2}$ *aunes de long sur* $5\frac{2}{3}$ *de large ; on voudrait le doubler avec de la toile à* $\frac{8}{9}$ *de large : combien en faut-il d'aunes ?*

Si la toile avait 2, 3, 4 fois moins de largeur que le tapis, il en faudrait 2, 3, 4 fois plus d'aunes de long ; donc *autant de fois la largeur de la* TOILE *sera contenue dans celle du* TAPIS, *au-*

tant de fois la longueur du TAPIS sera contenue dans celle de la TOILE; donc on aura la proportion

$$\tfrac{8}{9}{}^{\text{a. la}} : 5^{\text{a. la}}\tfrac{2}{3} :: 7^{\text{a. lo}}\tfrac{1}{2} : x^{\text{a. lo}} \qquad [2];$$

ou, comme tout à l'heure, en substituant au rapport des deux premiers termes le rapport des nombres abstraits correspondants,

$$\tfrac{8}{9} : 5\tfrac{2}{3} :: 7^{\text{a. lo}}\tfrac{1}{2} : x^{\text{a. lo}};$$

ou bien en multipliant les deux termes du premier rapport par 9, puis les deux antécédents par 2 pour faire évanouir les deux dénominateurs (253),

$$16 : 51 :: 15^{\text{a}} : x = \tfrac{15 \cdot 51}{16} = 47^{\text{a}}\tfrac{13}{16}.$$

Les deux questions que nous venons de résoudre sont appelées par les *arithméticiens* des *règles de trois*, parce qu'elles conduisent à calculer le quatrième terme d'une proportion dont les trois autres sont connus. Comme, dans la proportion qui résout la deuxième question, l'ordre dans lequel on compare les deux quantités d'une même espèce est inverse de celui dans lequel on compare les deux quantités correspondantes de l'autre espèce, on dit que les largeurs sont en *raison inverse* des longueurs, et par conséquent que ce problème est une règle de trois *inverse*, tandis que le premier est une règle de trois *directe*. Mais cette distinction est tout à fait insignifiante : il suffira, dans chaque cas particulier, d'analyser avec soin la question, et l'on ne sera jamais embarrassé pour établir la proportion. Au reste, *Lacroix* a donné une règle fort simple pour résoudre les *règles de trois :* c'est que : *le plus petit terme de la première espèce* EST *au plus grand terme de cette espèce* COMME *le plus petit terme de la seconde espèce* EST *au plus grand terme de cette espèce*, ce qui résulte évidemment de la considération des proportions [1] et [2].

Il suffira donc d'examiner si le terme inconnu doit être plus grand ou plus petit que celui de son espèce, et il sera facile ensuite d'écrire la proportion, pourvu toutefois qu'il doive y avoir

248   PROBLÈMES.

proportion entre les deux termes de la première espèce et ceux de la seconde. C'est ce qui n'aurait pas lieu dans la question suivante : *On a payé* 800^f *pour creuser un puits de* 30 *pieds de profondeur : combien coûterait un puits de* 60 *pieds ?* — Il est clair qu'il serait payé plus que le double de 800^r, car la difficulté du travail augmentant avec la profondeur du puits, les 30 derniers pieds coûteront plus que les 30 premiers. Ce problème ne se résout donc pas par une *règle de trois*, et pour en trouver la solution il faudrait savoir suivant quelle loi augmente la difficulté du travail, à mesure que l'ouvrier descend à une plus grande profondeur. Mais dans un grand nombre de questions, au contraire, on a à considérer des grandeurs de deux espèces telles que, l'une variant et devenant, par exemple, un certain nombre de fois plus grande ou plus petite, l'autre devient nécessairement ce même nombre de fois plus grande ou plus petite; on dit alors qu'elles varient *proportionnellement* ou *dans le même rapport*. Ainsi, l'aiguille d'une montre parcourt dans un temps double, triple, etc., un nombre de divisions double, triple, etc.; les espaces varient, dans ce cas, *proportionnellement* aux temps employés pour les parcourir; il n'en serait pas ainsi d'une pierre qui tomberait dans le vide à la surface de la terre. Il est donc essentiel de commencer par s'assurer que les quantités que l'on considère varient dans le même rapport ou dans un rapport inverse; quant au fait de cette variation considéré en lui-même, il a sa raison d'être en dehors de l'arithmétique, et il ne lui appartient pas de le démontrer.

LII. 75 *ouvriers, travaillant* 9^h $\frac{3}{8}$ *par jour, ont fait un ouvrage de* 252^T, *dont la difficulté était représentée par* $\frac{5}{6}$: *combien faudrait-il d'ouvriers qui travailleraient* 10^h $\frac{5}{12}$ *par jour pour faire, dans le même nombre de jours,* 42^T 4^{pi} 8^{po} *d'un ouvrage dont la difficulté serait représentée par* $\frac{7}{9}$, *en supposant d'ailleurs que l'activité de la première troupe soit représentée par* 72, *et celle de la seconde par* 77 ?

C'est là une de ces questions que l'on appelait *règles de trois*

PROBLÈMES. 249

composées, parce qu'elles peuvent se décomposer en plusieurs règles de trois simples.

En effet, supposons que l'ouvrage et l'activité des ouvriers soient les mêmes dans les deux cas, la question sera ramenée à celle-ci : 75^{ouv} *ont fait un certain ouvrage en travaillant* 9$^{\text{h}}\frac{3}{8}$ *par jour ; combien faudrait-il d'ouvriers pour faire le même ouvrage en travaillant* 10$^{\text{h}}\frac{5}{12}$ *par jour ?* Il est clair que, puisque la seconde troupe travaille plus d'heures par jour, elle doit être moins nombreuse : donc nous aurons, d'après la règle de *Lacroix*, la proportion

$$9\tfrac{3}{8} : 10\tfrac{5}{12} :: x : 75,$$

ou, en multipliant par 24 les deux termes du premier rapport, pour faire évanouir les dénominateurs,

$$225 : 250 :: x : 75 \qquad [1].$$

La valeur x, tirée de cette proportion, exprimera le nombre d'ouvriers nécessaires pour faire 252^{T} en travaillant 10$^{\text{h}}\frac{5}{12}$ par jour. Mais ce n'est pas 252^{T} que la seconde troupe doit faire, c'est 42^{T} 4^{pi} 8^{po} ; nous avons donc à résoudre cette seconde question : x^{ouv} *ont fait* 252^{T} ; *combien en faudra-t-il pour faire* 42^{T} 4^{pi} 8^{po} ? Il est clair que le second nombre d'ouvriers sera plus petit que le premier, et qu'ainsi

$$42^{\text{T}}\ 4^{\text{pi}}\ 8^{\text{po}} : 252^{\text{T}} :: x' : x,$$

x' désignant le nombre d'ouvriers qui, travaillant 10$^{\text{h}}\frac{5}{12}$ par jour, feront 42^{T} 4^{pi} 8^{po} d'un ouvrage dont la difficulté est représentée par $\frac{5}{6}$. Pour substituer au rapport des nombres concrets 42^{T} 3^{pi} 8^{po} et 252^{T} un rapport de nombres abstraits, nous convertirons ces deux nombres en unités de la plus basse espèce, c'est-à-dire en *pouces*, et nous aurons ainsi la proportion

$$3080 : 18144 :: x' : x \qquad [2].$$

Mais la difficulté, au lieu d'être représentée par $\frac{5}{6}$, doit l'être par $\frac{7}{9}$: donc nous sommes conduits à cette troisième règle de trois : x' ouvriers ont fait un ouvrage dont la difficulté est représentée par $\frac{5}{6}$; combien faudrait-il d'ouvriers pour faire un ouvrage dont la difficulté le serait par $\frac{7}{9}$? Il faut d'autant moins d'ouvriers que l'ouvrage est moins difficile; donc

$$\tfrac{7}{9} : \tfrac{5}{6} :: x'' : x';$$

ou, en multipliant par 18 les deux termes du premier rapport,

$$14 : 15 :: x'' : x' \qquad [3].$$

x'' représente le nombre des ouvriers qui sont nécessaires pour faire $42^\text{T}\ 4^\text{pi}\ 8^\text{po}$ d'un ouvrage dont la difficulté est représentée par $\frac{7}{9}$, en travaillant $10^\text{h}\,\frac{5}{12}$ par jour, avec une activité représentée par 72 : mais cette activité doit l'être par 77; donc nous aurons à résoudre cette quatrième question : x'' ouvriers, dont l'activité est représentée par 72, ont fait un certain ouvrage ; combien faudrait-il d'ouvriers, dont l'activité serait représentée par 77, pour faire le même ouvrage ? Puisque la seconde troupe a plus d'activité que la première, elle doit être moins nombreuse; donc

$$72 : 77 :: x''' : x'' \qquad [4],$$

et la valeur que l'on trouvera pour x''' résoudra évidemment le problème.

Pour obtenir cette valeur, nous multiplierons les proportions [1], [2], [3], [4] par ordre (**260**); et comme les quantités inconnues x, x', x'', seront facteurs communs aux deux termes du second rapport de la proportion-produit, nous pourrons les supprimer, et il viendra

$$225.3080.14.72 : 250.18144.15.77 :: x''' : 75;$$

d'où l'on tire

$$x''' = \tfrac{75^\circ.225.3080.14.72}{250.18144.15.77} = 10^\circ,$$

en supprimant les facteurs communs aux deux termes de l'expression de x'''.

Méthode dite de réduction à l'unité. — Les problèmes que nous venons de résoudre (L.... LII), et ceux que nous avons traités précédemment (VII.... XIII, XXII.... XXV), sont, comme on voit, tels, que les quantités que l'on y considère y forment les termes de deux séries parallèles : chaque terme pris dans l'une d'elles, correspond dans l'autre à un terme de même espèce; et si l'on compare les deux termes correspondant à l'une quelconque des quantités considérées avec les deux termes correspondant à une autre quelconque de ces quantités, il arrive toujours que ces deux quantités varient, soit dans le même rapport, soit en rapport inverse.

Tous ces problèmes peuvent aussi se résoudre par une méthode générale dite de *réduction à l'unité*. Cette méthode est ainsi nommée parce qu'elle revient à décomposer chaque règle de trois simple en deux autres ayant chacune un terme égal à l'unité; de sorte que l'on est ramené à résoudre des questions identiques aux problèmes I, II, III, V et VI. Elle va être mise en évidence par les exemples suivants.

LIII. *32 ouvriers ont fait un certain ouvrage en 126 jours : combien faudrait-il de jours, à 24 ouvriers, pour faire le même ouvrage dans les mêmes conditions ?*

Nous raisonnerons de la manière suivante :

1° *Si 32 ouvriers ont mis 126 jours pour faire un ouvrage, combien* UN *ouvrier mettra-t-il de jours pour faire le même ouvrage ?*

Il est clair qu'un seul ouvrier mettra trente-deux fois plus de temps, c'est-à-dire un nombre de jours égal à $126^j \times 32$.

2° *Si* UN *ouvrier met $126^j \times 32$ pour faire un ouvrage, combien 24 ouvriers mettront-ils de jours pour faire le même ouvrage ?*

Il est évident que 24 ouvriers mettront vingt-quatre fois moins de temps, c'est-à-dire un nombre de jours égal à $\frac{126^j \times 32}{24} = 126^j \times \frac{32}{24} = 168$ jours.

Ainsi, en disposant les données de la question et l'inconnue sur deux lignes horizontales, de la manière suivante :

$$32^{\text{ouv}} \ldots 126^j,$$
$$24 \ldots\ldots x,$$

on voit que la valeur de l'inconnue x s'obtient en multipliant la quantité donnée correspondante 126 par le rapport $\frac{32}{24}$ des deux autres quantités données, celle d'en haut étant divisée par celle d'en bas, si, comme dans notre exemple, elles varient dans un rapport inverse de celui des quantités de même espèce que l'inconnue (*moins* il y a d'ouvriers, *plus* il faut de jours). Le rapport se formerait en divisant celle d'en bas par celle d'en haut, si ces deux quantités variaient dans le même rapport que l'inconnue et la donnée correspondante.

LIV. *48 ouvriers, travaillant 14 heures par jour, ont mis 54 jours pour creuser un fossé de 12 mètres de long sur 6 décimètres de large et 9 de profondeur, dans un terrain dont la difficulté est représentée par 14 : combien de jours mettraient 36 ouvriers, qui travailleraient 10 heures par jour, pour creuser, dans un terrain dont la difficulté est représentée par 8, un fossé de 225 décimètres de long sur 8 de large et 4 de profondeur? L'activité et la force des premiers ouvriers sont représentées par 15 et 21, et celles des seconds par 18 et par 20.*

Nous commencerons par disposer sur deux lignes horizontales les quantités correspondantes, données et inconnue :

48^{ouv}.. 14^{h}.. 54^{j}.. 120^{lo}.. 6^{la}.. 9^{pr}.. 14^{d}.. 15^{a}.. 21^{f},
36.... 10... x... 225... 8... 4... 8.... 18... 20.

Supposons d'abord que les ouvriers travaillent le même nombre d'heures par jour; que le travail soit le même, ainsi que leur force et leur activité, etc.; nous dirons : 48 ouvriers ont mis 54 jours pour faire un certain ouvrage; combien 36 ouvriers mettront-ils de jours pour faire le même ouvrage dans les mêmes conditions?

1 ouvrier mettra..... $54^{\text{j}} \times 48$,

36 ouvriers mettront.. $\frac{54^{\text{j}} \times 48}{36} = 54^{\text{j}} \times \frac{48}{36}$.

Ainsi 36 ouvriers, travaillant 14 heures par jour, mettent $54^{\text{j}} \times \frac{48}{36}$ pour creuser un fossé de 120 décimètres de long sur 6 décimètres de large, etc.; combien de jours mettraient 36 ouvriers, travaillant 10 heures par jour, pour creuser un fossé de 225 décimètres de long sur 8 de large, etc. Nous supposerons que les dimensions du fossé, la force et l'activité des ouvriers soient les mêmes, et nous dirons : des ouvriers ont mis $54^j \times \frac{48}{36}$ pour faire un certain ouvrage en travaillant 14 heures par jour ; combien les mêmes ouvriers mettraient-ils pour faire le même ouvrage en ne travaillant que 10 heures par jour ?

En travaillant une heure par jour, ils mettront $54^j \times \frac{48}{36} \times 14$.

En travaillant 10 heures par jour, ils mettront $\dfrac{54^j \times \frac{48}{36} \times 14}{10}$
$= 54^j \times \frac{48}{36} \times \frac{14}{10}$. Ainsi 36 ouvriers, travaillant 10 heures par jour, mettent $54^j \times \frac{48}{36} \times \frac{14}{10}$ pour creuser un fossé de 120 décimètres de long sur 6 décimètres de large, etc ; combien de jours mettraient le même nombre d'ouvriers, travaillant le même nombre d'heures, pour creuser un fossé de 225 décimètres de long sur 8 de large, etc. ? Nous supposerons que la longueur du fossé varie seule, toutes les autres conditions restant constantes, et nous dirons : des ouvriers ont mis $54^j \times \frac{48}{36} \times \frac{14}{10}$ pour creuser un fossé de 120 décimètres de long ; combien mettraient-ils de jours pour creuser un fossé de 225 décimètres de long ?

Pour creuser 1 décimètre, ils mettront $\dfrac{54^j \times \frac{48}{36} \times \frac{14}{10}}{120}$.

Pour creuser 225 décimètres, ils mettront $\dfrac{54^j \times \frac{48}{36} \times \frac{14}{10}}{120} \times 225$
$= 54^j \times \frac{48}{36} \times \frac{14}{10} \times \frac{225}{120}$. On continuera de la même manière, en réduisant successivement *à l'unité* chacune des quantités de la première ligne, et déterminant ce que devient le nombre de jours. On trouvera ainsi :

$x = 54^j \times \frac{48}{36} \times \frac{14}{10} \times \frac{225}{120} \times \frac{5}{6} \times \frac{4}{9} \times \frac{8}{14} \times \frac{15}{18} \times \frac{21}{20}$,

ou bien $\quad x = \dfrac{54^j . 48 . 14 . 225 . 8 . 4 . 8 . 15 . 21}{36 . 10 . 120 . 6 . 9 . 14 . 18 . 20} = 56$ jours.

(Il est bien entendu qu'avant d'effectuer les opérations on aura soin de simplifier la valeur de x, en supprimant aux deux termes de la fraction tous les facteurs communs que l'on apercevra.)

Ainsi, nous avons ramené le problème *composé* à la résolution de plusieurs problèmes *simples* analogues au problème LIII; l'inconnue de chaque problème simple devient une donnée du suivant, et chacun d'eux se résout par la réduction à l'unité. Il est facile d'arriver à la règle générale suivante :

Les données de la question et l'inconnue étant disposées sur deux lignes horizontales, en faisant correspondre les quantités de même espèce, la valeur de l'inconnue est égale au produit de la quantité donnée correspondante par les rapports successifs des quantités données de même espèce, divisées : celle d'en bas par celle d'en haut quand elles varient dans le même rapport que les quantités de l'espèce de l'inconnue; celle d'en haut par celle d'en bas quand elles varient dans le rapport inverse.

LV. 75 *ouvriers, travaillant* $9^h \frac{3}{8}$ *par jour, ont fait un ouvrage de* $184^m,8$, *dont la difficulté était représentée par* $\frac{5}{6}$: *combien faudrait-il d'ouvriers qui travailleraient* $10^h \frac{5}{12}$ *par jour pour faire, dans le même nombre de jours,* $84^m,7$ *d'un ouvrage dont la difficulté serait représentée par* $\frac{7}{9}$, *en supposant d'ailleurs que l'activité de la première troupe soit représentée par* 72, *et celle de la seconde par* 77?

On commencera par convertir chaque nombre entier et la fraction qui l'accompagne en une seule fraction; puis on réduira au même dénominateur les fractions qui expriment des collections de parties de la même unité, et l'énoncé de la question proposée deviendra celui-ci :

75 *ouvriers, travaillant* $\frac{225}{24}$ *heures par jour, ont fait un ouvrage de* 1848 *décimètres dont la difficulté était représentée par* $\frac{15}{18}$: *combien faudrait-il d'ouvriers qui travailleraient* $\frac{250}{24}$ *heures par jour pour faire, dans le même nombre de jours,* 847 *décimètres d'un ouvrage dont la difficulté serait représentée par* $\frac{14}{18}$, *en supposant d'ailleurs que l'activité de la première troupe soit représentée par* 72, *et celle de la seconde par* 77?

On trouvera facilement pour le nombre d'ouvriers cherché :

$$x = 75^{\text{ouv}} \times \tfrac{225}{250} \times \tfrac{847}{1848} \times \tfrac{14}{15} \times \tfrac{72}{77} = 27.$$

§ II. PARTAGES PROPORTIONNELS.

LVI. *Partager 240 en trois parties proportionnelles aux nombres 2, 3, 5.*

Si l'on désigne les trois parties inconnues par x, y, z, on aura, d'après l'énoncé, la suite de rapports égaux :

$$x : 2 :: y : 3 :: z : 5;$$

d'où, en vertu du principe du n° **259**, et en observant que $x + y + z = 240$,

$$\left. \begin{array}{l} 240 : 10 :: x : 2 \\ 240 : 10 :: y : 3 \\ 240 : 10 :: z : 5 \end{array} \right\}, \text{ d'où } \left\{ \begin{array}{l} x = 2 . \frac{240}{10} = 2 . 24 = 48, \\ y = 3 . 24 = 72, \\ z = 5 . 24 = 120; \end{array} \right.$$

et, en effet, la somme de ces trois nombres est 240.

LVII. *Partager 192 en trois parties telles, que la première soit à la seconde :: 6 : 5, et que la première soit à la troisième :: 15 : 8.*

Représentons les trois parties inconnues par x, y, z, et nous aurons immédiatement

$$x : y :: 6 : 5,$$
$$x : z :: 15 : 8.$$

Si les seconds antécédents de ces deux proportions étaient égaux comme les premiers, elles acquerraient un rapport commun en intervertissant l'ordre des moyens, et l'on retomberait dans le cas du problème précédent. Tâchons donc de rendre égaux les seconds antécédents. On y parviendrait évidemment en multipliant les deux termes du second rapport de la première proportion par 15, et les deux termes du second rapport de la deuxième par 6; mais il sera plus simple d'opérer sur ces deux rapports comme si l'on voulait réduire les deux fractions $\frac{5}{6}$ et $\frac{8}{15}$ à leur plus petit dénominateur commun (**108**). Le plus petit nombre divisible par 6 et par 15 est 30; je divise 30 successivement par 6 et par 15, et je multiplie les deux termes du second rapport de la première proportion par le premier quotient 5, et les deux termes du second rapport de la deuxième par le second quotient 2, ce qui donne :

$$\left.\begin{array}{l} x : y :: 30 : 25 \\ x : z :: 30 : 16 \end{array}\right\}, \text{ ou } (\mathbf{253}) \quad \left.\begin{array}{l} x : 30 :: y : 25 \\ x : 30 :: z : 16 \end{array}\right\};$$

partant $\quad x : 30 :: y : 25 :: z : 16$, etc.

LVIII. *Trois joueurs qui s'étaient associés ont fait un bénéfice de 30 francs. Le premier avait mis 20 francs, le second 60, et le troisième 70. Combien revient-il à chacun* ?*

Si les joueurs avaient tout perdu, celui dont la mise aurait été 2, 3, 4 fois plus ou moins grande que celle d'un autre, aurait éprouvé une perte 2, 3, 4 fois plus ou moins grande; il est donc juste qu'il gagne aussi 2, 3, 4 fois plus ou moins que cet autre ; donc *les gains sont proportionnels aux mises*. La question revient donc à partager 30 francs en parties proportionnelles aux nombres 20, 60 et 70. On trouvera ainsi que les bénéfices des trois joueurs sont 4 francs, 12 francs et 14 francs.

LIX. *Trois négociants s'étant associés ont fait un bénéfice de 4750^f. On propose de le répartir entre eux, sachant que le premier avait fourni 2000^f pendant 5 mois, le second 3000^f pendant 15 mois, et le troisième 4000^f pendant 10 mois.*

---

* Cette question et la suivante sont de celles que les arithméticiens nomment des *règles de sociétés simples* et *composées*. On y admet que les *pertes* ou les *gains* des associés sont proportionnels à leurs *mises* et au *temps* pendant lesquels ces mises sont restées dans la société; et l'on en conclut facilement que les *pertes* ou les *gains* sont proportionnels aux *produits des mises par les temps*. En effet, soit b le bénéfice correspondant à une mise m faite pendant le temps t; le bénéfice correspondant à une mise m' faite pendant le même temps t sera $b\frac{m'}{m}$; mais si $b\frac{m'}{m}$ est le bénéfice correspondant à la mise m' faite pendant le temps t, le bénéfice b' correspondant à la même mise m' faite pendant le temps t' sera $b' = b\frac{m'}{m} \times \frac{t'}{t}$, ou $b' = b\frac{m't'}{mt}$; c'est-à-dire que l'on a $\frac{b'}{b} = \frac{m't'}{mt}$, ou $b' : b :: m't' : mt$.

Le bénéfice produit par une somme qui est restée dans la société pendant 5 mois doit être le même que celui d'une somme 5 fois plus grande placée seulement pendant un mois: donc

2000ᶠ placés pendant 5 mois = 2000ᶠ. 5, ou 10000ᶠ placés pendant un mois.

On verra de même que

3000ᶠ placés pendant 15 mois = 3000ᶠ. 15, ou 45000ᶠ placés pendant un mois.
4000ᶠ............ 10 ...= 4000ᶠ. 10, ou 40000ᶠ....................

Ainsi la question revient à celle-ci : *Trois négociants ont fait un bénéfice de* 4750ᶠ ; *on propose de le partager entre eux, sachant que leurs mises respectives sont* 10000ᶠ, 45000ᶠ *et* 40000ᶠ. Le premier recevra 500ᶠ, le second 2250ᶠ, et le troisième 2000ᶠ.

LX. *Trois marchands se sont associés pour fournir à un régiment, le premier* 510ᵐ *de drap rouge, le second* 2000ᵐ *de drap bleu, et le troisième* 3900ᵐ *de toile. La qualité du drap bleu est les* $\frac{4}{5}$ *de celle du drap rouge, et le prix de la toile est le huitième de celui du drap bleu. On demande ce qui revient à chacun sur un bénéfice de* 3750ᶠ.

Réponse : Le premier a gagné 765ᶠ, le second 2400ᶠ, et le troisième 585ᶠ.

§ III. QUESTIONS SUR LES INTÉRÊTS.

On appelle *capital* la somme que l'on prête ou que l'on place, et *intérêt* celle que l'on se fait payer par l'emprunteur, pour s'indemniser de la jouissance de ce capital pendant la durée du prêt ou du placement.

Le *taux* de l'intérêt est la somme que rapporterait un capital de 100 francs prêté pendant *un an*. Le taux s'indique ainsi : 4 p. %, c'est-à-dire 4 pour 100.

L'intérêt est dit *simple*, quand le capital reste le même durant tout le placement. On dit au contraire que les intérêts sont *composés*, lorsqu'à la fin de chaque période de temps convenue, à la fin de chaque année par exemple, on joint les intérêts au capital primitif, pour former un nouveau capital qui, à son tour, produira intérêt pendant la période de temps suivante.

Les questions relatives aux *intérêts simples* se résolvent à l'aide des deux principes suivants : 1° l'intérêt, lorsque le temps ne change pas, varie dans le même rapport que le capital ; 2° l'intérêt d'un même capital varie dans le même rapport que le temps du placement.

Soit, en général, un capital A, placé pendant un temps t, au taux i ; quel sera l'intérêt I produit par ce capital? On posera ainsi la question, qui n'est autre qu'une règle de trois :

100^f rapportent en 1 an........i^f ;
A^f .... t^a .... I^f ;

et l'on trouvera facilement que

$$I = i \times \frac{A}{100} \times t = \frac{Ait}{100}.$$

Telle est la formule générale des *intérêts simples*.

LXI. *Une personne emprunte* 800^f *à raison de 5 pour 100 par an ; on demande quel intérêt elle devra payer au bout de sept mois.*

Cette question revient à celle-ci : 100^f *rapportent* 5^f *d'intérêt en 12 mois : combien* 800^f *produiront-ils en 7 mois?* et rentre dans le problème LIII.

Réponse : $23^f,33$.

Si l'on avait voulu résoudre cette question au moyen de la formule générale, on aurait remplacé A par 800^f, i par 5, et t par $\frac{7}{12}$; en effet, i représentant exclusivement l'intérêt de 100 francs pendant *un an*, t représente le temps *exprimé en années* ; puisque le temps est 7 mois, on devra donc prendre $t = \frac{7}{12}$.

LXII. *Pendant combien de temps faut-il placer* 800^f *à 5 pour 100 par an, pour retirer au bout de ce temps* 836^f, *tant en principal qu'en intérêts?*

L'intérêt du capital 800^f est évidemment 36^f; de sorte que la question n'est autre que celle-ci : 100^f *rapportent* 5^f *d'intérêt en 12 mois; en combien de temps* 800^f *rapporteront-ils* 36^f?

Réponse : 10 mois 24 jours.

LXIII. *A combien pour* 100 *par an faudrait-il placer* 800^f *pour retirer* 36^f *d'intérêt au bout de* 96 *jours?*

Ce problème revient au suivant : 800^f *rapportent* 36^f *en* 96 *jours ; combien* 100^f *produisent-ils en* 360 *jours?*

Réponse : 16^f,87.

Si l'on avait voulu appliquer la formule générale, on y aurait fait $t = \frac{96}{360}$. (Dans les questions d'intérêt on considère chacun des douze mois de l'année comme composé uniformément de 30 jours, ce qui revient à compter seulement 360 jours dans l'année.)

LXIV. *Quel est le capital de* 500^f, *somme reçue tant en principal qu'en intérêts, au bout de 5 mois, l'intérêt étant de* 10 *pour* 100 *par an?*

On trouvera facilement que l'intérêt d'*un* franc est $\frac{1}{24}$ pour 5 mois, et qu'ainsi 1^f vaut $1 + \frac{1}{24} = \frac{25}{24}$ au bout de 5 mois, tant en principal qu'en intérêts. Donc, pour avoir la valeur d'un capital au bout de 5 mois et à 10 pour 100, il faut multiplier $\frac{25}{24}$ par ce capital. Par conséquent, 500^f est le produit de $\frac{25}{24}$ par le capital inconnu : donc on obtiendra ce capital en divisant 500^f par $\frac{25}{24}$, ce qui donne $\frac{500^f \cdot 24}{25} = 480^f$.

On peut aussi résoudre cette question au moyen des proportions, de la manière suivante :

Représentons par x le capital inconnu et par y son intérêt pour 5 mois; nous trouverons une relation entre ce capital et son intérêt en nous proposant cette question : *Le capital* 100^f *rapporte* 10^f *en* 12 *mois; combien le capital* x^f *rapportera-t-il en* 5 *mois?* Nous obtiendrons la solution de ce problème par la proportion

$$12 \cdot 100 : 5 \cdot x :: 10 : y.$$

Divisant le premier moyen par 5 et multipliant le second par

260   PROBLÈMES.

ce nombre (**255**), pour que x forme seul le conséquent du premier rapport, il viendra

$$1200 : x :: 50 : y.$$

Donc, en vertu du principe du n° **258**, nous aurons

$$1200 + 50 : x + y :: 1200 : x,$$

ou bien $\qquad 1250 : 500 :: 1200 : x;$

d'où $\qquad x = \frac{500^f \cdot 1200}{1250} = 480^f.$

LXV. *Une personne qui a besoin d'argent comptant propose, le 4 mai 1853, à un banquier de lui* ESCOMPTER *un billet de* 800^f *payable le 12 décembre suivant. Le banquier prend l'*ESCOMPTE *à raison de 6 pour 100 par an : quelle somme remettra-t-il au porteur du billet?*

Il est clair que le banquier, sortant de sa caisse une somme qui ne doit y rentrer que dans 222 jours*, doit retirer un certain intérêt de cette somme, lequel s'évalue à raison de 6 pour 100 par an, d'après les conditions de l'énoncé, et dont il devra trouver le remboursement à l'échéance du billet. La question proposée revient donc à celle-ci : *Quel est le capital de* 800^f, *somme reçue tant en principal qu'en intérêts, au bout de 222 jours, l'intérêt étant à 6 pour 100 par an?*

Réponse : 771^f,46.

Mais les banquiers n'opèrent pas ainsi; ils trouvent plus commode de regarder le montant du billet comme un capital : ils s'en font donc payer l'intérêt, et retirent par conséquent l'intérêt de l'intérêt de la somme qu'ils devraient remettre au porteur du billet. Ainsi ils cherchent *quel est l'intérêt de* 800^f

---

* On calculera le nombre de jours du 4 mai *inclusivement* au 12 décembre *exclusivement* (28 + 30 + 31 + 31 + 30 + 31 + 30 + 11 = 222). Dans le commerce ou la banque, on compte le nombre *exact* des jours ; mais, pour simplifier les calculs, on regarde le jour comme $\frac{1}{360}$ de l'année, et non comme $\frac{1}{365}$, ainsi que nous l'avons déjà dit (Problème LXIII).

pour 222 jours, le taux de l'intérêt étant de 6 pour 100 par an.
On trouvera de cette manière (Problème LXI) que le porteur du billet recevra 770^f,40, l'escompte étant 29^f,60. On dit alors que *l'escompte est en dehors*, tandis que dans la première manière d'envisager la question, *il est en dedans*.

Ainsi, *on appelle* ESCOMPTE COMMERCIAL OU EN DEHORS, *la retenue qui est faite sur le montant d'une créance qui ne doit être payée qu'au bout d'un certain temps, et dont on veut être payé avant l'échéance.* La manière dont se calcule cette retenue dans la banque ou le commerce n'est pas équitable; on retient, en effet, l'intérêt de la somme portée sur le billet (ou de sa *valeur nominale*), et on ne paye néanmoins qu'une partie de cette somme.

LXVI. *Un banquier qui a un compte courant avec un négociant a reçu pour lui :* 1° 4528^f *le 16 février 1847 ;* 2° 3256^f,75 *le 13 mars ;* 3° 1520^f *le 1er avril ; de plus, il lui redevait au 31 décembre 1846,* 2321^f,15. *D'un autre côté, il a payé pour lui* 2500^f *le 14 janvier, et* 5000^f *le 3 mai. On propose de régler le compte au 30 juin 1847, en observant que le banquier s'est réservé une commission de $\frac{1}{3}$ pour 100 sur les sommes qu'il a encaissées, et que le taux de l'intérêt est de 5 pour 100.*

On pourrait évidemment résoudre la question en calculant d'une part ce que le banquier doit au négociant, tant pour les sommes qu'il en a reçues que pour leurs intérêts, et d'une autre ce qui lui est dû tant pour les payements qu'il a faits que pour leurs intérêts et pour son droit de commission. Mais on a trouvé un moyen très-ingénieux d'établir un compte courant, et qui permet de le régler, presque sans calcul, le jour qu'on le désire.

Il est clair que, si le banquier qui a reçu 4528^f le 16 février en paye l'intérêt depuis le 31 décembre jusqu'au jour où l'on règle le compte, le négociant lui devra l'intérêt de cette somme depuis le 31 décembre jusqu'au 16 février, c'est-à-dire pour 47 jours. On portera donc le premier de ces intérêts au *doit* du banquier, et le second à son *avoir*.

PROBLÈMES.

Or, puisque 100^f rapportent 5^f en 360 jours, l'intérêt d'UN *franc* pour UN jour est $\frac{1^f}{7200} = \frac{0^f,01}{72}$, et par conséquent le capital 4528^f rapportera en 47 jours $\frac{0^f,01 \cdot 4528 \cdot 47}{72} = \frac{45^f,28 \cdot 47}{72}$. Ainsi, *pour avoir l'intérêt d'un capital à 5 pour 100 par an, il faut multiplier le centième de ce capital par le nombre des jours pendant lesquels il a été placé, et diviser le produit (les banquiers l'appellent le* NOMBRE) *par* 72, de sorte que *la somme des intérêts produits par différents capitaux est égale à celle des* NOMBRES *correspondants divisée par* 72*.

D'après cela, le jour même où une somme entre dans sa caisse ou en sort, le banquier porte en regard à son AVOIR ou à son DOIT le NOMBRE correspondant. Ainsi il écrira vis-à-vis de 4528 et à son AVOIR le NOMBRE 2128**, produit de 45,28 par 47.

Veut-on maintenant régler le compte au 30 juin par exemple : on se rappellera que le banquier *doit* l'intérêt de chacune des sommes qu'il a reçues depuis le 31 décembre jusqu'au 30 juin, c'est-à-dire pour 181 jours, et qu'il *a* (on lui doit) l'intérêt pour le même temps de chacune de celles qu'il a payées : de sorte qu'il faudra ainsi porter à son DOIT ou à son AVOIR l'intérêt pour 181 jours de la différence entre la somme des capitaux qui sont entrés dans sa caisse et la somme de ceux qui en sont sortis, différence qu'en style de banque on appelle *la balance des capitaux*. Elle est ici, en faveur du négociant, de 11625^f,90 — 7500^f = 4125^f,90, qui pour 181 jours produit le NOMBRE 7468, que

---

* Ce nombre 72, correspondant au taux de 5 pour 100, s'appelle le DIVISEUR. A chaque taux correspond un *diviseur* qui en dépend et ne dépend que de lui. Ainsi, les diviseurs correspondants aux taux de 3 pour 100, 4 pour 100, 4 $\frac{1}{2}$ pour 100, sont respectivement 120, 90, 80. En général, si l'on appelle A le capital, i le taux de l'intérêt, n le nombre des jours pendant lesquels ce capital a été placé, la valeur du NOMBRE est $N = \frac{A}{100} \times n$, celle du DIVISEUR est $D = \frac{360}{i}$, et l'intérêt est $I = \frac{N}{D}$.

** Ce nombre est calculé à *moins d'une demi-unité :* car on conçoit qu'en le divisant par 72, le quotient ne sera pas erroné *d'un centime*.

l'on porte au DOIT. On voit alors que la balance des NOMBRES est 8112, dont le quotient par 72 fournit un intérêt de 112^f,67 que l'on écrit dans la colonne des sommes reçues, puis on additionne cette colonne, ce qui donne 11738^f,57. En ajoutant ensuite aux payements faits par le banquier sa commission, qui, à $\frac{1}{3}$ pour 100 sur une somme de 9304^f,75 qu'il a encaissée, produit 31^f,02, on trouve pour résultat 7531^f,02. Ainsi le banquier *doit* 11738^f,57, et il *a* 7531^f,02 : donc le négociant est créancier de la différence, c'est-à-dire de 4207^f,55.

On dispose ordinairement les comptes courants comme ci-après :

DOIT *M. N*** son compte courant chez N***, banquier.* AVOIR

			f. c.							f. c.		
Janv..	14	Payé........	2500, »	14	350	Déc...	31	Créancier....	2321,15			2128
Mai...	3	Payé........	5000, »	123	6150	Fév...	16	Reçu.........	4528, »	47		
Juin..	30	Balance des capitaux, 4125,90				Mars..	13	Reçu.........	3256,75	72		2345
				181	7468	Avril..	1	Reçu.........	1520, »	91		1383
		Commission à $\frac{1}{3}$ sur 9304,75...	31,02					Intérêt sur la balance des nombres...	112,67			8112
		Créancier pour balance......	4207,55						11738,57			13968
			11738,57		13968							
								Créancier à nouveau, valeur 30 juin 1847.......	4207,55			

LXVII. *Une personne qui a besoin d'argent propose, le 20 juin 1853, à un banquier de lui escompter les effets suivants :* 1° *un billet de* 600 *francs payable le* 5 *septembre* 1853; *un billet de* 850^f,50 *payable le* 1er *décembre* 1853, *et enfin un billet de* 1000 *francs payable le* 10 *janvier* 1854. *Le banquier prend l'escompte à raison de* 6 *pour* 100 : *quelle somme remettra-t-il au porteur des billets ?*

On appliquera avantageusement à la solution de cette question la méthode des *nombres* et des *diviseurs*. Le diviseur correspondant au taux de 6 pour 100 est 60; on disposera le calcul de la manière suivante :

264 PROBLÈMES.

Capitaux.		Dates.	Jours.	Nombres.
600^f	du 20 juin au	5 sept.	77	462
850,50	»	1er déc.	164	1395
1000,	»	10 janv.	205	2050
2450,50				3907
65,12				

2385,38 (à payer); $\frac{3907}{60} = 65,12$ (escompte).

On a compté les jours pour chaque effet, et formé les *nombres* correspondants ; puis on a divisé la somme des *nombres* par le *diviseur* correspondant au taux donné. On a ainsi obtenu l'*escompte* que le banquier retient sur le montant de la valeur nominale des billets.

LXVIII. *Une propriété en vignes est à vendre :*

La première année, elle a produit 84 hectolitres de vin qui s'est vendu à raison de 30 francs l'hectolitre, et les frais de toute espèce se sont élevés à 212^f.

La deuxième année, on a récolté 79 hectolitres qui se sont vendus à raison de 35^f, et les déboursés ont été de 181^f.

La troisième année, le produit a été de 103 hectolitres qui ont été vendus à raison de 32^f, et on a dépensé 236^f.

La quatrième année, la récolte a été de 51 hectolitres que l'on a vendus à raison de 40^f, et on a dépensé 218^f.

La cinquième année, on a dépensé 254^f, et l'on a récolté 112 hectolitres, valant 28^f l'hectolitre.

Le revenu d'une pareille propriété s'estime en prenant la MOYENNE des revenus obtenus pendant 5 années consécutives ; on demande combien un capitaliste, qui serait obligé de faire gérer ce domaine par une personne à laquelle il donnerait 5 pour 100 du revenu brut, devrait l'acheter, pour placer son argent à 4 $\frac{1}{2}$ pour 100 par an.

La dépense se trouvant augmentée d'un vingtième du produit brut, à cause des frais de gestion, on trouvera :

Produit net pour 5 ans........ 11 968^f,15,
Valeur de la propriété........ 53 191^f,78.

LXIX. *Un manufacturier veut acheter un terrain sur lequel il puisse établir ses usines. Il a le choix entre deux propriétés différentes : l'une lui est offerte pour* 100000 *francs, et l'autre pour* 72000 *francs. S'il achète celle-ci, il l'occupera tout entière; et s'il achète la première, il lui restera des terrains qu'il amodiera* 1500 *francs. Dans les deux cas, il doit retirer de son commerce, qui lui produit un intérêt de* 7 $\frac{3}{4}$ *pour* 100, *les fonds nécessaires pour payer son acquisition. Laquelle des deux propriétés doit-il acheter?*

Réponse : La deuxième propriété.

LXX. *Un négociant a un compte courant avec un banquier, aux conditions suivantes : les intérêts se règlent au taux de* 4$\frac{1}{2}$ *pour* 100 *par an, et le banquier prend une commission de* $\frac{1}{3}$ *pour* 100 *sur chaque somme qu'il encaisse. Ce négociant vient de recevoir une somme dont il ne pourra trouver l'emploi que dans* 18 *jours; vaut-il mieux, pour lui, la laisser dormir dans sa caisse, ou la déposer chez son banquier?*

Réponse : Le négociant gardera son argent.

LXXI. *Quelle est la valeur actuelle d'un billet de* 800 *francs payable dans* 5 *ans* 5 *mois? L'intérêt est pris à raison de* 10 *pour* 100 *par an, et l'on a égard aux intérêts des intérêts.*

Pour se former une idée nette de ce qu'on entend par *intérêts composés*, il faut concevoir qu'une personne emprunte une certaine somme, 200^f par exemple, pour un an. Elle devra à l'échéance du billet cette somme plus ses intérêts, c'est-à-dire 220^f. Si donc cette personne ne peut s'acquitter alors, elle devra à son créancier, au bout de la seconde année, les 220^f qu'elle lui devait à la fin de la première, plus les intérêts de cette somme, c'est-à-dire 242^f, et ainsi de suite d'année en année jusqu'à l'acquittement de la dette, de sorte qu'à la fin de chaque année les intérêts s'ajoutent au capital pour produire eux-mêmes un intérêt. Cela posé, puisque l'intérêt est de 10 pour 100, 1^f rapporte en un an $\frac{1^f}{10}$ d'intérêt, et vaut par conséquent 1$^f + \frac{1^f}{10} = \frac{11^f}{10}$ au bout d'un an, tant en principal qu'en intérêts.

Ainsi, *pour avoir la valeur d'un capital au bout d'un an à*

10 *pour* 100, *il faut le multiplier par* $\frac{11}{10}$. Il suit de là que 1^f,

au bout de 2 ans, vaudra en principal et intérêts $\frac{11}{10} \cdot \frac{11}{10} = (\frac{11}{10})^2$;
au bout de 3............................. $(\frac{11}{10})^2 \cdot \frac{11}{10} = (\frac{11}{10})^3$;
au bout de 5..................................... $(\frac{11}{10})^5$.

Donc, si le débiteur jouit encore de cette somme pendant 5 mois, il devra (Problème LXIV) à cette époque $(\frac{11}{10})^5 \cdot \frac{25}{24}$: telle est donc la valeur d'*un* franc prêté à 10 pour 100 par an au bout de 5 ans 5 mois. Si donc on connaissait le capital inconnu, en multipliant $(\frac{11}{10})^5 \cdot \frac{25}{24}$ par ce capital, on devrait trouver 800^f; donc, en divisant cette somme par $(\frac{11}{10})^5 \cdot \frac{25}{24}$, le quotient

$$800^f \cdot (\tfrac{10}{11})^5 \cdot \tfrac{24}{25} = 32^f \cdot 24 \cdot (\tfrac{10}{11})^5 = 768^f \cdot (\tfrac{10}{11})^5$$

résoudra le problème. On trouvera pour résultat $476^f,87$.

En général, soient A un capital placé pendant n années à intérêts composés, i le taux de l'intérêt, C la valeur de ce capital au bout de n années; on aura la relation

$$C = A\left(1 + \frac{i}{100}\right)^n.$$

Si le placement était fait pendant n années et une fraction d'année $\frac{p}{q}$, on aurait

$$C = A\left(1 + \frac{i}{100}\right)^n \times \left(1 + \frac{i}{100} \cdot \frac{p}{q}\right).$$

On résoudra facilement, au moyen des logarithmes, les questions sur les intérêts composés. Ainsi, dans notre problème, le logarithme de la valeur cherchée sera égal à $\log 768 + 5(1 - \log 11)$.

§ IV. QUESTIONS DIVERSES.

LXXII. *Trouver au bout de combien d'années la population de la France sera doublée, en supposant que l'accroissement, qui est actuellement de $\frac{1}{194}$, se maintienne le même.*

On verra facilement (Problème LXXI) que la population de la France sera, au bout de n années, les $(\frac{195}{194})^n$ de ce qu'elle est actuellement, de sorte que pour qu'elle soit doublée il faudra que ce nombre soit égal à **2**. Donc le logarithme de 2, c'est-à-dire

$$0,30103 = \log\left(\tfrac{195}{194}\right)^n = (\mathbf{285})\, n.\log\tfrac{195}{194} = n.\, 0,00223.$$

Ainsi 0,30103 étant le produit du *nombre inconnu* n par 0,00223, on aura la valeur de n en divisant 0,30103 par 0,00223, ce qui donne 135 ans environ.

LXXIII. Un corps qui tombe dans le vide à la surface de la Terre parcourt $4^m,9$ dans la première seconde de sa chute; le *triple* de ce nombre dans la deuxième, le *quintuple* dans la troisième, le *septuple* dans la quatrième, et ainsi de suite. Cela posé, *on laisse tomber une pierre dans un puits de mine, et l'on trouve qu'elle est arrivée au fond au bout de* n *secondes. Quelle est la profondeur du puits*, en faisant abstraction de la résistance de l'air, qui est peu considérable si la pierre est lourde, et du temps que le son emploie à se transmettre?

Les espaces parcourus pendant la première, la deuxième, la troisième,..., seconde de la chute, forment une progression par différences dont la raison est le double de $4^m,9$: de sorte que la profondeur du puits est la somme des n premiers termes de cette progression. Mais il est évident que cette somme est égale à $4^m,9$ multipliés par la somme des n premiers nombres impairs, c'est-à-dire par n^2 (Exemple du n° **271**); de sorte que *pour obtenir la profondeur du puits il faut multiplier le nombre* $4^m,9$ *par le carré du nombre de secondes que la pierre a mis pour arriver au fond.*

LXXIV. *Quelle somme devra-t-on remettre à un agent de change pour acheter* 800 *francs de* RENTE SUR L'ÉTAT *en* 3 *pour* 100, *et* 500 *francs de rente en* $4\frac{1}{2}$ *pour* 100, *sachant :* 1° *que, le jour de l'opération, le cours de la rente* 3 *pour* 100 *est* $76^f,75$, *et que celui de la rente* $4\frac{1}{2}$ *pour* 100 *est* $101^f,10$; 2° *qu'il est dû à l'agent de change un courtage de* $\frac{1}{8}$ *pour* 100 *du prix de la rente achetée?*

Puisque la rente 3 pour 100 est à $76^f,75$, cela signifie que, pour acheter 3 francs de rente, l'agent de change devra donner

76^f,75; donc, pour acheter 800^f de rente 3 pour 100, il devra donner $\frac{76.75 \times 800}{3}$ = 20466^f,67 (Problème LIII). De même, on trouvera que pour acheter 500 francs de rente 4$\frac{1}{2}$ pour 100, il devra donner $\frac{101^f,10 \times 500}{4\frac{1}{2}}$ = 11233^f,33. L'agent de change dressera donc son bordereau de la manière suivante :

800^f de rente 3 % à 76^f,75..... 20466^f,67
500^f de rente 4$\frac{1}{2}$ % à 101^f,10.... 11233^f,33
                                    31700^f,00
         Courtage ($\frac{1}{8}$ p %)...   39^f,61
                                    31739^f,61

On devra donc remettre 31739^f,61 à l'agent de change.

LXXV. *Combien, pour une somme de 22000 francs, pourra-t-on faire acheter de rente 3 pour 100 au cours de 76^f,75?*

On commencera par observer que la somme de 22000^f remise à l'agent de change chargé de l'opération se compose de la somme nette employée à l'achat de la rente, plus de $\frac{1}{800}$ de cette somme pour courtage : donc 22000^f valent les $\frac{801}{800}$ de cette somme ; donc cette somme est 22000$^f \times \frac{800}{801}$. Or, pour 76^f,75 on achète 3 francs de rente ; donc, pour 22000^f. $\frac{800}{801}$, on aura $\frac{3}{76.75} \times \frac{22000.800}{801}$ francs de rente, c'est-à-dire 858^f,85.

On trouverait facilement qu'en achetant du 4$\frac{1}{2}$ pour 100 au cours de 101^f,10, on aurait eu pour la même somme de 22000^f, 978 francs de rente.

LXXVI. *Une personne a acheté une propriété 50000^f, payables dans dix ans et à raison de 5 pour 100 d'intérêts par an ; mais elle s'est réservé la faculté d'acquitter sa dette au moyen de dix payements égaux effectués à la fin de chaque année. On demande quelle est l'*ANNUITÉ*, c'est-à-dire quelle est la valeur de chacun de ces payements.*

On voit d'abord que la dette à acquitter se compose du capital 50000^f et de ses intérêts composés pendant dix ans, et qu'ainsi sa valeur est (Problème LXXI) 50000^f $(\frac{21}{20})^{10}$.

Cela posé, admettons que l'on paye *un* franc seulement au commencement de chacune des 10 années, et cherchons quelle partie de la dette on aura ainsi acquittée. En payant 1^f au bout de la première année, le débiteur anticipe ce payement de 9 années, de sorte qu'il se prive, en faveur de son créancier, de ce capital et de ses intérêts composés pendant 9 ans, c'est-à-dire d'une somme égale à $(\frac{21}{20})^9$; donc il éteint de cette manière une partie de sa dette égale à $(\frac{21}{20})^9$. On verra de même que les payements effectués à la fin de la 2e, de la 3e,..., de la 9e et de la 10e année diminuent la dette respectivement de $(\frac{21}{20})^8$, $(\frac{21}{20})^7$,..., $\frac{21}{20}$ et de 1^f; le débiteur aura donc acquitté une somme égale à

$$(\tfrac{21}{20})^9 + (\tfrac{21}{20})^8 + (\tfrac{21}{20})^7 + \cdots + \tfrac{21}{20} + 1,$$

c'est-à-dire à la somme de 10 termes d'une progression géométrique croissante dont le premier terme est 1, le dernier $(\frac{21}{20})^9$, et la raison $\frac{21}{20}$. En appliquant la règle du n° **276**, on trouvera $\frac{(\frac{21}{20})^{10}-1}{\frac{21}{20}-1} = [(\tfrac{21}{20})^{10}-1].20$. Telle est donc la portion de la dette que le débiteur aura éteinte au moyen de 10 annuités d'un franc; donc, pour l'éteindre entièrement, il faudra que chaque annuité soit d'autant de francs que $[(\frac{21}{20})^{10}-1].20$ sera contenu de fois dans 50000^f. $(\frac{21}{20})^{10}$, c'est-à-dire que l'annuité soit égale à

$$\frac{50000 \cdot (\tfrac{21}{20})^{10}}{[(\tfrac{21}{20})^{10}-1].20} = \frac{2500 \cdot (\tfrac{21}{20})^{10}}{(\tfrac{21}{20})^{10}-1}.$$

Pour effectuer ce calcul, on prendra la différence des logarithmes de 21 et de 20, on multipliera cette différence par 10, ce qui donnera le logarithme de $(\frac{21}{20})^{10}$; on cherchera le nombre correspondant dans les tables, et en en retranchant l'unité on aura la valeur du dénominateur. Il sera facile d'avoir ensuite le logarithme du numérateur, de sorte qu'il n'y aura plus qu'à en soustraire le logarithme du dénominateur, et à chercher le nombre correspondant au logarithme résultant. On trouvera ainsi que l'annuité est de 6475^f,34.

LXXVII. *Une compagnie offre, pour un capital de* 1000^f *placé sur la tête d'un enfant nouveau-né,* 3660^f *payables à sa vingtième* année. *Il résulte des* TABLES DE MORTALITÉ *que sur* 1000000 *d'enfants nés la même année, il n'en reste après* 20 *ans que* 502216. *On demande quel sera le bénéfice de la compagnie si elle assure* 1000 *enfants?*

La somme des mises est de 1000000^f, capital qui, placé à intérêts composés et au taux de 5 pour 100 par an, vaudra 2653298^f au bout de 20 ans. Or, puisque sur 1000000 d'enfants nés la même année, il n'en reste que 502216 après 20 ans, sur 1000 il en restera 502; donc la compagnie aura à payer, au bout de 20 ans, 3660$^f \times$ 502 = 1837320, et par conséquent son bénéfice sera de 2653298 — 1837320 = 815978.

LXXVIII. *Une personne âgée de soixante ans possède un capital qu'elle vend à fonds perdu, moyennant une rente viagère de* 7600^f *par an. On demande quelle est la valeur de ce capital, en supposant que le taux de l'intérêt soit de* 5 *pour* 100, *qu'une personne âgée de soixante ans ait la probabilité de vivre encore treize ans, et en admettant que la rente de* 7600^f *doive être acquittée par avance au commencement de chaque année.*

Il suit de l'énoncé de ce problème que l'acquéreur du capital a dû supposer qu'il aurait à faire treize payements de 7600^f chacun, le premier étant effectué le jour même de la signature du contrat de vente, et le dernier au commencement de la treizième année. Ainsi, au commencement de la treizième année, le rentier aura joui du premier payement pendant douze années, du second pendant onze années, du troisième pendant dix années, et ainsi de suite. Si donc sa rente était de 1^f, et qu'au lieu de l'employer pour ses besoins, il l'eût placée chez un banquier au taux de 5 pour 100 par an, en laissant accumuler les intérêts, il se trouverait posséder, après le treizième payement effectué, une somme égale à

$$\left(\tfrac{21}{20}\right)^{12} + \left(\tfrac{21}{20}\right)^{11} + \left(\tfrac{21}{20}\right)^{10} + \ldots + \tfrac{21}{20} + 1 = \frac{\left(\tfrac{21}{20}\right)^{13} - 1}{\tfrac{21}{20} - 1} = \left[\left(\tfrac{21}{20}\right)^{13} - 1\right] \cdot 20.$$

Telle serait donc la somme que l'acquéreur du capital aurait déboursée, s'il n'avait eu à payer qu'une rente de 1^f. Puis donc

PROBLÈMES.   271

que la rente est de 7600^f, il aura réellement payé

$$[(\tfrac{21}{20})^{13}-1].\ 20.\ 7600 = 152000.\ [(\tfrac{21}{20})^{13}-1].$$

Or cette somme doit être égale à la valeur qu'aura acquise le capital inconnu, dans l'intervalle compris entre le premier et le dernier payement, c'est-à-dire pendant douze ans, et cette valeur s'obtient en multipliant ce capital par $(\tfrac{21}{20})^{12}$; donc on trouvera sa valeur en divisant $152000.\ [(\tfrac{21}{20})^{13}-1]$ par $(\tfrac{21}{20})^{12}$, ce qui donnera

$$\frac{152000.\ [(\tfrac{21}{20})^{13}-1]}{(\tfrac{21}{20})^{12}}.$$

En effectuant les calculs d'après les indications données dans le problème LXXVI, on trouvera pour résultat 74960^f,70. Telle est donc la valeur du capital demandé.

LXXIX. *Insérer quatre moyens proportionnels entre 15 et 20.*

On obtiendra la raison de la progression demandée en extrayant la racine cinquième de $\tfrac{20}{15}$ (**274**), calcul que nous effectuerons par logarithmes de la manière suivante (**284**) :

$$\begin{aligned}
\log 20 &= 1{,}30103 \\
\log 15 &= 1{,}17609 \\
\hline
 &0{,}12494 \\
\log \sqrt[5]{\tfrac{20}{15}} &= 0{,}02499
\end{aligned}$$

Donc, en ajoutant ce logarithme au logarithme du plus petit nombre, on aura le logarithme du premier moyen ; en l'ajoutant à ce nouveau logarithme, on trouvera celui du second moyen, et ainsi de suite ; donc

$$\begin{aligned}
\log 1^{er}\ \text{moyen} &= 1{,}20108\ldots & 1^{er}\ \text{moyen} &= 15{,}888 \\
\log 2^{e}\ \text{moyen} &= 1{,}21607\ldots & 2^{e}\ \text{moyen} &= 16{,}446 \\
\log 3^{e}\ \text{moyen} &= 1{,}25106\ldots & 3^{e}\ \text{moyen} &= 17{,}826 \\
\log 4^{e}\ \text{moyen} &= 1{,}27605\ldots & 4^{e}\ \text{moyen} &= 18{,}882
\end{aligned}$$

LXXX. *Insérer une moyenne proportionnelle entre les nombres 12 et 27, au moyen de la Règle à calcul.*

La moyenne proportionnelle cherchée n'est autre chose que la racine carrée du produit de 12 par 27. J'amène le 1 de la Réglette sous le premier nombre 12 lu sur l'échelle supérieure de la Règle, et, au-dessous du second nombre 27 lu sur la Réglette, je trouve sur l'échelle inférieure de la Règle le nombre 18, qui est la moyenne proportionnelle cherchée. Ce nombre 18 répond, en effet, sur l'échelle supérieure de la Règle au produit de 12 par 27; il est donc la racine carrée de ce produit.

APPENDICE.

DES DIFFÉRENTS SYSTÈMES DE NUMÉRATION,

ET EN PARTICULIER

DES SYSTÈMES DUODÉCIMAL ET BINAIRE.

323. Si l'on réfléchit aux principes sur lesquels est fondé notre système de numération décimale (**10** et **11**), on reconnaîtra facilement qu'on aurait pu représenter tous les nombres en employant plus ou moins de *dix* chiffres. Le nombre des caractères dont on fait usage se nomme la *base* du système. Parmi ces différents systèmes de numération, il en est deux qui ont fixé spécialement l'attention des géomètres : ce sont les systèmes *duodécimal* et *binaire*.

324. Le système de numération duodécimal est celui dans lequel on emploie *douze* caractères. Il faut donc en joindre deux nouveaux à ceux dont nous nous sommes servis jusqu'ici, afin de représenter les nombres *dix* et *onze*. Nous prendrons, pour cela, les deux lettres *a* et *b ;* ainsi les douze caractères dont nous ferons usage seront :

$$0, 1, 2, 3, 4, 5, 6, 7, 8, 9, a, b,$$

et ils représenteront respectivement : *zéro, un, deux, trois, quatre, cinq, six, sept, huit, neuf, dix, onze*.

Cela posé, nous concevrons des unités de différents ordres, tels qu'une unité d'un ordre quelconque en vaudra *douze* de l'ordre précédent, et nous conviendrons qu'un chiffre placé à la gauche d'un autre représentera des unités douze fois plus grandes que celles indiquées par cet autre. Alors il sera possible de représenter tous les nombres avec nos douze caractères ; car, quel que soit le nombre que l'on propose d'écrire, on pourra le décomposer en unités du premier, du second, du troisième, etc., ordre, représenter chaque collection de ces unités par l'un des onze chiffres significatifs, et placer ce chiffre au rang qui convient aux unités qu'il doit exprimer.

525. Il suit de là que la difficulté de traduire dans le système duodécimal un nombre écrit dans le système décimal se réduit à trouver combien ce nombre contient d'unités du premier, du second, du troisième, etc., ordre duodécimal. On dira donc : Puisque chaque unité du second ordre en vaut douze du premier, il est clair qu'en divisant le nombre proposé par douze, le quotient exprimera le nombre total des unités du second ordre que contient l'expression duodécimale du nombre proposé, et que le reste en sera les unités simples.

De même, en divisant le quotient obtenu par douze, le nouveau quotient sera le nombre total des unités du troisième ordre, et le reste le nombre des unités du second ordre que renfermera le nombre proposé. En continuant ainsi jusqu'à ce qu'on arrive à un quotient moindre que douze, on obtiendra tous les chiffres qui doivent composer l'expression duodécimale demandée.

526. Comme ce raisonnement est indépendant du système de numération dans lequel le nombre proposé est écrit, ainsi que de la *base* du nouveau système, nous en concluons cette règle générale : *Pour traduire un nombre d'un système dans un autre, divisez ce nombre par la base du nouveau système, puis ce quotient par cette base, puis celui-ci encore par la nouvelle base, et ainsi de suite jusqu'à ce que vous soyez parvenu à un quotient moindre que cette base. Alors écrivez successivement à la droite de ce dernier quotient le dernier reste, le pénultième, l'antépénultième, et ainsi de suite jusqu'au premier, et vous aurez l'expression demandée du nombre proposé.*

Exemple. Traduire dans le système duodécimal le nombre 59321 écrit dans le système décimal. On exécutera les divisions ci-dessous :

59321	12			
113	4943	12		
52	14	411	12	
41	23	51	34	12
5	$11 = b$	3	$10 = a$	2

Ainsi l'expression duodécimale du nombre proposé est $2a3b5$.

Veut-on au contraire traduire dans le système décimal le nombre $2a3b5$ écrit dans le système duodécimal, on opérera ainsi qu'il suit :

$2a3b5$	a			
43	3524	a		
$1b$	12	415	a	
35	44	95	$4b$	a
1	2	3	9	5

On a écrit, comme on le voit, la nouvelle base *dix* dans le système duodécimal, et l'on a d'abord divisé le nombre $2a3b5$ par a d'après la règle du n° 49. Ainsi on a d'abord séparé les deux premiers chiffres à gauche, ce qui a formé le premier dividende partiel $2a$, que l'on a divisé par le diviseur a en disant : En trente-quatre (car le chiffre 2 vaut deux douzaines) combien de fois dix? 3 fois; j'écris 3; trois fois dix, trente; de trente-quatre il reste 4, et j'abaisse le chiffre 3; ce qui donne le second dividende partiel 43, etc. On trouve ainsi que l'expression décimale du nombre proposé est 59321, comme cela devait être.

327. Dans l'arithmétique binaire, on n'emploie que deux caractères 0 et 1, en convenant qu'une unité d'un ordre quelconque en vaut deux de l'ordre précédent, et qu'un chiffre écrit à la gauche d'un autre exprime des unités deux fois plus grandes que celles représentées par cet autre. En appliquant au nombre décimal 89 la règle du n° **326**, on trouvera facilement que son expression *binaire* est 1011001.

La longueur de l'expression des nombres est un grand défaut de la numération binaire : sans cet inconvénient, ce système de numération mériterait la préférence sur tous les autres : car il est visible que les multiplications et divisions y reviennent à de simples additions et soustractions.

Le système *binaire* met en évidence cette propriété remarquable dont jouit tout nombre entier d'*être la somme d'un certain nombre de puissances de* 2, *répétées chacune une seule fois dans ce nombre*. Ainsi l'expression ci-dessus du nombre 89 montre qu'il est égal à $1 + 2^3 + 2^4 + 2^6$.

Il résulte de là qu'avec une collection de poids valant respectivement 1, 2, 2^2, 2^3, ..., 2^n grammes, on pourra peser jusqu'à $(2^{n+1} - 1)$ grammes (**276**).

328. Puisqu'on aurait pu représenter tous les nombres possibles avec un nombre quelconque de caractères, *pourquoi*, dira-t-on, *avoir choisi le système décimal ?* Il est très-probable que c'est la conformation de notre main qui a décidé le choix. Les systèmes de numération dans lesquels on emploierait plus ou moins de *dix* caractères auraient d'ailleurs de grands inconvénients : les uns en ce qu'ils exigeraient une table de multiplication trop étendue, et les autres en ce que l'expression des nombres y serait trop longue. Au reste, on ne peut douter que si les géomètres avaient présidé au choix d'un système de numération, ils n'eussent préféré employer douze caractères; car la *base* eût été ainsi divisible par 2, 3, 4, 6, quatre diviseurs que leur simplicité rend très-usuels.

SIMPLIFICATION DU CALCUL DE LA RACINE CARRÉE.

329. *Lorsqu'on aura trouvé plus de la moitié des chiffres entiers de la racine carrée d'un nombre, on obtiendra tous les au-*

tres en divisant le reste par le double de la racine trouvée, et l'on ne commettra pas ainsi une erreur d'une unité.

Représentons par n le nombre proposé, par a la valeur de la partie trouvée de la racine, et par b la partie complémentaire de cette racine, de sorte que

$$n = (a+b)^2 = a^2 + 2a.b + b^2,$$

d'où
$$\frac{n-a^2}{2a} = b + \frac{b^2}{2a}.$$

Cela posé, désignons par q le quotient et par r le reste de la division de $n-a^2$ par $2a$; on aura

$$b + \frac{b^2}{2a} = q + \frac{r}{2a},$$

et, en vertu du principe du n° **247**,

$$b - q = \frac{r - b^2}{2a} \quad \text{ou} \quad q - b = \tfrac{1}{2}\frac{b^2 - r}{a},$$

suivant que q est $<$ ou $> b$.

Or, si b renferme m chiffres entiers, son carré b^2 en renferme $2m$ au plus, car $b^2 < 10^{2m}$; mais la valeur de a est exprimée par un nombre de $(2m+1)$ chiffres au moins, puisqu'on suppose que l'on a trouvé plus de la moitié des chiffres entiers de la racine; donc $\frac{b^2}{a}$ est moindre qu'une unité. D'ailleurs $\frac{r}{2a} < 1$; donc $\frac{r-b^2}{2a} < 1$, et $\tfrac{1}{2}\frac{b^2-r}{a} < \tfrac{1}{2}$; et comme $b-q$ ou $q-b$ est l'erreur que l'on commet en prenant $a+q$ au lieu de $a+b$, selon que $q < b$ ou $> b$, on voit que cette erreur est moindre qu'*une unité* si la racine est obtenue *par défaut*, et moindre qu'une demi-unité si on l'a *par excès*.

Or, si la racine est exacte, b est un nombre entier, donc $b = q$, et partant $r = b^2 = q^2$; si $q < b$, il faudra que r soit $> b^2$ et a fortiori $> q^2$; mais si $q > b$, il faudra au contraire que r soit $< b^2$ et a fortiori $< q^2$; donc

La racine sera exacte, ou approchée par défaut et à moins d'une unité, ou approchée par excès et à moins d'une demi-unité,

278   APPENDICE.

lorsque le reste de la division sera égal au carré du quotient de cette division, ou plus grand que ce carré, ou plus petit.

Il est bon d'observer que si le premier chiffre à gauche de la racine n'est pas moindre que 5, il suffira de calculer directement la moitié des chiffres entiers de la racine, et on pourra obtenir tous les autres par la division, car b^2 sera alors $< 2a$.

Exemple. Extraire la racine carrée de 67845396478952345. La racine devant contenir neuf chiffres, on calculera d'abord les cinq premiers d'après la méthode ordinaire, et l'on trouvera pour la valeur de cette première partie de la racine 260470000, et pour reste correspondant 775578952345, qu'il faudra ainsi diviser par 520940000, ce qui revient à diviser 77557895,2345 par 52094; le quotient est 1488, et le reste 420232345, quantité plus grande que le carré de 1488, car ce carré contiendra au plus *huit* chiffres (**35**) : donc la racine demandée est 260471488, valeur approchée par défaut à moins d'une unité.

SUR LA LIMITE DU NOMBRE DES DIVISIONS A FAIRE POUR TROUVER LE PLUS GRAND COMMUN DIVISEUR DE DEUX NOMBRES.

330. Si l'on divise deux nombres par leur plus grand commun diviseur d, et que l'on cherche le plus grand commun diviseur des deux quotients ainsi obtenus, les restes que l'on trouvera dans cette seconde série d'opérations seront respectivement égaux à ceux de la première divisés par d (80) : donc, dans la recherche d'une limite du nombre des divisions à effectuer pour trouver le plus grand commun diviseur de deux nombres, on peut supposer que ce plus grand commun diviseur soit l'unité.

Cela posé, soient D, E, F, G,.... plusieurs diviseurs consécutifs, et admettons que conformément à la simplification que nous avons indiquée au n° **92**, chacun de ces nombres soit inférieur à la moitié du précédent. Si la division de E par F a été faite par défaut, on a

$$E = \text{ou} > 2F + G;$$

et si elle a été faite par excès,
$$E = \text{ou} > 3F - G.$$

Or, F étant plus grand que le double de G, on voit que $3F - G$, qui est égal à $2F + F - G$, est plus grand que $2F + G$, et qu'en conséquence, quel que soit le mode de division que l'on ait employé, on aura toujours
$$E = \text{ou} > 2F + G; \quad \text{donc} \quad E > 5G,$$
puisque $\quad F > 2G;\quad$ par suite, $\quad D > 10G,$

car $D > 2E$. Ainsi, en comptant les restes dans l'ordre où ils se succèdent à partir du dernier, on pourra dire qu'*un reste quelconque est plus grand que 10 fois celui qui vient trois rangs avant ce reste*; or le dernier reste est 1, comme nous l'avons supposé; donc

le reste qui occupe le $(3+1)^{\text{ième}}$ rang surpasse 10 ;

par suite,

le reste qui occupe le $(3+1+3) = (3.2+1)^{\text{ième}}$ rang surpasse 10^2 ;
.... $(3.2+1+3) = (3.3+1)^{\text{ième}}$ rang surpasse 10^3 ;
.... $(3.3+1+3) = (3.4+1)^{\text{ième}}$ rang surpasse 10^4 ;
$\vdots \qquad\qquad\qquad\qquad\qquad\qquad\qquad\qquad \vdots$

et en général *le reste du rang* $(3n+1)$ *surpasse* 10^n.

Mais $(3n+1)$ est précisément le nombre des divisions que l'on a effectuées si l'on prend ce reste pour premier diviseur; d'ailleurs 10^n contient $n+1$ chiffres; donc, pour que l'on effectue plus de $3n$ divisions, il faut que le plus petit nombre contienne plus de n chiffres, ou autrement, *le nombre des divisions ne peut excéder le triple du nombre des chiffres du plus petit nombre.*

Cette démonstration est extraite d'un article très-intéressant que M. *Lionnet* a inséré dans le quatrième volume des *Nouvelles Annales de mathématiques*.

331. *Les puissances successives d'un nombre plus grand que l'unité sont de plus en plus grandes, et ont l'infini pour limite.*

Il suit de la définition même de la multiplication que, si le multiplicateur surpasse l'unité, le produit est plus grand que le multiplicande : donc *les puissances successives d'une quantité plus grande que l'unité sont de plus en plus grandes.*

Maintenant, représentons par a une quantité plus grande que l'unité, et appelons b l'excès de a sur l'unité, de sorte que

$$a - 1 = b \qquad [1].$$

Nous aurons évidemment $a.(a-1) > b$, c'est-à-dire

$$a^2 - a > b \qquad [2];$$

car, pour répéter $(a-1)$ fois a, il suffit de le répéter a fois, et de retrancher a du produit*. A plus forte raison aurons-nous

$$a^3 - a^2 > b \qquad [3],$$
$$a^4 - a^3 > b \qquad [4],$$
$$\vdots$$
$$a^m - a^{m-1} > b \qquad [m].$$

Or il est clair que la somme des premiers membres des m relations [1], [2], [3], ..., [m] est plus grande que celle des seconds; mais celle-ci est m fois b ou $b.m$, l'autre se réduit à $a^m - 1$: car chacune des puissances a, a^2, a^3, ..., a^{m-1} est alternativement additive et soustractive ; donc

$$a^m - 1 > b.m.$$

Si donc on veut que a^m soit plus grand qu'une quantité quelconque c, il n'y aura qu'à donner à m une valeur telle, que l'on ait

$$b.m > c - 1;$$

car à plus forte raison aura-t-on $a^m - 1 > c - 1$, et par consé-

---

* Si a est un nombre fractionnaire, on imitera le raisonnement fait dans la note du n° 276.

APPENDICE. 281

quent $a^m > c$. Or, si l'on divise les deux membres de cette inégalité par b, l'inégalité subsistera toujours dans le même sens : donc on aura

$$m > \frac{c-1}{b}.$$

Ainsi on pourra toujours assigner à m une valeur qui rende la $m^{\text{ième}}$ puissance d'une quantité plus grande que l'unité supérieure à toute grandeur donnée : donc *les puissances successives de cette quantité ont l'infini pour* LIMITE.

332. *Les puissances successives d'une quantité moindre que l'unité sont de plus en plus petites, et ont zéro pour* LIMITE.

Il suit de la définition de la multiplication que, lorsque le multiplicateur est moindre que l'unité, le produit est plus petit que le multiplicande : donc *les puissances successives d'une quantité moindre que l'unité sont de plus en plus petites.*

Soit maintenant a une quantité moindre que l'unité : je désigne par a' le quotient de la division de 1 par a, de sorte que $a \cdot a' = 1$; or, *pour élever un produit à une certaine puissance, il suffit d'y élever ses facteurs.* (La démonstration est la même que celle donnée dans la note du n° **202**); donc $a^m \cdot a'^m = 1$; et par conséquent, d'après la définition de la division, $a^m = \frac{1}{a'^m}$.

Si donc on veut que a^m soit moindre qu'une quantité quelconque $\frac{1}{c}$ plus petite que l'unité, il faudra que l'on ait $\frac{1}{a'^m} < \frac{1}{c}$, et partant $a'^m > c$, inégalité à laquelle on pourra toujours satisfaire, comme nous l'avons vu tout à l'heure, puisque $a' > 1$. Donc les *puissances successives d'une quantité moindre que l'unité ont zéro pour limite.*

333. Le théorème que nous venons de démontrer prouve que, comme nous l'avons avancé n° **278**, *le dernier terme d'une progression géométrique décroissante est d'autant plus petit qu'il est plus éloigné du premier, et a zéro pour limite, lorsque la progression se prolonge indéfiniment :* car, si l'on

282   APPENDICE.

représente par n le nombre des termes de cette progression, on a (**273**) $l = a \cdot r^{n-1}$, et comme le facteur r^{n-1} décroît indéfiniment, si n augmente jusqu'à l'infini, on voit que le produit $a \cdot r^{n-1}$ décroît aussi jusqu'à devenir nul.

334. Nous avons dit (**286**) que si *entre deux nombres quelconques on insère un nombre infini de moyens proportionnels, la suite de ces moyens présentera toutes les nuances de la grandeur comprise entre ces deux nombres*. Soient, en effet, $(m-1)$ le nombre des moyens proportionnels que l'on veut insérer entre les deux nombres proposés, q le quotient obtenu en divisant le plus grand par le plus petit, la raison de la progression formée par ces moyens sera $\sqrt[m]{q}$; de sorte que si a représente un de ces moyens, le suivant sera représenté par $a\sqrt[m]{q}$. Or je dis qu'on peut assigner à m une valeur assez grande pour rendre la différence $(a \cdot \sqrt[m]{q} - a)$ plus petite que toute quantité donnée δ. En effet, pour qu'il en soit ainsi, il suffira que $\sqrt[m]{q} - 1 < \frac{\delta}{a}$, ou bien que $\sqrt[m]{q} < 1 + \frac{\delta}{a}$, ou bien encore que $q < \left(1 + \frac{\delta}{a}\right)^m$. Or nous avons vu (**331**) que les puissances d'un nombre plus grand que l'unité convergent vers l'infini en même temps que les exposants de ces puissances : donc on pourra toujours donner à m une valeur assez grande pour que $\left(1 + \frac{\delta}{a}\right)^m > q$, ou pour que $a \cdot \sqrt[m]{q} - a < \delta$. Donc, en insérant un nombre de moyens suffisamment grand entre deux nombres quelconques, on pourra faire que ces moyens croissent par degrés moindres que toute grandeur donnée. D'où l'on devra conclure qu'*ils croîtront d'une manière continue, lorsque leur nombre sera infini*, sans quoi on passerait brusquement d'un moyen à un autre qui en différerait d'une quantité finie, ce qui est absurde, puisque la différence de deux moyens consécutifs peut être rendue moindre que toute quantité assignable.

335. Nous venons de voir que l'on pouvait concevoir une

progression géométrique commençant par l'unité, qui renfermât tous les nombres possibles : soient n et n' deux nombres quelconques, $(p+1)$ et $(p'+1)$ les rangs qu'ils occupent dans cette progression ; si on appelle r et r' les raisons de deux progressions arithmétiques dont le premier terme est *zéro* et qui correspondent à notre progression géométrique, on aura évidemment

$$\mathrm{L}.n = pr, \qquad \mathrm{L}.n' = p'r,$$
et $\qquad \mathrm{L'}.n = pr', \qquad \mathrm{L'}.n' = p'r',$

en désignant par les caractéristiques L et L' les logarithmes du premier et du second système. Il suit immédiatement de là que

$$\frac{\mathrm{L}.n}{\mathrm{L'}.n} = \frac{\mathrm{L}.n'}{\mathrm{L'}.n'}.$$

Ainsi *les logarithmes d'un même nombre, dans deux systèmes différents, ont entre eux un rapport constant.* Or, si n' désigne la base du second système (note du n° **286**), $\mathrm{L'}.n'$ sera l'unité, et on tirera par conséquent de l'égalité précédente

$$\mathrm{L'}.n = \frac{1}{\mathrm{L}.n'} \times \mathrm{L}.n.$$

Ainsi, *pour former une table de logarithmes, dans le système dont la base est un nombre donné* n', *il suffira de multiplier les logarithmes, renfermés dans la table déjà calculée, par une fraction dont le numérateur est l'unité, et dont le dénominateur est le logarithme de cette base, pris dans l'ancien système. Cette fraction se nomme le* MODULE.

THÉORIE DES APPROXIMATIONS ; ERREURS ABSOLUES ET RELATIVES.

336. Les quantités qui entrent dans un calcul sont souvent incommensurables, ou ne sont connues qu'approximativement ; il s'ensuit que le résultat de ce calcul n'est lui-même qu'approché, et diffère plus ou moins du résultat exact que l'on aurait obtenu en opérant sur les valeurs exactes des quantités données.

L'erreur commise sur une quantité peut être appréciée de deux manières, ou en elle-même et d'une manière absolue, ou bien comme une partie de la quantité sur laquelle elle a été commise. Dans le 1er cas, l'erreur est dite *absolue*; ainsi, en mesurant une longueur, on a trouvé qu'elle était égale à 1250^m,73 : si l'on prend seulement pour cette longueur 1250^m,70, on commettra une erreur absolue de 3 centimètres. Dans le 2e cas, l'erreur est dite *relative*; ainsi, dans le même exemple, on a négligé 3 centimètres, c'est-à-dire 3 fois la 125073me partie de la valeur exacte; on a commis une erreur relative des $\frac{3}{125073}$ de cette valeur. Ainsi, nous appellerons ERREUR ABSOLUE, *la différence entre la valeur exacte d'une quantité et la valeur approchée qu'on lui substitue*. Nous appellerons ERREUR RELATIVE *le rapport de l'erreur absolue à la valeur exacte de la quantité considérée.*

357. *Soit* A *un nombre quelconque, entier ou décimal, composé de* m + n *chiffres, soit* A' *la valeur approchée de ce nombre, obtenue en remplaçant par des zéros les* n *chiffres à droite du* m^{me} *chiffre significatif (dernier chiffre conservé à partir de la gauche) : l'erreur relative* $\frac{A - A'}{A}$ *commise sur la valeur approchée* A' *sera moindre que* $\frac{1}{10^{m-1}}$.

En effet, le numérateur A — A', ou l'erreur absolue, est un nombre de n chiffres nécessairement plus petit que l'unité suivie de n zéros, ou que 1 unité de l'ordre du m^{me} chiffre du nombre A; le dénominateur A est un nombre de $m + n$ chiffres, plus grand que l'unité suivie de $m + n - 1$ zéros, ou que 10^{m-1} unités de l'ordre du m^{me} chiffre du nombre A; donc la fraction $\frac{A - A'}{A}$, c'est-à-dire l'erreur relative, est plus petite que $\frac{1}{10^{m-1}}$.

Ainsi, soit A = 1584372169; je prends pour valeur approchée $A' = 1584372000$, on a $m = 7$, $n = 3$; l'erreur relative est $\dfrac{A - A'}{A} = \dfrac{1584372169 - 1584372000}{1584372169} = \dfrac{169}{1584372169}$, et elle est $< \dfrac{1}{10^6}$.

Soit encore $A = 1584,37216975$; je prends pour valeur approchée $A' = 1584,37216$, on a $m = 9$, $n = 3$; l'erreur relative est $\dfrac{1584,37216975 - 1584,37216}{1584,37216975} = \dfrac{0,00000975}{1584,37216975}$
$= \dfrac{975}{158437216975}$, et elle est $< \dfrac{1}{10^8}$.

358. *Si l'erreur relative commise sur un nombre cherché est moindre que* $\dfrac{1}{10^m}$, *l'erreur absolue sera moindre qu'une unité de l'ordre de son* m^{me} *chiffre, à partir de la gauche.*

Supposons, en effet, que l'erreur relative $\dfrac{A - A'}{A}$ soit $< \dfrac{1}{10^m}$; on en déduit pour la valeur de l'erreur absolue $A - A' < \dfrac{A}{10^m}$. Or, A est *plus petit* que 10^m unités de l'ordre de son m^{me} chiffre; donc $\dfrac{A}{10^m}$, et, *a fortiori*, l'erreur absolue est moindre qu'une unité de cet ordre.

Il ne suffirait pas que l'erreur relative fût moindre que $\dfrac{1}{10^{m-1}}$ pour en conclure que l'erreur absolue sera moindre qu'une unité de l'ordre du m^{me} chiffre. En effet, soit $\dfrac{A - A'}{A} < \dfrac{1}{10^{m-1}}$; on en déduit pour l'erreur absolue $A - A' < \dfrac{A}{10^{m-1}}$. Mais comme A est *plus grand* que 10^{m-1} unités de l'ordre de son m^{me} chiffre, on ne peut pas en conclure que l'erreur absolue soit moindre qu'une unité de cet ordre.

359. Nous allons nous proposer de déterminer avec quel degré d'approximation il faut évaluer les quantités incommensurables qui entrent dans un calcul, pour que l'erreur absolue commise sur le résultat de ce calcul soit moindre qu'une gran-

286   APPENDICE.

deur donnée $\frac{1}{\delta}$. Pour traiter cette question dans toute sa généralité*, nous allons examiner successivement les six cas qui pourront se présenter, et nous conviendrons de représenter par e l'erreur absolue commune dont les quantités proposées devront être affectées, pour que le résultat final ne soit pas fautif de $\frac{1}{\delta}$.

Nous donnons dans les notes correspondantes à chaque cas la valeur de l'erreur relative du résultat en fonction des erreurs relatives des données.

340. ADDITION. L'erreur absolue totale ne peut pas évidemment surpasser la somme des erreurs absolues partielles, commises sur chacune des quantités à additionner; si donc la somme de m quantités incommensurables doit être erronée d'une grandeur moindre que $\frac{1}{\delta}$, il suffira que chacune d'elles ne le soit pas de $\frac{1}{m\delta}$ **.

---

* Une partie de cette théorie exige des notions d'algèbre.

** *L'erreur relative d'une somme est moindre que la somme des erreurs absolues partielles divisée par la somme des valeurs approchées des quantités considérées*, ces valeurs étant prises par défaut. Elle est comprise entre la plus grande et la plus petite des erreurs relatives partielles; ainsi, soient A, B, C les valeurs exactes; e, e', e'' les erreurs absolues partielles : l'erreur relative de la somme et les erreurs relatives partielles sont

$$\frac{e+e'+e''}{A+B+C}, \quad \frac{e}{A}, \quad \frac{e'}{B}, \quad \frac{e''}{C}.$$

Soit
$$\frac{e}{A} > \frac{e'}{B} > \frac{e''}{C};$$

on aura
$$e = \frac{e}{A}A,$$

$$e' = \frac{e'}{B}B, \quad \text{d'où} \quad e' < \frac{e}{A}B,$$

$$e'' = \frac{e''}{C}C, \quad \text{d'où} \quad e'' < \frac{e}{A}C;$$

541. SOUSTRACTION. Si les deux nombres étaient erronés dans le même sens, les erreurs se compenseraient en partie par la soustraction, de sorte qu'il suffirait que chaque nombre fût exact à moins de $\frac{1}{\delta}$, pour qu'il en fût de même du reste.

Mais si les deux nombres sont erronés en sens contraires, les erreurs s'ajouteront, et par conséquent il faudra calculer chacun d'eux à moins de $\frac{1}{2\delta}$.*

542. MULTIPLICATION. 1° *Si un seul des facteurs est incommensurable*, il faudra que l'erreur commise sur ce facteur, multipliée par le produit P de tous les autres, soit plus petite que $\frac{1}{\delta}$; donc ce facteur doit être exact à moins de $\frac{1}{P\delta}$.

EXEMPLE I. Supposons que l'*on demande le plus grand nombre entier contenu dans le produit du nombre incommensurable* $\pi = 3,141592635\ldots$ par 17. Il semble qu'on pourrait résoudre cette question en faisant en sorte que l'erreur commise sur π fût plus petite que $\frac{1}{17}$; et comme $\frac{1}{17}$ est $> 0,05$, on prendrait 3,1 pour valeur de π, car la partie négligée serait ainsi moindre que 0,05, et à plus forte raison que $\frac{1}{17}$. Le produit $3,1 \times 17 = 52,7$ est donc inférieur à 17π de moins d'une unité. Or on conçoit que, si l'on prend 52 pour valeur de 17π,

---

d'où l'on tire, en additionnant,

$$e + e' + e'' < \frac{e}{A}(A + B + C), \text{ ou } \frac{e + e' + e''}{A + B + C} < \frac{e}{A}.$$

On prouvera de même que $\quad \dfrac{e + e' + e''}{A + B + C} > \dfrac{e''}{C}.$

* *L'erreur relative d'une différence est moindre que la somme des erreurs absolues partielles des deux nombres à soustraire l'un de l'autre, divisée par la différence des valeurs approchées de ces quantités.*—On suppose le plus grand nombre approché par défaut, et le plus petit par excès : l'erreur est $\dfrac{e + e'}{A - B} < \dfrac{e + e'}{(A - e) - (B + e')}.$

l'erreur dont 52,7 est affecté, étant ainsi augmentée de 0,7, pourra très-bien surpasser une unité, et que par conséquent on n'est pas sûr que 52 soit le plus grand nombre entier contenu dans 17π. M. *Guilmin* a donné la règle suivante pour lever cette difficulté* :

Si vous voulez le plus grand nombre entier contenu dans le produit du nombre commensurable m *par le nombre incommensurable* a, *au lieu de prendre la valeur de* a *à moins de $\frac{1}{m}$ près, calculez-la à moins de $\frac{1}{10.m}$, de sorte que le produit correspondant ne sera pas trop faible de* 0,1 ; *si alors le premier chiffre décimal de ce produit est moindre que* 9, *sa partie entière répondra à la question,* car elle ne sera pas inférieure d'une unité à $m.a$.

Mais si le premier chiffre décimal est un 9, *vous prendrez une valeur de* a *exacte à moins de $\frac{1}{100.m}$, de sorte que le produit correspondant ne sera pas trop faible de* 0,01 ; *alors, si la partie décimale de ce produit est moindre que* 0,99, *sa partie entière répondra à la question,* car elle ne sera pas inférieure d'une unité à $m.a$, *et ainsi de suite.*

En conséquence, nous allons calculer π à moins de $\frac{1}{170}$ près, et comme cette fraction est $>0,005$, nous prendrons 3,14 pour valeur de π; le produit $3,14.17 = 53,38$ sera donc inférieur à 17π de moins de 0,1; ainsi 53 est le plus grand nombre entier contenu dans 17π.

Si l'on remarque qu'en ajoutant 0,1 à 53,38 on obtiendra un nombre $> 17\pi$ et $< 53,5$, on en conclura que 53 est la valeur de 17π à moins d'une demi-unité près.

EXEMPLE II. *Calculer le produit de π par* 4,729, *à moins de $\frac{1}{2}$ millième*. Nous allons, conformément à ce qui précède, chercher quelle valeur on doit donner à π pour que le produit ne soit pas fautif d'un dix-millième. Il faudra pour cela que cette valeur ne soit pas en erreur de $\frac{1}{4,729.10000} = \frac{1}{47290} > 0,00002$; ainsi en prenant pour la valeur de π, 3,1416, quantité qui n'est pas

---

* *Nouvelles Annales de mathématiques*, Ier volume.

trop grande de 0,00001, le produit 3,1416×4,729=14,8566264 ne sera pas trop grand d'un dix-millième. Donc, si on le diminue de 0,0001, le nombre résultant 14,8565264 sera plus petit que le véritable produit ; ce véritable produit surpasse donc 14,856 de plus de 5 dix-millièmes ; il est d'ailleurs inférieur à 14,857 ; donc sa valeur est 14,857, à moins de $\frac{1}{2}$ millième.

EXEMPLE III. *Veut-on le produit de* $7\frac{3}{5}$ *par* $\sqrt[3]{2}$ *à moins d'un demi-dixième près;* on observera qu'en vertu du principe du n° 202, $7\frac{3}{5}.\sqrt[3]{2} = \sqrt[3]{(7\frac{3}{5})^3.2}$, ce qui nous ramène à la règle donnée au même numéro. On formera donc d'abord le cube de $7\frac{3}{5}$, ce qui donnera $\frac{54872}{125}$, on multipliera ce cube par 2, puis le résultat par 20^3 ; on extraira la racine cubique du produit 7023616, et on trouvera 191 : ainsi, la racine demandée tombe entre $\frac{191}{20} = 9,55$ et $\frac{192}{20} = 9,60$; sa valeur est donc 9,6, à moins d'un demi-dixième*.

343. 2° *Soit un produit de* m *facteurs incommensurables.* J'appelle A', B', C', ..., K' les valeurs approchées, mais inconnues de ces facteurs, et e l'erreur que l'on doit commettre sur chacun d'eux. En prenant le produit A'.B'.C'....K' au lieu du véritable, on commettra une erreur ε qui aura pour expression

$$\varepsilon = (A'+e)(B'+e)(C'+e)\ldots(K'+e) - A'.B'.C'\ldots K';$$

or, si on développe le second membre de cette équation, d'après la règle donnée dans l'algèbre, il viendra

$$\varepsilon = e^m + S'_1 e^{m-1} + \ldots + S'_{m-2} e^2 + S'_{m-1} e,$$

---

* *L'erreur relative d'un produit dans lequel un seul facteur est incommensurable est égale à l'erreur relative de ce facteur.* Soient A' la valeur approchée du facteur incommensurable, e l'erreur absolue commise sur un facteur ; sa valeur exacte sera $A = A' + e$; donc, en appelant P le produit de tous les autres facteurs exacts, on aura

$$AP = A'P + eP,$$
$$AP - A'P = eP;$$

l'erreur relative sera donc

$$\frac{AP - A'P}{AP} = \frac{eP}{AP} = \frac{e}{A} \text{,(erreur relative du facteur A').}$$

19

en désignant en général par S'_n la somme des produits différents n à n que l'on peut faire avec les m facteurs A', B', C', ..., K', ou bien, en mettant e en facteur commun,

$$\varepsilon = e(e^{m-1} + S'_1 e^{m-2} + \ldots + S'_{m-2} e + S'_{m-1}) \quad [a].$$

Or, si l'on représente par $\varphi(e)$ le produit $(A'+e)(B'+e)(C'+e)\ldots(K'+e)$, on a

$$\varphi(e) = e^m + S'_1 e^{m-1} + \ldots S'_{m-2} e^2 + S'_{m-1} e + S'_m;$$

donc

$$\varphi'(e) = m e^{m-1} + (m-1) S'_1 e^{m-2} + \ldots 2 S'_{m-2} e + S'_{m-1}.$$

Mais il est évident que le second membre de cette équation surpasse la quantité qui est comprise entre parenthèses dans le deuxième membre de l'équation [a]; donc

$$\varepsilon < e \cdot \varphi'(e).$$

Or $\varphi'(e)$ est la somme des produits $(m-1)$ à $(m-1)$ des facteurs proposés; donc, si l'on appelle S''_{m-1} la somme des produits $(m-1)$ à $(m-1)$ de m facteurs quelconques, mais tous plus grands que ceux-là, l'erreur ε sera a fortiori plus petite que eS''_{m-1}; donc, pour que ε soit $< \frac{1}{\delta}$, il suffira que l'on ait

$$eS''_{m-1} < \frac{1}{\delta}, \text{ d'où } e < \frac{1}{\delta S''_{m-1}} \quad [1].$$

EXEMPLE. Veut-on, à moins de 0,1, le produit de π par $\log 2$, et par $\sqrt[3]{5}$; on observera que $\pi < 3,2$, $\log 2 < 1$, $\sqrt[3]{5} < 2$, et qu'ainsi $S''_{m-1} = 3,2.1 + 3,2.2 + 1.2 = 3,2 + 6,4 + 2 = 11,6$; on devra donc prendre (**342**)

$$e < \tfrac{1}{116} : \text{or } \tfrac{1}{116} > 0,008;$$

ainsi il suffira de calculer chaque facteur à moins d'un demi-centième près. On trouvera de cette manière $3,14.0,30.1,71 = 1,61082$*.

---

* L'erreur relative d'un produit de plusieurs facteurs incommensurables

APPENDICE.

344. Puissances. Soit A'' un nombre quelconque supérieur au facteur que l'on veut élever à la puissance m; il faudra que la valeur de ce facteur soit exacte à moins de

$$e < \frac{1}{mA''^{m-1}\delta} \qquad [2];$$

car $S''_{m-1} = mA''^{m-1}$.

Si l'on veut traiter cette question directement, on dira : soit A' la valeur approchée par défaut du nombre proposé; on prendra A'^m au lieu de $(A'+e)^m$, de sorte que l'on commettra ainsi une erreur ε qui aura pour expression

$$\varepsilon = (A'+e)^m - A'^m = e^m + mA'e^{m-1} + \frac{m(m-1)}{1.2}A'^2 e^{m-2}$$
$$+ \ldots + mA'^{m-1}e,$$

ou, ce qui revient au même,

$$\varepsilon = e\left[e^{m-1} + mA'e^{m-2} + \frac{m(m-1)}{1.2}A'^2 e^{m-3} + \ldots + mA'^{m-1}\right].$$

Mais on a évidemment

$$m(A'+e)^{m-1} = me^{m-1} + m(m-1)A'e^{m-2}$$
$$+ \frac{m(m-1)(m-2)}{1.2}A'^2 e^{m-3} + \ldots + mA'^{m-1};$$

donc l'erreur ε est moindre que $m(A'+e)^{m-1}e$, et *a fortiori* moindre que $mA''^{m-1}e$, si $A'' > A'+e$; donc encore

$$e < \frac{1}{mA''^{m-1}\delta}.\ ^{*}$$

---

est plus petite que la somme des erreurs relatives de chaque facteur. Considérons d'abord deux facteurs, A, B; soient e, e' leurs erreurs absolues. L'erreur absolue du produit sera

$$AB - (A-e)(B-e') = Ae' + Be - ee';$$

l'erreur relative du produit sera donc

$$\frac{Ae' + Be - ee'}{AB} = \frac{e'}{B} + \frac{e}{A} - \frac{ee'}{AB} < \frac{e'}{B} + \frac{e}{A};$$

ce qu'il fallait démontrer. On en déduit facilement le cas d'un nombre quelconque de facteurs.

* *L'erreur relative de la m^{me} puissance d'un nombre est moindre que m fois l'erreur relative de ce nombre.*

345. Division. 1° *Le diviseur est commensurable et le dividende est incommensurable.* Soient A et B le dividende et le diviseur, et A—e la valeur approchée, par défaut, du dividende; le quotient approché sera représenté par $\frac{A-e}{B}$, et, le véritable l'étant par $\frac{A}{B}$, l'erreur commise sera $\frac{e}{B}$: donc

$$e < \frac{B}{\delta} \text{*} \qquad [3].$$

2° *Le diviseur est incommensurable, mais le dividende est commensurable.* Supposons que l'on prenne le diviseur par excès et représentons-le par (B+e), le véritable étant désigné par B. L'erreur commise sur le quotient aura pour expression

$$\frac{A}{B} - \frac{A}{B+e} = \frac{Ae}{B(B+e)},$$

de sorte qu'on devra avoir

$$\frac{Ae}{B(B+e)} < \frac{1}{\delta},$$

d'où l'on tire $\delta Ae < B^2 + Be$, puis $(\delta A - B)e < B^2$, et enfin

$$e < \frac{B^2}{\delta A - B}.$$

Désignons par B' un nombre quelconque $< B$; B'^{2} sera $< B^2$, et $\delta A - B'$ sera au contraire $> \delta A - B$; par conséquent, la

---

* *L'erreur relative du quotient, lorsque le dividende seul est incommensurable, est égale à l'erreur relative du dividende.* En effet, l'erreur absolue du quotient est $\frac{e}{B}$, le quotient exact est $\frac{A}{B}$; l'erreur relative est donc $\frac{e}{B} : \frac{A}{B} = \frac{e}{A}$, c'est-à-dire égale à l'erreur relative du dividende.

fraction $\dfrac{B'^2}{\delta A - B'}$, sera $< \dfrac{B^2}{\delta A - B}$, de sorte qu'on devra prendre

$$e < \dfrac{B'^2}{\delta A - B'} \ [4], \quad \text{ou plus simplement,} \quad e < \dfrac{B'^2}{\delta A} \ [5],$$

car il est évident que $\dfrac{B'^2}{\delta A} < \dfrac{B'^2}{\delta A - B'}$. *

3° *Le dividende et le diviseur sont incommensurables.* Je suppose que l'on prenne le dividende par défaut et le diviseur par excès; ainsi, le véritable quotient étant $\dfrac{A}{B}$, le quotient approché sera $\dfrac{A-e}{B+e}$, de sorte que l'erreur commise sera

$$\dfrac{A}{B} - \dfrac{A-e}{B+e} = \dfrac{(A+B)e}{B(B+e)};$$

on posera donc

$$\dfrac{(A+B)e}{B(B+e)} < \dfrac{1}{\delta}, \quad \text{d'où} \quad e < \dfrac{B^2}{\delta(A+B) - B}.$$

Soient B' un nombre quelconque $<$ B, B'' au contraire un nombre $>$ B, et A'' un nombre $>$ A, on aura évidemment $B'^2 < B^2$, $\delta(A''+B'') - B' > \delta(A+B) - B$, de sorte que la fraction $\dfrac{B'^2}{\delta(A''+B'') - B'}$ sera moindre que $\dfrac{B^2}{\delta(A+B) - B}$; par conséquent, la limite de l'erreur que l'on devra commettre sur le dividende et sur le diviseur sera donnée par la formule

$$e < \dfrac{B'^2}{\delta(A''+B'') - B'} \qquad [6],$$

---

* *L'erreur relative du quotient, lorsque le diviseur seul est incommensurable, est moindre que l'erreur relative du diviseur.* Nous venons de voir, en effet, que l'erreur absolue commise sur le quotient avait pour valeur dans ce cas $\dfrac{Ae}{B(B+e)}$; or, le quotient exact est $\dfrac{A}{B}$; l'erreur relative est donc $\dfrac{Ae}{B(B+e)} : \dfrac{A}{B} = \dfrac{e}{B+e}$, quantité plus petite que $\dfrac{e}{B}$, c'est-à-dire que l'erreur relative du diviseur.

ou plus simplement par

$$e < \frac{B'^2}{\delta(A''+B'')} \quad * \qquad [7].$$

546. Dans la plupart des applications, le quotient que l'on substitue au véritable doit être évalué en décimales ; mais alors si l'on néglige dans ce quotient les chiffres qui sont d'un ordre inférieur à celui dont est l'unité décimale qu'on a prise pour limite de l'approximation, il pourra se faire que cette erreur, ajoutée à celle dont ce quotient est déjà affecté, soit plus grande que celle que l'on veut commettre. On évitera cet inconvénient en appliquant encore ici la règle que nous avons donnée à la page 288 pour la multiplication, c'est-à-dire que l'on prendra pour e une valeur 10, ou 100, ou 1000 fois plus petite que celle donnée par les formules que nous venons d'établir.

EXEMPLE. *Calculer à moins d'un demi-centième près la valeur de la fraction* $\frac{\pi - 1}{\pi + 1}$, dans laquelle π représente le nombre 3,1415926535.... Pour appliquer ici la formule [7], nous poserons $\delta = 2000$, $B' = 4,1$, $B'' = 4,2$, et $A'' = 2,2$, ce qui donnera $e < \frac{16.81}{2000 \cdot 6.4} = \frac{0.1681}{128}$; or, cette fraction étant plus grande qu'un millième, nous devrons prendre la valeur de π à moins de 0,001, ce qui nous conduit à diviser 2,141 par 4,142, car nous sommes convenus de prendre le dividende par défaut et le diviseur par excès (**345**, 3°). Le quotient est 0,516.... Comme son troisième chiffre décimal surpasse 4, il est évident qu'il est plus près de 0,52 que de 0,51, de sorte que 0,52 est la réponse à la question.

---

* *L'erreur relative du quotient, lorsque le dividende et le diviseur sont incommensurables, est plus petite que la somme des erreurs relatives du dividende et du diviseur.* Soient, en effet, $A - e$ le dividende approché par défaut, $B + e'$ le diviseur approché par excès; l'erreur absolue du quotient est $\frac{A}{B} - \frac{A-e}{B+e'} = \frac{Ae' + Be}{B(B+e')}$; l'erreur relative sera donc $\frac{Ae' + Be}{B(B+e')} : \frac{A}{B} = \frac{Ae' + Be}{A(B+e')}$, quantité moindre que $\frac{Ae' + Be}{AB} = \frac{e'}{B} + \frac{e}{A}$, c'est-à-dire moindre que la somme des erreurs relatives du dividende et du diviseur.

APPENDICE.   295

Si le troisième chiffre décimal eût été plus petit que 4, il est évident qu'en ajoutant au quotient une quantité moindre que 0,0005, on n'aurait pas obtenu 0,515, et qu'alors ce quotient eût été plus près de 0,51 que de 0,52 ; donc on aurait dû prendre 0,51 pour sa valeur.

Si le troisième chiffre du quotient eût été 4, alors, en ajoutant à ce quotient une quantité inférieure à 0,0005, on aurait pu trouver un nombre plus petit ou plus grand que 0,515, de sorte qu'il n'y aurait pas eu de raison pour préférer 0,51 ou 0,52. Dans ce cas, il aurait fallu recommencer le calcul en prenant 0,0001 pour limité de e, et si le quatrième chiffre du nouveau quotient n'était pas un 9, il n'y aurait aucune incertitude, et on prendrait 0,51 ; mais si ce quatrième chiffre est un 9, il faudra recommencer le calcul en prenant 0,00001 pour limite de e *.

347. Racines. *Pour extraire la racine $m^{ième}$ d'une quantité quelconque* A, *à moins de* $\frac{1}{\delta}$, *multipliez ce nombre par* δ^m, *extrayez la racine* $m^{ième}$ *du plus grand nombre entier contenu dans le produit, en ayant égard à la règle donnée à la page* 288, *et divisez cette racine par* δ. La démonstration est celle même que nous avons donnée pour les racines carrée et cubique.

348. Pour faire une application de toutes les règles que nous avons établies, nous allons nous proposer de calculer à moins d'un demi-centième près la valeur de la fraction

$$\frac{\pi^2 + \log 5 - \sqrt{\pi^3}}{\pi^3 - \log 7},$$

---

* Les principes que nous avons donnés sur l'évaluation des erreurs relatives peuvent aussi être employés pour déterminer un produit ou un quotient avec une approximation donnée. En effet, pour calculer ce produit ou ce quotient à moins d'une unité de l'ordre de son m^{me} chiffre à partir de la gauche (ou en d'autres termes pour trouver ses m premiers chiffres), il faudra faire en sorte que l'erreur relative commise soit moindre que $\frac{1}{10^m}$ (358); or, cette erreur résultant des erreurs relatives soit des deux facteurs, soit du dividende et du diviseur, on verra facilement quelles erreurs relatives il conviendra de commettre sur ceux-ci, c'est-à-dire combien de chiffres il faudra prendre dans chacun d'eux (357).

dans laquelle π représente le nombre $3,1415926535897793\ldots$
Il est facile de voir : 1° que π étant compris entre $3,1$ et $3,2$, son carré est $>9,61$ et $<10,24$; 2° que $\pi^3>9,61.3=28,83$ et $<10,24\times 3,2=32,768$; que par conséquent $\sqrt{\pi^3}>5$.

D'ailleurs $\log 5>0,61$ et $\log 7<1$. On fera donc dans la formule [7]

$$B'=28-1=27,\quad B''=33,\quad A''=10,24+0,61-4=6,$$

et on trouvera, d'après la règle de la page 288, $e=\frac{729}{2000.39}=\frac{243}{26000}=0,009\ldots$ Ainsi il suffira que les deux termes ne soient pas erronés chacun de 9 millièmes. En conséquence, comme le numérateur doit être pris par défaut (345, 3°), π^2 et $\log 5$ devront être évalués par défaut à moins de 2 millièmes (342), et $\sqrt{\pi^3}$ par excès à moins de 4 millièmes (343); mais il sera plus commode de calculer ces trois valeurs à moins de $0,001$. Commençons par $\sqrt{\pi^3}$. Pour être sûr de l'approximation demandée sur $\sqrt{\pi^3}$, il nous faudra calculer cette racine avec quatre décimales, et par conséquent π^3 avec huit; en conséquence, nous déterminerons, par la méthode d'*Oughtred*, π^2 à moins d'un billionième, et nous en déduirons π^3 à moins d'un cent-millionième. On trouvera ainsi :

$\pi=3,14159265358$	$\pi^2=9,8696044017$
8 53562951413	5 3562951413
9,42477796074	29,6088132051
31415926535	9869604401
12566370612	3947841760
314159265	98696044
157079630	49348020
28274328	8882640
628318	197392
188590	59214
15705	4830
942	294
155	45
24	31,0062766691
$\pi^2=9,86960440178$	$\pi^3=31,00627667$

et par suite $\sqrt{\pi^3} = 5,5683\ldots$, de sorte que la valeur par excès de $\sqrt{\pi^3}$ est $5,569$ à moins d'un millième près : donc

$$\begin{array}{rl} \pi^2 = & 9,869 \\ \log 5 = & 0,602 \\ \hline & 10,471 \\ \sqrt{\pi^3} = & 5,569 \\ \hline \pi^2 + \log 5 - \sqrt{\pi^3} = & 4,902 \end{array}$$

Le dénominateur de la fraction proposée devant être calculé par excès, nous prendrons

$$\begin{array}{rl} \pi^3 = & 31,007 \\ \log 7 = & 0,845 \\ \hline \pi^3 - \log 7 = & 30,162 \end{array}$$

Enfin, en divisant $4,902$ par $30,162$, on trouvera $0,1625$, de sorte que la valeur demandée est $0,16$.

549. Il arrive souvent que l'on doit opérer sur des nombres qui ne sont qu'approchés, et on a alors en général des idées fort peu exactes sur la grandeur des erreurs qui peuvent affecter les résultats que l'on obtient. Nous allons nous occuper de l'évaluation de ces erreurs, et d'abord nous observerons que, comme le calcul des nombres décimaux se ramène à celui des nombres entiers, nous pourrons ne considérer que de pareils nombres ; et, pour déterminer l'erreur définitive, il suffira de multiplier ou de diviser celle relative aux nombres entiers par l'unité suivie d'autant de zéros que l'on devra porter la virgule de rangs vers la droite ou vers la gauche du résultat entier que l'on aura trouvé.

550. Soient a et b deux nombres entiers supposés erronés de moins d'une demi-unité : il est clair que nous aurons une limite de l'erreur qui peut affecter leur produit, si nous les supposons tous deux erronés d'une demi-unité et dans le même sens. En conséquence, le véritable produit devra être

$$(a \pm \tfrac{1}{2}).(b \pm \tfrac{1}{2}) = ab \pm \tfrac{1}{2}(a+b) + \tfrac{1}{4}.$$

298   APPENDICE.

Donc l'erreur commise, en substituant le produit ab à celui-ci, est sensiblement $\frac{1}{2}(a+b)$; mais $\frac{1}{2}(a+b)$ contient au plus autant de chiffres qu'il y en a dans le plus grand des deux nombres a et b : donc *un produit de deux facteurs exacts chacun à moins d'une demi-unité, peut avoir autant de chiffres erronés sur sa droite que le plus grand de ces facteurs contient de chiffres.*

On verra de même que *si l'un des deux facteurs est exact, ce produit pourra avoir autant de chiffres erronés qu'il y a de chiffres dans la moitié de ce facteur.*

Exemple. Soient les deux facteurs 734,1 et 8,24, exacts chacun à moins d'une demi-unité de l'ordre dont est son dernier chiffre décimal. Le produit des nombres 7341 et 824 pourra avoir 4 chiffres erronés, et comme le produit demandé doit avoir 3 décimales, on voit que l'on ne pourra pas même compter sur le chiffre des unités de ce dernier.

551. Passons au cas de la division, et supposons d'abord que le dividende seul soit erroné et qu'il le soit d'une demi-unité. Le véritable quotient sera donc $\dfrac{a \pm \frac{1}{2}}{b}$; de sorte que l'erreur commise en prenant $\dfrac{a}{b}$ pour sa valeur sera

$$\frac{a \pm \frac{1}{2}}{b} - \frac{a}{b} = \pm \frac{1}{2b} \qquad [8].$$

Donc, *quand le dividende sera erroné de moins d'une demi-unité, l'erreur commise sur le quotient sera moindre que l'unité divisée par le double du diviseur;* ainsi il sera facile de l'évaluer dans chaque cas particulier.

Exemple. Diviser 2,76 par 0,1456, le dividende étant erroné de moins d'un demi-centième. *Ramenons cette division à celle de deux nombres entiers tels, que le dividende soit erroné d'une demi-unité au plus,* et nous aurons ainsi à diviser 276 par 1456 ; donc l'erreur commise sur le quotient de cette division sera moindre que $\frac{1}{2 \cdot 1456} < \frac{1}{2} \cdot \frac{1}{1000}$; mais ce quotient sera 100 fois moindre que le quotient demandé, donc celui-ci ne sera pas erroné d'un demi-dixième. Or, en effectuant la division de 2,76 par 0,1456, on trouve 18,95...; si donc le dividende est erroné par excès, 18,9 sera la valeur du quotient *à moins d'un dixième;* mais si le dividende est erroné par défaut, on ne pourra pas affirmer que 18,9 n'est pas trop faible d'un dixième.

552. Supposons maintenant que le dividende et le diviseur soient tous deux erronés d'une demi-unité. L'erreur dont sera affecté le quotient des deux nombres a et b sera maximum quand ils seront tous deux erronés en sens contraires. Dans cette hypothèse, le véritable quotient devrait être $\dfrac{a \pm \frac{1}{2}}{b \pm \frac{1}{2}}$, tandis que nous prenons pour sa valeur $\dfrac{a}{b}$; donc l'erreur que nous commettons est

$$\frac{a \pm \frac{1}{2}}{b \pm \frac{1}{2}} - \frac{a}{b} = \pm \frac{\frac{1}{2}(a+b)}{b(b \mp \frac{1}{2})}.$$

Si l'on observe que $(b \mp \frac{1}{2})$ est évidemment plus grand que $b-1$, on verra que l'on pourra prendre

$$\frac{1}{2} \cdot \frac{a+b}{b(b-1)} \qquad [9],$$

pour limite de l'erreur commise.

Supposons par exemple qu'on ait à diviser le logarithme de 2 par celui de 3, on devra faire $a = 0,30103$ et $b = 0,47712$; de sorte qu'en prenant $\frac{30103}{47712}$ au lieu du quotient de ces deux logarithmes, on commettra une erreur moindre que

$$\frac{1}{2} \cdot \frac{77815}{47712 \cdot 47711}.$$

Si l'on veut évaluer cette erreur en décimales, on observera que cette fraction est plus petite que $\frac{77815}{2 \cdot 40000^2} = \frac{0,00077815}{32}$; d'où l'on voit que la limite de l'erreur sera inférieure à 0,00003. Si donc on réduit $\frac{30103}{47712}$ en décimales, comme on trouvera que le cinquième chiffre est un 3, on en conclura que l'on peut compter sur les quatre premiers, et qu'ainsi $\frac{\log 2}{\log 3} = 0{,}6309$, *à moins d'un dix-millième*.

Mais si le quotient étant erroné par défaut, le cinquième chiffre était un 7, on ne serait pas sûr du quatrième chiffre ; car, en ajoutant l'erreur à la partie du quotient qu'on néglige, il pourrait se faire que la somme surpassât un dix-millième.

De même, si le quotient étant erroné par excès, le cinquième chiffre était plus petit que 3, il pourrait arriver qu'en retranchant une quantité moindre que 0,00003 de ce quotient, le chiffre des dix-millièmes fût altéré, de sorte que l'on ne pourrait pas compter sur ce chiffre.

*353. On peut mettre la formule

$$\frac{\frac{1}{2}(a+b)}{b(b \mp \frac{1}{2})}$$

sous une forme qui permette de reconnaître sans calcul sur combien de chiffres on peut compter. Nous diviserons pour cela le numérateur et le dénominateur par b, ce qui donnera

$$\frac{1}{2} \cdot \frac{\frac{a}{b}+1}{b \mp \frac{1}{2}}.$$

Ainsi, en représentant par q le quotient demandé de a par b, on pourra prendre pour limite de l'erreur commise sur ce quotient

$$\frac{1}{2} \cdot \frac{q+1}{b-1}.$$

Cette quantité sera maximum quand b sera le plus petit et q le plus grand possible. Supposons donc que b renferme n chiffres et que q en contienne $n+m$, le minimum de $b-1$ sera un nombre formé de $(n-1)$ chiffres 9, et le maximum de $q+1$ sera l'unité suivie de $(n+m)$ zéros. Alors le quotient de $q+1$ par $b-1$ sera composé de $(m+2)$ chiffres dont le premier sera 1 ; de sorte que ce quotient sera moindre que deux unités de l'ordre $(m+2)$. Donc sa moitié, c'est-à-dire la limite de l'erreur, sera moindre qu'une unité de cet ordre, et par conséquent les $(m+2)$ derniers chiffres du quotient pourront seuls être erronés, pourvu toutefois que le $(m+2)^{\text{ième}}$ chiffre à gauche ne soit pas un 9 si le quotient est erroné par défaut, ou ne soit pas un zéro s'il l'est par excès*; mais ce quotient se compose de $n+m$ chiffres, donc il en aura $n+m-(m+2)=n-2$, dont le dernier ne sera pas *en général* erroné d'une unité.

Les raisonnements qui précèdent s'appliquent évidemment au cas où m serait nul.

Mais si q contenait moins de chiffres que b, on ramènerait ce cas à celui où m est nul, en écrivant à la droite du dividende a un nombre convenable de zéros; car le quotient et l'erreur seraient tous deux multipliés par l'unité suivie de ce nombre de zéros.

Concluons donc que, *quand le dividende et le diviseur seront tous deux erronés de moins d'une demi-unité, si* n *représente le nombre des chiffres du diviseur, on pourra toujours compter sur les* (n—2) *premiers chiffres à gauche du quotient, à moins que, si le quotient doit être erroné par défaut ou par excès, le* $(n-1)^{\text{ième}}$ *de ces chiffres ne soit un 9 ou un zéro.*

En appliquant cette règle à l'exemple du numéro précédent, on verra qu'on ne pourrait compter que sur les trois premiers chiffres de ce quotient, tandis que la formule [9] nous a appris que les quatre premiers étaient exacts.

De même, si on a à diviser 9,6 par 0,0004, *je ramène à cette division au cas de deux nombres entiers erronés chacun d'une demi-unité*, ce qui me conduit à diviser 96 par 4. La règle, ainsi

---

* On conçoit, en effet, qu'en ajoutant une quantité moindre qu'une unité de l'ordre $(m+2)$ au nombre exprimé par les $(m+2)$ derniers chiffres du quotient, on ne formera pas une unité de l'ordre $(m+3)$, si le $(m+2)^{\text{ième}}$ chiffre n'est pas un 9, et qu'en retranchant de ce même nombre une quantité moindre qu'une unité de l'ordre $(m+2)$, le $(m+3)^{\text{ième}}$ chiffre ne sera pas non plus altéré, si le $(m+2)^{\text{ième}}$ n'est pas un zéro.

que la formule $\frac{1}{2} \cdot \frac{a+b}{b(b-1)}$, indiquent que l'on ne peut pas même compter sur le premier chiffre du quotient; mais en employant la formule plus exacte $\frac{1}{2} \cdot \frac{a+b}{b(b-\frac{1}{2})}$, on reconnaîtra que le quotient ne peut pas être erroné de 4 mille : donc le quotient demandé est 20000 à moins d'une demi-dizaine de mille près.

*554. Proposons-nous maintenant d'extraire la racine carrée d'un nombre a exact à moins d'une demi-unité. L'erreur commise en substituant ce nombre à $a \pm \frac{1}{2}$ sera

$$\sqrt{a+\tfrac{1}{2}} - \sqrt{a}, \quad \text{ou} \quad \sqrt{a} - \sqrt{a-\tfrac{1}{2}}.$$

Multiplions et divisons la première expression par $\sqrt{a+\tfrac{1}{2}}+\sqrt{a}$ et la seconde par $\sqrt{a}+\sqrt{a-\tfrac{1}{2}}$, et elles deviendront respectivement

$$\frac{\tfrac{1}{2}}{\sqrt{a+\tfrac{1}{2}}+\sqrt{a}}, \quad \text{quantité plus petite que} \quad \frac{1}{4\sqrt{a}},$$

et

$$\frac{\tfrac{1}{2}}{\sqrt{a}+\sqrt{a-\tfrac{1}{2}}}, \quad \text{quantité plus petite que} \quad \frac{1}{4\sqrt{a-\tfrac{1}{2}}}.$$

On pourra donc prendre $\dfrac{1}{4\sqrt{a-1}}$ pour limite de l'erreur commise, et on l'évaluera facilement en calculant les deux premiers chiffres de $\sqrt{a-1}$.

Veut-on, par exemple, la racine carrée du nombre 8,235, supposé trop faible de moins d'un demi-millième; cette racine est égale à $\dfrac{\sqrt{82350}}{100}$. Or, comme le nombre 82350 est erroné de moins d'une demi-dizaine, au lieu de l'être d'une demi unité, la limite de l'erreur que l'on commettra en extrayant sa racine carrée sera $\dfrac{10}{4\sqrt{82349}}$; mais la racine carrée de 82349 commence par 28; donc cette fraction est $< \dfrac{10}{4.280} < 0,01$; donc

APPENDICE. 303

l'erreur commise sur la racine carrée de 8,235 sera moindre que $\frac{0,01}{100} = 0,0001$. Ainsi on pourra pousser le calcul de cette racine jusqu'à la troisième décimale; mais si on va jusqu'à la quatrième décimale, on trouvera 2,8696.... On voit par là que 2,870 est la racine demandée, à moins d'un demi-millième. En effet, si on ajoute à 2,8696... une quantité moindre qu'un dix-millième, on obtiendra un nombre moindre que 2,8698.

* **355.** On peut déterminer, à l'inspection du nombre proposé, sur combien de chiffres on peut compter dans l'expression de sa racine carrée. Supposons, en effet, 1° que le nombre de ces chiffres soit $2n$: l'erreur sera la plus grande possible lorsque a sera le plus petit possible, c'est-à-dire 10^{2n-1}, et alors $(a-1)$ sera composé de $(2n-1)$ chiffres 9; donc sa racine sera plus grande que trois unités de l'ordre n, donc $\frac{1}{4\sqrt{a-1}} < \frac{1}{12.10^{n-1}} < \frac{1}{10^n}$. Ainsi, pourvu que le $(n+1)^{\text{ième}}$ chiffre décimal ne soit pas un 9 si la racine est erronée par défaut, ou un zéro si elle l'est par excès, on pourra compter sur n décimales; et comme la racine a d'ailleurs n chiffres entiers, on en conclut que l'on pourra compter sur $2n$ chiffres, c'est-à-dire sur autant de chiffres qu'il y en a dans a.

2° Supposons que a contienne $(2n+1)$ chiffres : son minimum sera donc 10^{2n}, et par conséquent $a-1$ sera composé de $2n$ chiffres 9, de sorte que $\sqrt{a-1}$ sera plus grand que neuf unités du $n^{\text{ième}}$ ordre; donc $\frac{1}{4\sqrt{a-1}} < \frac{1}{36.10^{n-1}} < \frac{1}{10^n}$, d'où l'on conclura que l'on peut compter sur $n+1+n=2n+1$ chiffres. Donc *on pourra compter* EN GÉNÉRAL *sur autant de chiffres qu'il y en a dans le nombre proposé, et le dernier de ces chiffres ne sera pas erroné d'une unité de l'ordre dont il est.*

Si l'on applique cette règle à l'exemple précédent, on verra que, comme le nombre 82350 est erroné d'une demi-dizaine au lieu de l'être d'une demi-unité, il ne faut pas tenir compte du dernier chiffre; de sorte que l'on ne *devrait* compter que sur

4 chiffres dans la racine de 82350, et partant sur les *millièmes seulement* de celle de 8,235 : ceci est d'accord avec ce que nous avons vu plus haut.

PROBLÈMES SUR LES PROGRESSIONS PAR DIFFÉRENCES ET PAR QUOTIENTS.

356. Si l'on convient de représenter en général par a, r, l, n et s, respectivement *le premier terme, la raison, le dernier terme, le nombre et la somme des termes* d'une progression, les règles que nous avons établies aux n°s 267 et 271 donneront

$$l = a + (n-1)r \quad [1], \quad \text{et} \quad s = \frac{(a+l)n}{2} \quad [2].$$

On a donc ainsi deux équations entre les *cinq* quantités a, r, l, n et s; de sorte que si l'on donne *trois* quelconques de ces quantités, il sera facile, à l'aide des principes élémentaires de l'algèbre, de calculer les *deux* autres. Or, comme avec ces cinq quantités on peut former seulement les *dix combinaisons*

a et r, a et l, a et n, a et s, r et l, r et n, r et s, l et n, l et s, n et s,

on voit qu'il y a ainsi *dix* problèmes à résoudre sur les progressions par différences. Nous ne nous occuperons que du huitième.

PROBLÈME. *Étant donnés* a, r *et* s, *on demande* l *et* n.

On remplacera dans [2], l par sa valeur donnée par [1], et il viendra

$$s = \frac{\{2a + (n-1)r\}n}{2} \quad [3], \quad \text{d'où} \quad n^2 + \frac{(2a-r)n}{r} - \frac{2s}{r} = 0 \quad [4].$$

Ainsi, en résolvant cette équation, on obtiendra la valeur de n, et en la substituant dans la formule [1], on aura celle de l.

n étant un nombre entier positif, il faudra, pour que le problème soit possible, que les racines de l'équation [4] soient réelles, et qu'il y en ait au moins une qui soit positive et entière. Si r et s sont de signes contraires, il faudra, pour que les racines de l'équation [4] soient réelles et positives, que l'on ait

$$(2a-r)^2 + 8rs > 0 \quad \text{et} \quad 2a - r < 0;$$

et si, de plus, les deux racines de l'équation [4] sont entières, le problème aura deux solutions.

Si r et s sont de mêmes signes, le dernier terme $-\dfrac{2s}{r}$ de l'équation [4] sera négatif, et les deux racines seront réelles et de signes contraires; de sorte que si la racine positive est entière, le problème aura une solution.

357. *Si la racine négative est aussi entière, on pourra se proposer d'en trouver l'interprétation.*

Pour y parvenir, on changera n en $-n$ dans la formule [3], ce qui donnera

$$s = \frac{\{2a + (-n-1)r\}(-n)}{2} \quad \text{ou} \quad s = \frac{\{-2a + (n+1)r\}n}{2},$$

en changeant les signes des deux facteurs du numérateur, ce qui n'altère pas sa valeur. Ainsi il faudra, en se reportant à la formule [2], que $-2a + (n+1)r$ représente la somme des deux extrêmes de la progression. Mais si l'on désigne par x le premier de ces termes, cette somme aura pour expression $2x + (n-1)r$; donc on devra avoir

$$2x + (n-1)r = -2a + (n+1)r, \quad \text{d'où} \quad x = -(a-r);$$

de sorte qu'il faudra faire commencer la progression par $-(a-r)$.

358. La traduction algébrique des règles que nous avons posées aux n°**s 275** et **276** donnera les deux équations

$$l = ar^{n-1} \quad [5] \quad \text{et} \quad s = \frac{lr - a}{r - 1} \quad [6];$$

en conséquence, on pourra se proposer, sur les progressions géométriques, *dix* problèmes analogues à ceux que nous avons indiqués (**356**) sur les progressions arithmétiques.

306   APPENDICE.

La résolution du deuxième, du quatrième, du septième et du neuvième ne présente aucune difficulté; le premier et le cinquième dépendent d'équations d'un degré supérieur au second si $n > 3$; quant aux quatre suivants, ils présentent une application du calcul des logarithmes.

559. Problème. *Etant donnés* r, l, s, *calculer* a *et* n.

De l'équation [6] on tire immédiatement

$$a = lr - s(r-1);$$

substituant dans l'équation [5], on trouvera

$$l = \{lr - s(r-1)\} r^{n-1},$$

d'où, en prenant les logarithmes des deux membres (**281 et 285**),

$$\log l = \log \{lr - s(r-1)\} + (n-1) \log r,$$

et, par suite,

$$n = 1 + \frac{\log l - \log \{lr - s(r-1)\}}{\log r}.$$

560. Problème. *Étant donnés* a, l *et* s, *trouver* r *et* n.

On tire de l'équation [6]

$$r = \frac{s-a}{s-l};$$

mettant cette valeur de r dans [5], il viendra

$$l = a \left(\frac{s-a}{s-l} \right)^{n-1},$$

d'où, en prenant les logarithmes (**281, 282** et **285**),

$$\log l = \log a + (n-1)\{\log (s-a) - \log (s-l)\},$$

et partant

$$n = 1 + \frac{\log l - \log a}{\log (s-a) - \log (s-l)}.$$

361. Problème. *Étant donnés* a, r, s, *calculer* l *et* n.

L'équation [6] donne
$$l = \frac{a + s(r-1)}{r}.$$

Je substitue cette valeur de l dans l'équation [5], et je trouve successivement

$$\frac{a + s(r-1)}{r} = ar^{n-1},$$
$$\log\{a+(r-1)s\} - \log r = \log a + (n-1)\log r,$$
$$\log\{a+(r-1)s\} = \log a + n \log r,$$
$$n = \frac{\log\{a+(r-1)s\} - \log a}{\log r}.$$

362. Problème. *Etant donnés* a, r, l, *trouver* s *et* n.

L'équation [6] donne immédiatement la valeur de s. Quant à celle de n, on la tire de l'équation [5] en prenant les logarithmes des deux membres. On trouve ainsi

$$\log l = \log a + (n-1)\log r, \quad \text{d'où} \quad n = 1 + \frac{\log l - \log a}{\log r}.$$

SUR LES PROPRIÉTÉS DES NOMBRES.

363. M. Poinsot a publié dans le dixième volume du *Journal de Mathématiques* de M. Liouville, un Mémoire très-remarquable sur la *théorie des nombres*, et duquel nous allons extraire plusieurs propositions que cet habile géomètre a démontrées avec une simplicité qui permet de les faire entrer dans un cours d'arithmétique. Ces propositions formeront ainsi le complément de notre chapitre III.

Il résulte du principe du n° 81 que *si plusieurs nombres sont premiers avec un autre nombre* N, *leur produit est premier avec ce nombre* N. La démonstration est la même que celle donnée au n° 83.

364. *Si* N *et* P *sont deux nombres premiers entre eux, les restes que l'on trouvera, en divisant par* N *les produits obtenus en multipliant par* P *tous les nombres* 1, a, b, c, ..., (N — 1) *inférieurs et premiers à* N, *seront dans un autre ordre ces mêmes nombres* 1, a, b, c, ..., (N — 1).

D'abord, tous les produits P, P. a, P. b, P. c, ..., P. (N — 1) seront premiers avec N (363), et par conséquent tous les restes que l'on trouvera jouiront de la même propriété, car tout facteur commun au diviseur et au reste d'une division est aussi commun au diviseur et au dividende (démonstration du n° **75**). En second lieu, si deux restes étaient égaux, la différence des produits correspondants, tels que P. b et P. d, serait divisible par N, et cette différence P. d — P. b = P. (d — b) est un de nos produits; ainsi les restes que l'on trouvera étant premiers avec N, différents et en même nombre que les quantités 1, a, b, c, ..., (N — 1), seront, dans un certain ordre, ces mêmes quantités 1, a, b, c, ..., (N — 1).

365. *Si* n *marque combien il y a de nombres inférieurs et premiers avec* N, *et que* P *soit un nombre premier avec* N, $P^n - 1$ *est divisible par* N.

Soient 1, a, b, c, ..., (N—1) les n nombres inférieurs et premiers à N : multipliez tous ces nombres par P, vous obtiendrez n produits qui, divisés par N, donneront pour restes, dans un certain ordre, tous les nombres 1, a, b, c, ..., (N — 1), d'après ce qui précède (**364**); par conséquent le produit $P^n . 1 . a . b . c . ... (N-1)$ des nombres P. 1, P. a, P. b, P. c, ..., P. (N — 1) est un multiple de N, augmenté du produit $1 . a . b . c . (N - 1)$ de ces restes * (**71**).

---

* Il est évident que si l'on considère nos deux premiers produits, P. 1 et P. a, chacun d'eux peut être considéré comme un multiple de N augmenté du reste de la division de ce nombre par N, de sorte qu'en multipliant ces deux produits entre eux, le résultat sera composé de quatre parties, dont trois seront des multiples de N et dont le quatrième sera le produit des deux restes (démonstration du n° **71**), c'est-à-dire qu'il sera un multiple de N augmenté de ce produit des deux restes. En multipliant ce produit par notre troisième produit P. b, on obtiendra de même un multiple de N augmenté du produit des trois premiers restes, et ainsi de suite.

APPENDICE. 309

Donc la différence entre $P^n.1.a.b.c....(N-1)$ et $1.a.b.c....(N-1)$, c'est-à-dire $(P^n-1) \times 1.a.b.c....(N-1)$, est divisible par N; mais N est premier avec le second facteur $1.a.b.c....(N-1)$. Donc il doit diviser le premier P^n-1; ce qu'il fallait démontrer.

566. *Si* N *est un nombre premier absolu*, auquel cas il est nécessairement premier avec P, $n = N-1$, car tous les nombres qui sont inférieurs à N sont premiers avec lui; et on voit alors que $P^{N-1}-1$ *est divisible par* N. Donc, *si* N *est un nombre premier qui ne divise pas* P, $P^{N-1}-1$ *est divisible par* N. Tel est le fameux théorème de *Fermat*.

567. *Le carré du produit de tous les nombres inférieurs et premiers à un nombre entier quelconque* N, *étant diminué de l'unité, est toujours divisible par* N.

Soient $1, a, b, c, ..., (N-1)$ les n nombres inférieurs à N et premiers avec lui : si vous divisez leur produit successivement par chacun d'eux, vous obtiendrez n quotients différents entre eux et tous premiers avec N (**363**), et si vous divisez chacun de ces quotients par N, vous retrouverez pour restes, dans un certain ordre, les n nombres $1, a, b, c, ..., (N-1)$. En effet, ces restes sont premiers avec N (démonstration du n° **565**), et de plus ils sont tous différents. En effet, s'il y en avait deux qui fussent égaux, la différence des quotients qui, divisés par N, auraient donné ces deux restes égaux, serait divisible par N, ce qui ne se peut; car, d'après leur formation, ces quotients ont $(n-2)$ facteurs communs et deux facteurs inégaux, de sorte que leur différence est de la forme $1.c.d....(N-1) \times (b-a)$, et si N, qui est premier avec le facteur $1.c.d....(N-1)$, divisait ce produit, il devrait diviser l'autre facteur $b-a$; ce qui est impossible, puisque b et a sont $<$ N. Donc les n restes que l'on obtiendra seront les n nombres $1, a, b, c, ..., (N-1)$.

Donc le produit de ces n quotients est un multiple de N augmenté du produit $1.a.b.c....(N-1)$, que, pour abréger, nous désignerons par A; donc la différence $\dfrac{A}{1} \cdot \dfrac{A}{a} \cdot \dfrac{A}{b} \cdots \dfrac{A}{N-1} - A$,

310   APPENDICE.

c'est-à-dire $\frac{A^n}{A} - A$ ou $A^{n-1} - A$, est un multiple de N; donc le produit $A^n - A^2$ de cette différence par A en est aussi un. Or, en vertu du théorème démontré au n° 365, $A^n - 1$ est pareillement un multiple de N, donc la différence $A^2 - 1$ entre $A^n - A^2$ et $A^n - 1$ est divisible par N; ce qu'il fallait démontrer.

368. Comme $A^2 - 1$ est le produit de $A + 1$ par $A - 1$, il s'ensuit que si N est un nombre premier, l'un de ces facteurs doit être divisible par N. M. *Poinsot* a montré, par des considérations qui ne sauraient trouver place ici, que c'est le premier qui jouit de cette propriété; d'où cette conséquence : *Le produit de tous les nombres consécutifs* 1, 2, 3, 4, 5, ..., (N—1), *augmenté de l'unité, est divisible par* N, *lorsque* N *est un nombre premier.* C'est là l'énoncé d'un théorème dû à *Wilson*, et que *Lagrange* a démontré le premier.

369. Problème. *Combien y a-t-il de nombres inférieurs à un nombre donné* n *et qui soient premiers avec lui?*

Supposons le nombre N décomposé en ses facteurs premiers et soit $N = a^p b^q c^r \ldots$. Si de la suite naturelle des nombres 1, 2, 3, 4, 5, ... jusqu'à N, on ôte tous les multiples de a, que des nombres restants on ôte tous les multiples de b, et ainsi de suite, il est clair qu'on aura ôté tous les nombres qui peuvent avoir avec N quelque commun diviseur. Ainsi les nombres restants, qui ne peuvent contenir aucun des facteurs simples de N, seront nécessairement premiers avec N. Il s'agit donc de trouver combien il doit rester successivement de ces nombres à mesure qu'on retranchera de la suite

$$1, 2, 3, 4, 5, \ldots, N$$

tous les multiples de a, et du reste tous les multiples de b, et du nouveau reste tous les multiples de c, et ainsi de suite.

Or, si β est un nombre premier avec α et qui divise n, il est facile de voir que les termes de la progression par différences

$$\div \alpha . 2\alpha . 3\alpha . 4\alpha . 5\alpha \ldots n\alpha$$

que β divise, sont

$$\alpha.\beta,\quad 2\alpha.\beta,\quad 3\alpha.\beta,\ \ldots,\ \frac{n}{\beta}.\alpha.\beta,$$

de sorte que ces termes sont en nombre marqué par $\frac{n}{\beta}$; en effet, le plus petit multiple de α et de β est αβ (95), et si deux termes de cette progression sont divisibles par β, leur différence doit l'être aussi, de sorte que cette différence ne peut pas être moindre que αβ.

Cela posé, on voit que la suite

$$1,\ 2,\ 3,\ 4,\ 5,\ \ldots,\ N$$

étant une progression par différences, dont la raison est égale au premier terme, le principe que nous venons d'établir pourra s'y appliquer, et qu'en conséquence le nombre des multiples de a qu'elle renferme est $\frac{N}{a}$. On aura donc, pour le nombre N' des termes restants, quand on ôte les $\frac{N}{a}$ multiples de a,

$$N' = N - \frac{N}{a} = N\left(1 - \frac{1}{a}\right).$$

Actuellement, de ces N' nombres il faut ôter les multiples de b; or je dis qu'il y en a $\frac{N'}{b}$. En effet, je puis considérer ces N' termes comme composés de la suite des N premiers *moins* la suite des multiples de a qu'on a soustraits. Or, dans la première suite, il y a $\frac{N}{b}$ multiples de b, de même qu'il y a $\frac{N}{a}$ multiples de a; et dans la seconde qui est aussi une progression arithmétique $\div a.2a.3a.4a\ldots Aa = N^*$, il y a pareillement $\frac{A}{b}$ multiples de b; donc, dans les N' termes qui restent, après la

---

* On a représenté, pour abréger, $\frac{N}{a}$ par A, et on désignera $\frac{N'}{b}$ par B.

première opération, il se trouve $\dfrac{N}{b} - \dfrac{A}{b} = \dfrac{N-A}{b} = \dfrac{N'}{b}$ termes divisibles par b; donc on a, comme plus haut, en appelant N'' le nombre des termes qui restent après la suppression des multiples de b,

$$N'' = N' - \dfrac{N'}{b} = N'.\left(1 - \dfrac{1}{b}\right) = N.\left(1 - \dfrac{1}{a}\right).\left(1 - \dfrac{1}{b}\right).$$

Maintenant, de ces nombres restants il faut ôter tous les multiples de c; or je dis que dans ces N'' termes, il y en a $\dfrac{N''}{c}$ qui sont divisibles par c. Car je puis regarder ces N'' termes comme composés des N' précédents, *moins* les $\dfrac{N'}{b}$ multiples de b qui y sont contenus. Mais de même que l'on a démontré que, dans la suite des N' nombres, il y en a $\dfrac{N'}{b}$ divisibles par b, de même on prouvera qu'il y en a $\dfrac{N'}{c}$ qui sont des multiples de c; d'un autre côté, dans la suite des $\dfrac{N'}{b} = B$ multiples de b, il y en a $\dfrac{B}{c}$ qui sont divisibles par c (car cette suite n'est autre chose que les multiples de b pris dans N, moins les multiples de b pris dans les $\dfrac{N}{a}$ multiples de a); donc, dans les N'' termes, il y en a $\dfrac{N'}{c} - \dfrac{B}{c} = \dfrac{N'-B}{c} = \dfrac{N''}{c}$ divisibles par c; donc, en ôtant les multiples de c, on aura pour le nombre N''' de ceux qui restent

$$N''' = N'' - \dfrac{N''}{c} = N''\left(1 - \dfrac{1}{a}\right) = N.\left(1 - \dfrac{1}{a}\right).\left(1 - \dfrac{1}{b}\right).\left(1 - \dfrac{1}{c}\right),$$

d'après ce qui précède, et ainsi de suite; donc

$$n = N\left(1 - \dfrac{1}{a}\right)\left(1 - \dfrac{1}{b}\right)\left(1 - \dfrac{1}{c}\right)\ldots$$

Ce théorème est dû à *Euler*.

APPENDICE. 313

370. Si l'on observe que $1 - \dfrac{1}{a} = \dfrac{a-1}{a}$, $1 = \dfrac{1}{b} = \dfrac{b-1}{b}$, etc., il viendra, en remplaçant N par sa valeur $a^p b^q c^r d^s \ldots$,

$$n = a^{p-1}.(a-1).b^{q-1}.(b-1).c^{r-1}.(c-1).d^{s-1}.(d-1)\ldots$$

Or, *si l'on décompose* N *en facteurs quelconques* P, Q,... *premiers entre eux, le nombre* n, *qui marque combien il y a de nombres inférieurs et premiers à* N, *est égal au produit de ceux qui marquent combien il y a de nombres inférieurs et premiers à chacun des facteurs respectifs* P, Q, ... *de* N. En effet, si par exemple, $P = a^p b^q$ et $Q = c^r d^s$, il y a

$$a^{p-1}.(a-1).b^{q-1}.(b-1) \quad \text{et} \quad c^{r-1}.(c-1).d^{s-1}.(d-1),$$

nombres inférieurs et premiers respectivement à P et à Q : or le produit de ces nombres est évidemment .

FIN.

TABLE DES MONNAIES ÉTRANGÈRES.

Nous ne donnerons ici que les *monnaies de compte*, ou qui servent à former les sommes d'argent, avec leurs principales divisions.

	Fr.	C.
ANGLETERRE. Livre sterling	25	21
1 livre sterling = 4 crowns = 20 shillings.		
AUTRICHE. Florin	2	60
1 florin = ½ risdale = 60 kreutzers.		
BADE. Florin	2	12
BAVIÈRE. Florin	2	16
BELGIQUE. Franc	1	00
ESPAGNE. Piastre ou duro	5	26
1 doblon = 5 piastres = 100 réaux.		
ÉTATS-UNIS. Dollar	5	18
1 dollar = 10 dime = 100 cents.		
FRANCFORT. Florin	2	12
GRÈCE. Drachme	0	90
HAMBOURG. Marc-banco	1	88
HOLLANDE. Florin (de 100 cents)	2	14
LOMBARDIE ET VENISE. Livre	0	86
NAPLES. Ducat	4	24
1 ducat = 10 carlins = 100 grains.		
NORWÉGE. Écu	5	63
PARME. Livre	1	00
PIÉMONT. Livre	1	17
PORTUGAL. Mille reis	7	07
Couronne = 5 mille reis.		
PRUSSE. Thaler de 30 silbergros	3	71
ROME. Teston de 100 baïoques	5	41
RUSSIE. Rouble	4	00
1 rouble = 4 solotnicks = 100 kopecks.		
SAXE. Thaler de 24 bons gros	3	90
SUÈDE. Écu	5	66
SUISSE. Franc	1	00
TOSCANE. Livre	0	84
WURTEMBERG. Florin	2	12
2 risdales = 5 florins.		

TABLE DES MATIÈRES.

Avertissement.. Page	I
Explication des Signes employés dans cet ouvrage...................	III
Chapitre I. Numération...	1
§ I. Notions préliminaires.....................................	1
§ II. Formation des nombres...................................	2
§ III. Numération parlée......................................	3
§ IV. Numération écrite.......................................	6
Chapitre II. Calcul des nombres entiers............................	10
§ I. Addition...	10
§ II. Soustraction..	12
§ III. Multiplication..	14
§ IV. Division..	24
§ V. Applications...	35
Chapitre III. Propriétés des nombres...............................	40
§ I. Divisibilité des nombres..................................	40
§ II. Nombres premiers.......................................	52
Chapitre IV. Fractions ordinaires..................................	68
§ I. Principes généraux.......................................	68
§ II. Addition des fractions...................................	74
§ III. Soustraction des fractions...............................	78
§ IV. Multiplication des fractions..............................	79
§ V. Division des fractions....................................	82
Chapitre V. Fractions décimales...................................	85
§ I. Numération des fractions décimales.......................	85
§ II. Addition des nombres décimaux..........................	89
§ III. Soustraction des nombres décimaux......................	89
§ IV. Multiplication des nombres décimaux.....................	90
§ V. Division des nombres décimaux...........................	90
§ VI. Évaluation d'un produit ou d'un quotient à moins d'une unité d'un ordre donné. — Méthode abrégée de faire la multiplication. — Division ordonnée...........................	93
Chapitre VI. Conversion des fractions ordinaires en fractions décimales..	106
Chapitre VII. Conversion des fractions décimales en fractions ordinaires...	111
Chapitre VIII. Mesures anciennes et modernes......................	118
§ I. Système métrique..	118
§ II. Comparaison des anciennes et des nouvelles mesures......	127
§ III. Mesures étrangères.....................................	130

TABLE DES MATIÈRES.

Chapitre IX. Calcul des nombres complexes.................. Page 134
 § I. Addition... 134
 § II. Soustraction...................................... 135
 § III. Multiplication................................... 136
 § IV. Division.. 140

Chapitre X. Problèmes....................................... 144

Chapitre XI. Extraction des racines......................... 154
 § I. Racine carrée...................................... 154
 § II. Racine cubique.................................... 171

Chapitre XII. Rapports et proportions....................... 185
 § I. Définitions....................................... 185
 § II. Des équidifférences............................... 186
 § III. Des proportions par quotients.................... 189

Chapitre XIII. Progressions................................. 199
 § I. Progressions par différences....................... 199
 § II. Progressions par quotients........................ 203

Chapitre XIV. Logarithmes................................... 209
 § I. Propriétés des logarithmes......................... 209
 § II. Construction d'une table de logarithmes........... 213
 § III. Usage des tables de logarithmes.................. 218
 § IV. Règle à calcul.................................... 230

Chapitre XV. Problèmes...................................... 246
 § I. Questions sur les grandeurs qui varient dans le même rapport ou dans un rapport inverse. — Méthode dite de réduction à l'unité... 246
 § II. Partages proportionnels........................... 255
 § III. Questions sur les intérêts....................... 257
 § IV. Questions diverses................................ 266

APPENDICE.

Des différents systèmes de numération, et en particulier des systèmes duodécimal et binaire.. 273
 Simplification du calcul de la racine carrée.......................... 276
 Sur la limite du nombre des divisions à faire pour trouver le plus grand commun diviseur de deux nombres...................................... 278
 Les puissances successives d'un nombre plus grand ou plus petit que l'unité ont l'infini ou zéro pour limite..................................... 280
 Principes sur les progressions et sur les logarithmes................. 281
 Théorie des approximations; erreurs absolues et relatives............. 283
 Problèmes sur les progressions par différences et par quotients....... 304
 Sur les propriétés des nombres.. 307
 Table des monnaies étrangères... 314

FIN DE LA TABLE DES MATIÈRES.

Imprimerie de Ch. Lahure (ancienne maison Crapelet),
rue de Vaugirard, 9, près de l'Odéon.

A LA MÊME LIBRAIRIE :

Problèmes d'arithmétique et exercices de calcul sur les questions ordinaires de la vie, sur la géométrie, la mécanique, l'astronomie, la géographie, la physique, la chimie, la métrologie, l'agriculture; servant de complément à tous les traités d'arithmétique, par M. SAIGEY. Ouvrage autorisé par le conseil d'Instruction publique. 1 vol. in-18, contenant environ 1300 problèmes. Prix, broché............ 2 fr. 75 c.

Règle à calcul (Nouvelle) **à enveloppe de verre**, avec une instruction théorique et pratique applicable à toutes les règles à calcul; par M. LÉON LALANNE, ingén. en chef des ponts et chaussées. Prix de la règle dans un étui et de l'instruction, in-12. 3 fr. 50 c.

Géométrie théorique et pratique, contenant de nombreuses applications au dessin linéaire, à l'architecture, à l'arpentage, au lever des plans, au nivellement, etc., et les premiers éléments de la géométrie descriptive; par M. SONNET, inspecteur de l'Académie de la Seine, docteur ès sciences. Ouvrage autorisé par le conseil de l'Instruction publique. 4ᵉ édition augmentée d'un supplément sur le registre de nivellement et sur les plans cotés. 1 vol. in-8 de texte et 1 vol. de planches. Prix, brochés. 6 fr.

Modèles de dessins et de lavis, publiés conformément aux programmes officiels et par ordre de M. le ministre de l'instruction publique, comprenant : 10 planches d'ornement, 6 planches de géométrie élémentaire, 4 planches de lever de plans et de bâtiment, et 2 planches de lavis.

    1ʳᵉ série (classe de troisième), 22 dessins. — 2ᵉ série (classe de seconde), 12 dessins. — 3ᵉ série (classe de rhétorique), 9 dessins.

    La 1ʳᵉ série répond au programme d'admission à l'École militaire de Saint-Cyr; cette série comprend 22 dessins tandis que le programme n'en indique que 13. Ces 13 dessins sont compris dans les 22 qui composent cette série.

Problèmes de géométrie et de trigonométrie, avec la méthode à suivre pour la résolution des problèmes de géométrie et les solutions; par M. RITT. Ouvrage autorisé par le conseil de l'Instruction publique. 3ᵉ édition. 1 vol. in-8. Prix, br.... 5 fr.

Notions générales de physique et de météorologie, par M. POUILLET, membre de l'Institut. 2ᵉ édition. 1 beau vol. in-12 de plus de 500 pages, contenant 383 figures intercalées dans le texte. Prix, broché.................. 5 fr. 50 c.

Leçons de physique et de chimie, à l'usage des candidats aux Écoles polytechnique et de Saint-Cyr; par M. CABART, répétiteur de physique à l'École polytechnique. 1 vol. in-8 de texte et 1 vol. de planches. Prix, brochés.................... 8 fr.

Leçons de cosmographie, à l'usage des candidats aux Écoles polytechnique et de Saint-Cyr, par M. FAYE, membre de l'Institut. 1 vol. in-8, avec planches, Prix, broché... 6 fr.

Abrégé de la géographie physique et politique de la France, par M. CORTAMBERT. 1 vol. in-12. Prix, broché, 1 fr., cartonné............ 1 fr. 20 c.
    Cet ouvrage répond au programme d'admission à l'École militaire de Saint-Cyr.

Abrégé de l'Histoire de France, par M. V. DURUY, professeur d'histoire au lycée Saint-Louis. 3 vol. in-8.
    Ouvrage répondant au programme du baccalauréat ès sciences.

    1ᵉʳ volume, cours de Sixième : Notions générales d'histoire et de géographie anciennes, et histoire de France jusqu'à la fin de la première race. Prix, broché, 3 fr. 50 c.; cartonné, 3 fr. 75 c.

    2ᵉ volume, cours de Cinquième : Histoire de France depuis l'avénement de la seconde race jusqu'à François 1ᵉʳ. Prix, broché, 3 fr. 50 c.; cartonné, 3 fr. 75 c.

    3ᵉ volume, cours de Quatrième : Histoire de France depuis l'avénement de François 1ᵉʳ jusqu'en 1815. Prix, broché, 3 fr. 50 c.

    Les 2ᵉ et 3ᵉ volumes contiennent les matières de l'examen pour l'admission à l'École militaire de Saint-Cyr.

Leçons de langue allemande, comprenant : 1° un abrégé de grammaire; 2° des exercices sur la syntaxe; 3° des versions graduées extraites des divers auteurs allemands; avec des vocabulaires, des notes explicatives et des renvois à la partie grammaticale, par M. BACHARACH, professeur d'allemand à l'École polytechnique. 1 vol. in-8. Prix, broché.. 5 fr.

Dictionnaire classique allemand-français et français-allemand, par M. SUCKAU, professeur de langue allemande au lycée Saint-Louis. Ouvrage autorisé par le conseil de l'Instruction publique, et adopté par le ministre de la guerre pour le collège militaire de la Flèche et pour l'école de Saint-Cyr. 2 volumes petit in-8. Prix, brochés... 10 fr.
    Les deux volumes cartonnés en un. Prix........... 11 fr.
    Les deux volumes reliés en un. Prix............... 11 fr. 50 c.

Imprimerie de Ch. Lahure (ancienne maison Crapelet)
rue de Vaugirard, 9, près de l'Odéon.

www.ingramcontent.com/pod-product-compliance
Lightning Source LLC
Chambersburg PA
CBHW070625160426
43194CB00009B/1366